주민자치의 현장

커뮤니티기반

지역사회발전론

정원식 지음

경남대학교출판부

주민자치의 현장

커뮤니티기반 지역사회발전론

초판 인쇄 2018년 8월 24일 | **초판 발행** 2018년 8월 31일

지은이 정원식 | **펴낸이** 박재규 | **펴낸곳** 경남대학교출판부

주소 경남 창원시 마산합포구 경남대학로 7 (월영동)
전화 055-249-2074 | **팩스** 0505-999-2115 | **전자우편** ko10@kyungnam.ac.kr
홈페이지 www.kyungnam.ac.kr/press

ISBN 978-89-8421-435-4 03350

주민자치의 현장

커뮤니티기반 지역사회 발전론

정원식 지음

경남대학교출판부

책머리에

1980년대 중반 뉴욕 유학시절에 100년도 더 된 아파트와 그 지역 일대를 도시재생이라는 이름으로 리모델링과 정비사업 하는 것을 보고'참 괜찮은 방식이네'라고 생각했다. 박사과정에서 도시행정을 전공할 마음이었던 당시로서는 더 더욱이나 예사롭게 보이지 않았다. 그 당시 우리한테 '재생'이니 '보존'이니 '지속가능'이라는 용어들은 낯설었고 오직 성장과 개발만이 최고였던 시절이었으니까. 건물을 허물지도 않고, 그리고 새 길을 만드는 것도 아닌 본래의 형태와 모습을 유지하면서 단지 생활의 편리에만 치중하는 것 같았다. 닦고 칠하고 붙이면서 현대식 설비 정도만으로 끝내니 비용도 많이 들지 않는다. 건물 뼈대는 대리석이거나 적벽돌로 되어 있으니 그대로 사용해도 전혀 이상이 없다. 거기에 공휴일이면 차 없는 가리를 만들어 아이들과 주민들의 놀이터요 만남의 장소로 활용된다. 진행과정을 유심히 보노라면 주민들이 동네를 만들어 간다는 표현이 더 어울릴 것 같았다. 이것이 커뮤니티기반의 마을만들기이고 도시재생이라는 사실을 본격적인 전공 공부에 들어가서야 알게 되었고, 이론과 더 많은 사례들을 접하게 되었다. 알고 보니 주택가 재생만이 아니라 도심 상가와 낡은 공장지대도 재생을 통해 새로운 가치를 창출하고 있었다.

우리의 경우 2000년도를 훨씬 지나서야 그러한 재생사업 형태의 마을만들기가 소수의 민간 전문가에 의해 소개되고 활동으로 전개되었다. 우리는 그동안 지역사회개발 하면 새마을운동을 먼저 떠올렸고, 그리고 사회복지 측면에서 소외계층을 위한 복지개발에 관한 이론과 실제 정도였다. 그러다 보니 농촌개발, 도시재생, 마을기업, 6차산업화 등과 같이 주민소득이나 지역경제 활성화 문제를 커뮤니티기반의 학습과 연구 차원에서 길잡이가 될 수 있는 변변한 교과서가 없었다. 대학원과 학부의 지역사회개발 강의를 위해 여기 저기 국·내외 자료들을 수집하고 편집하여 사용할 수밖에 없는 실정이었다.

최근 들어 농촌마을만들기와 도시재생이 정부 정책으로 본격화되었고, 이와 관련된 정부활동에 동참하면서 더 많은 관심과 학습의 기회를 갖게 되었다. 농촌마을만들기사업과 도시재생의 총괄기획가(PM), 그리고 사업평가 자문교수, 수차례의 외국 선진지 견학 등의 활동들을 하면서 몸소 체득한 현장경험과 틈틈이 모아두었던 자료 덕분에 용감하게 졸저를 생각하게 되었다. 책을 쓰면서 커뮤니티기반 지역개발은 지역공동체 정신과 주민자치 의식 없이는 성공할 수 없다는 확신을 갖게 되었고, 이를 적극적으로 반영하여 이 책 전체 맥락과 프레임의 핵심이 되도록 하였다. 특히 지난 15년 동안 지방분권 시민운동을 해오면서 경험한 지역민주주의의 당위성과 지식은 이 책 전반을 지배하는 큰 힘이 되었다. 그리고 얼마 되지 않은 초보 주말 농군으로서 농촌지역과 주민들을 가까이할 수 있었던 것도 지역사회개발을 주민중심으로 이해하는데 큰 보탬이 되었다. 작년부터 지역사회개발 과목이 국비지원 교내 링크사업단 지역사회연계 교과목으로 선정되어 학생들과 수업 과제수행 차원에서 함께한 동네자원조사 및 현장체험학습 역시 큰 도움이 된 것 같다.

대학생과 대학원생 그리고 주민자치와 마을만들기 실무자 외 기타 관심 있는 모든 분들이 쉽게 이해할 수 있도록 나름대로 노력은 하였지만 여전히 부족함을 절감한다. 경험적인 것을 많이 담으려고 하다 보니 이론과 제도 그리고 실제 간 다소 일치하지 않거나 잘못 서술된 부분이 있을 것이다. 독자제위의 날카로운 지적을 기다리면서 스스로 자숙하고 더 많은 탐구를 통해 꾸준히 다듬어 나갈 것이다.

끝으로 이 책의 출간을 위해 표지에서부터 내용과 교정에 많은 수고를 아끼지 않은 경남대학교출판부 심미숙 선생님께 감사를 드리고, 우리 가족공동체를 굳건히 지켜주는 사랑하는 가족과 함께 출판의 기쁨을 나누고 싶다.

2018년 8월 한 여름 제이팜농막 연구실에서 저자 정 원 식

차례

제1장 커뮤니티기반 지역개발의 기초이론

제1절 커뮤니티기반 연구의 개요 ········· 14
1. 커뮤니티기반 연구 개념정의 ········· 14
2. 커뮤니티 기반 연구의 주요 원칙 ········· 17
3. CBR의 특징과 한계 ········· 19

제2절 커뮤니티의 개념적 이해 ········· 21
1. 커뮤니티의 다양한 개념들 ········· 21
2. 커뮤니티 개념의 종합적 접근 ········· 27

제3절 지역사회개발의 개념과 가치 ········· 31
1. 지역사회개발의 개념과 목적 ········· 31
2. 지역사회개발의 학문적 및 실제적 가치 ········· 36

제4절 커뮤니티기반 지역개발의 이론 ········· 41
1. 지방자치이론과 지역사회개발 ········· 41
2. 뉴어바니즘과 지역사회개발 ········· 48
3. 지역사회 경제발전 이론 ········· 51
4. 로컬거버넌스와 지역사회개발 ········· 54

제2장 커뮤니티기반 지역개발의 참여자

제1절 지역주민 ········· 60
1. 지역주민의 개념 ········· 60
2. 주민참여의 역할과 중요성 ········· 61
3. 주민참여의 단계 ········· 64
4. 주민참여 지역사회조직의 실제: 주민자치회 ········· 66

제2절 중간지원조직 ········· 71
1. 개념과 필요성 ········· 71
2. 중간지원조직의 역할 ········· 73
3. 중간지원조직의 운영방식 ········· 75
4. 중간지원조직의 운영사례 ········· 75
제3절 지방정부와 행정기관 ········· 80
1. 지방정부의 이해 ········· 80
2. 지방의회의 역할 ········· 84
제4절 지역대학과 지역사회개발 ········· 86
1. 지역대학 역할 증대의 배경 ········· 86
2. 지역대학의 역할 ········· 87
3. 대학자원과 지역사회발전 간 다차원적 관계 ········· 90

제3장 지역사회개발의 자원

제1절 지역사회개발 자원의 개요 ········· 94
1. 지역사회개발 자원의 개념과 중요성 ········· 94
2. 지역사회개발 자원의 유형과 평가 ········· 98
제2절 사회적 자본과 지역공동체 구축 ········· 101
1. 개념 및 유형 ········· 101
2. 사회적 자본의 특성과 중요성 ········· 102
3. 사회자본의 형태 ········· 105

제4장 지역사회 권력구조와 발전정책

제1절 지역사회 권력의 이해 ········· 110
1. 지역사회 권력의 개념 ········· 110
2. 권력의 일반적 속성과 지역공동체 권력 ········· 112
3. 권력의 주체와 소재 ········· 114
4. 권력의 유형 ········· 116
제2절 지역사회 개발정책의 권력적 접근의 유형 ········· 118
1. 엘리트주의 ········· 118

2. 다원주의 이론과 지역사회개발 ········ 123
3. 신엘리트주의 ········ 129
4. 엘리트주의와 다원주의의 재해석 ········ 133

제5장 마을만들기와 지역사회개발

제1절 마을만들기의 배경과 개요 ········ 138
1. 등장배경 ········ 138
2. 개념과 목적 ········ 140
3. 마을만들기의 기본원칙 ········ 142
4. 마을만들기의 단계와 계획수립 절차 ········ 143

제2절 마을만들기 실제: 농촌마을종합개발사업 ········ 146
1. 농촌마을종합개발사업의 개요 ········ 146
2. 농촌마을종합개발사업의 추진과 특성 ········ 150
3. 지역공동체 마을만들기의 수단 ········ 153

제3절 마을만들기의 성공요건 ········ 159
1. 마을만들기의 성공사례 ········ 159
2. 마을만들기의 성공요건 ········ 162

제6장 마을기업과 지역사회개발

제1절 마을기업의 개요 ········ 168
1. 등장배경 및 개념 ········ 168
2. 마을기업과 사회적기업 ········ 177

제2절 마을기업의 설립요건과 운영 ········ 183
1. 추진절차 ········ 183
2. 설립요건 ········ 183
3. 정부지원 ········ 185

제3절 6차산업화와 마을기업 ········ 186
1. 개념 ········ 186
2. 6차산업화의 추진단계 ········ 187
3. 6차산업화의 발전방향 ········ 187

제4절 마을기업의 육성 및 활성화 방안 ······ 190
1. 정책 및 제도적 개선 ······ 190
2. 사회·경제적 방안 ······ 191

제7장 커뮤니티기반의 도시재생

제1절 도시성장과 도시재생 ······ 198
1. 도시의 변천 ······ 198
2. 도시화와 도시성장 ······ 200
3. 도시문제로서 도심의 공동화 ······ 203
제2절 도시재생과 도시발전 ······ 205
1. 도시재생의 배경 ······ 205
2. 도시재생의 개념과 특성 ······ 206
3. 도시재생과 젠트리피케이션 ······ 211
제3절 우리나라의 도시재생 정책 ······ 213
1. 도시재개발 정책의 변천 ······ 213
2. 도시재생 정책의 주요 내용과 특징 ······ 215
3. 도시재생사업의 추진주체와 체계 ······ 216
4. 도시재생사업 성공을 위한 과제 ······ 218

제8장 주민자치와 지역사회개발의 만남

1. 왜 주민자치인가? ······ 232
2. 필요성과 중요성 ······ 234
3. 주민자치와 지역사회개발의 관계 ······ 235
4. 주민자치와 커뮤니티기반 지역발전의 비전 ······ 237

참고문헌 ······ 241

그림 차례

[그림 1-1] 커뮤니티기반 연구의 체계 ··· 17
[그림 1-2] 지역사회개발의 추진체계 및 네트워크 ··· 33
[그림 1-3] 지역사회개발과 정부의 관계 ··· 36
[그림 1-4] 도보중심의 동네 ··· 50
[그림 1-5] 지역사회개발과 경제발전의 연계 구조 ··· 52
[그림 2-1] 주민참여의 분야 ··· 62
[그림 2-2] 주민참여의 8단계 ··· 66
[그림 2-3] 대학과 지역사회개발: 다차원적 역할관계 ··· 92
[그림 3-1] 지역자원조사와 현장포럼 ··· 100
[그림 3-2] 산업경제 구조의 패러다임 변화 ··· 103
[그림 3-3] 커뮤니티의 3대 요소 ··· 103
[그림 5-1] 마을만들기와 마을의 공유 ··· 142
[그림 5-2] 마을만들기의 예비 및 시작단계 ··· 143
[그림 5-3] 함안군 군북면 평광 창조적마을만들기 사업계획 ··· 145
[그림 5-4] 농촌마을종합개발사업의 추진체계도 ··· 149
[그림 6-1] 마을기업의 설립목적 ··· 171
[그림 6-2] 마을기업의 활동영역 ··· 172
[그림 6-3] 마을기업 연합을 통한 농촌발전 모델 ··· 176
[그림 6-4] 사회적기업의 사업영역 ··· 179
[그림 6-5] 6차산업의 과정 ··· 187
[그림 6-6] One-stop 행정지원체제 ··· 190
[그림 7-1] 도시화 곡선 ··· 200
[그림 8-1] 주민의사와 정부의사 간 관계 ··· 233
[그림 8-2] 주민자치와 지역사회개발의 관계 ··· 235

표 차례

[표 1-1] 장소 및 비장소적 커뮤니티의 주요 특성 비교 ······ 28
[표 1-2] 뉴어버니즘의 도시적 편익 ······ 50

[표 2-1] 주민자치회와 주민자치위원회의 차이 ······ 67
[표 2-2] 외국의 중간지원조직 유형 ······ 72
[표 2-3] 중간지원조직 구축 유형 ······ 75
[표 2-4] 지역개발에 있어서 지역대학의 역할차원과 효과 ······ 91

[표 5-1] 마을만들기의 10가지 특성 ······ 142
[표 5-2] 기본계획수립의 절차 ······ 144
[표 5-3] 농촌문제의 실태와 현황 ······ 146
[표 5-4] 농촌마을종합개발사업 세부내용과 지원조건 ······ 148
[표 5-5] 사업타당성 점검 체크리스트 ······ 151
[표 5-6] 사업 타당성 구체적 점검 사항 ······ 151
[표 5-7] 관련 기관과 참여자들의 주요 역할 ······ 153

[표 6-1] 영국과 일본의 마을기업 도입 배경 ······ 169
[표 6-2] 부처별 마을기업 명칭과 주요 사업 ······ 172
[표 6-3] 마을기업과 사회적기업의 비교 ······ 182
[표 6-4] 마을기업 설립 추진체계 ······ 183
[표 6-5] 정부지원 마을기업 참여 분야 ······ 186
[표 6-6] 6차산업화의 추진단계 ······ 188

제1장

커뮤니티기반 지역개발의 기초이론

제1절 커뮤니티기반 연구의 개요
제2절 커뮤니티의 개념적 이해
제3절 지역사회개발의 개념과 가치
제4절 커뮤니티기반 지역개발의 이론

제 1 장 커뮤니티기반 지역개발의 기초이론

제 1 절 커뮤니티기반 연구의 개요

1. 커뮤니티기반 연구 개념정의

커뮤니티기반 연구(CBR: community-based research)는 커뮤니티에 기반을 두거나 커뮤니티 중심의 발전(CDD: community-driven development or community-based development)에 관한 연구이다. 세계은행(The World Bank)에 따르면 1996년 이후 10여 년 동안 세계 115개국 회원국에서 500개 이상의 CDD 사업이 이루어졌고, 그 예산규모는 미화로 28조 달러에 이른다고 하였다. 따라서 세계 어느 국가에서나 CDD에 대한 기대치는 그만큼 높으며, 특히 지역개발사업들이 CDD의 원칙에 입각했을 때 대부분의 주민들은 지역문제를 능률적으로 그리고 효과적으로 해결할 수 있는 것으로 믿는다는 것이다(Jakimow, 2018). 더군다나 CDD를 위한 지역자원들은 관련 주민들의 실질적 욕구에 따라 공평하게 배분되는 것이 큰 장점으로 인식되고 있다(Boesten, Mdee, & Cleaver, 2011; The World Bank, 2016).

CBR을 좀 더 폭넓게 규정하면 지역공동체를 중심으로 전개되는 정치, 경제, 사회 및 기타 제반 분야에 대한 연구로서 지역사회 발전에 대한 학문성과 실용성에 초점을 두고 있다. 주민의 자발적 참여를 통해 지역공동체를 구축하고 이를 기반으로 지역의 제반 문제를 해결하려는 접근으로서 한마디로 '주민참여형 지역사회개발'이라고 할 수 있다. 따라서 지역사회발전을 위해 우선적으로 지역공동체를 구축하고 이를 기반으로 한다는 것이 특징이다. 구체적으로는 보다 나은 사회·경제적 발전을 위해 지역사회의 복잡·다양한 문제를 정부 정책실무자와 지역주민, 그리고 학자들이 상호 협력하여 해결하는 접근방법이라고 할 수 있다. 이러한 접근방법의 궁극적인 목적은 도시화와 산업화 내지 다양한 시대적 변화로 인해 해체되거나 와해된 커뮤니티를 다시 복구하는 데 있으며, 이를 기반으로 지역의 발전을 꾀하자는 데 있다. 다시 말해 커뮤니티의 속성인 지역성, 정체성, 공동체성을 복원하여 현 시대와 환경에 적합한 지역으로 거듭나자는 것이다.

후술하겠지만 여기서 커뮤니티 개념의 핵심은 동일 장소에서의 비슷한 지역성(locality)을 포함하는 의미도 있지만, 보다 중요한 것은 유사한 목적과 가치를 지향하는 사회적 상호작용의 실체로서 이종(異種: heterogeneous)의 복합 구조로 이해할 필요가 있다.

공공행정과 정책 및 관리 분야에 CBR의 적용은 비교적 초보적인 단계에 어 이론적으로 적절한 개념적 틀이 개발되지 못한 실정에 있다 (Kapucu, 2014: 683). 그러나 CBR을 협력적 및 참여적 접근방법의 개념으로 이해할 때 실제 활용과 연구는 다양한 분야에서 이미 널리 확산되었으며, 특히 협력과 참여는 도시 및 지역사회개발 정책에 있어 지역 및 조직의 네트워크 및 거버넌스 이론의 핵심 요소로 역할하고 있다.

CBR은 일차적으로 지역사회와 주민들의 욕구에 부응하는 접근방법으로서 지역사회에서 축적되어 온 기존의 지식 및 대학의 다양한 풍부한 지식을 활용하여 커뮤니티에 산재해 있는 주요 자원들을 발굴하고 동원하여 지역사회의 발전적 가치를 높이는 접근 방식이다(Naim Kapucu, 2014). CBR 접근은 지역사회개발 연구에 있어 파트너십의 중요성과 학자들의 지역기반 연구 추세를 반영하고 있으며, 특히 공공행정에 있어서 최근의 지역사회 및 일반의 사회적 욕구를 잘 반영해 주고 있다. CBR은 연구과정의 모든 공동 참여자들을 동등하게 참여시키면서 개개인의 특성과 강점을 인정하는 접근방법이다. 스토엑커(Stoecker, 2005)는 CBR을 '문제해결과 변화를 창출할 목적으로 학생, 교수 및 지역사회 구성원들이 연구 프로젝트에 공동으로 참여하는 파트너십 접근방법'으로 규정하고 있다.

커뮤니티기반 연구는 현장 중심의 참여적 실행연구로서(action research) 지역사회의 다양한 분야에서 오랜 기간 동안 발전해 왔다.[1] 실행연구의 선구자라 할 수 있는 레윈(K. Lewin, 1946)은 실행연구의 중요성은 사색적이고 민주적인 연구과정이라는 데 있으며, 특히 "토론, 의사결정, 실행, 평가 그리고 수정" 등의 개념들이 강조된다고 주장한다(Adelman, 1993: 15). 주로 건강과학이나 교육 분야에서 폭넓게 활용되었으며, 공공정책과 행정관리에서의 적용도 이들 분야에 못지않게 중요한 가치를 지니고 있다고 한다. 왜냐하면 공공행정의 목적이 지역사회 제반 조건의 개선, 사회정의 실현 그리고 양질의 서비스 제공에 있다고 본다면, 이들 목적은 커뮤니티 기반의 연구에서 설정된 목적과 거의 일치하기 때문이다(Mischen & Sinclair, 2007). 어떤 분야이든 연구수행에 있어 이론과 실제의 연계 그리고 지식 전문가와 사용자의 결합은 유용한 지식의 구축이라는 맥락에서 중요하게 요구되고 있다. 이와 관련하여 공공행정과 CBR에 있어 연구 아젠다는 최근의 커뮤니티 및 사회 전반적 욕구를 잘 반영해 주고 있다. 따라서 실행연구와 참여기반 연구모형의 핵심 기초를 마련하기 위해서는 변화와 적응에 대한 고도의 유연성을 키우는 것이 대단히 중요하다. 이를 통해 해당 지역사회가 규정하고 있는 자산과 지역과제 및 해결책들을 찾아 지역사회 주민들의 생활에 영향을 미치는 사업이나 정책에 대한 정보를 주민들이 보다 쉽고 용이하게 이해할 수 있는 것이다.

이상을 종합해 볼 때 커뮤니티기반 연구는 커뮤니티의 특징과 장점들을 기반으로 학문적 이론과 지식의 유용성을 활용하여 보다 과학적이면서 보다 실제적인 연구와 학습을 추구하는 데 있다. 이는 곧 보다 강력하고 안정적인 지역사회를 구축하고 주민중심의 지역발전을 도모할 수 있다는 점을 의미하고 있다. [그림 1-1]은 이를 도식화 한 것이다.

---

1 그러나 실행연구 방법은 지나치게 맥락적이고 서술적이라는 점에서 엄격한 탐구적 연구가 될 만큼은 세련되지 못하다는 한계를 갖고 있다(Susman & Evered, 1978).

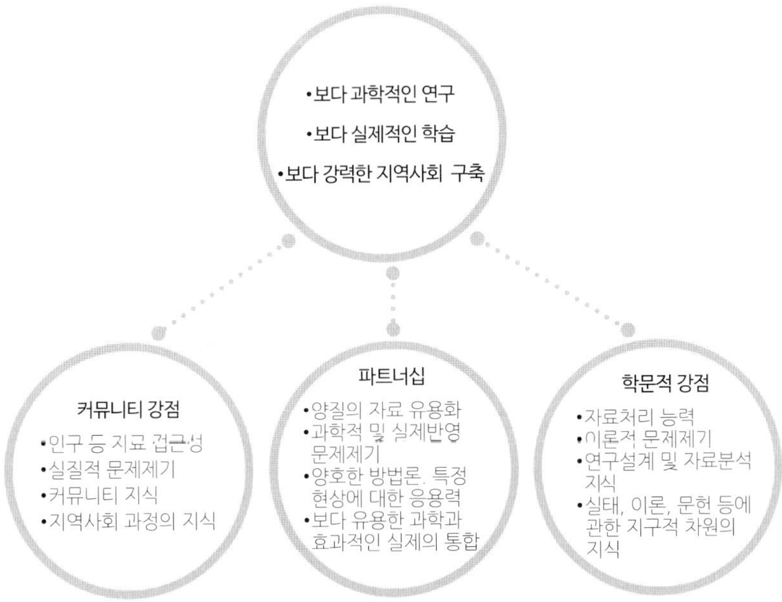

그림 1-1 커뮤니티기반 연구의 체계

2. 커뮤니티 기반 연구의 주요 원칙

CBR의 대원칙에는 지역공동체에 의해 규정된 연구주제, 협력적이고 파트너십 접근, 커뮤니티중심의 연구결과 등(Mulrennan, Mark, and Scott, 2012; Ritas, 2003)이 포함되어 있으며, 이를 구체적으로 제시하면 다음과 같다.

첫째는 연구의 정체성 확립을 위해 현재적이든 잠재적이든 커뮤니티가 핵심 주체가 되어야 한다. 왜냐하면 커뮤니티 지역개발은 커뮤니티 중심의 의사결정(community driven decision-making)을 통해 지역사회와 주민들의 삶의 질 향상에 목적을 두기 때문이다. 따라서 커뮤니티 지역개발은 종래의 정부 중심의 도시 및 농촌개발 정책과는 구별된다. 지역이나 동네 문제들의 해결을 정부 중심이 아닌 해당 지역 주민들의 문제의식에서 출발하여 주민들의 의사결정으로 계획되고 집행되는 것을 의미한다. 정부는 단지 행정 및 재정적 지원과 관련 정보를 제공하며 바람직한 정책방향으로 유도하는 역할을 한다.

둘째는 커뮤니티기반 파트너십 원칙이다. 지역사회의 주민, 기업, 지역 정치 지도자, 지역사회개발 기업 및 기타 지역사회 단체를 포함한 모든 이해 관계자들이 동등한 위치와 자격을 갖고 커뮤니티 개발에 적극적으로 참여한다.

셋째, 내생적 발전 패러다임에 초점을 둔다. 지역사회발전의 추진주체와 동인(motivation)이 지역 내에 존재하고, 발전의 성과 역시 해당 지역으로 귀속되는 발전 방식을 강조한다. 이와 함께 커뮤니티 개발 대상지역 내의 고유자원을 발굴·활용하며 지역강점들을 극대화한다. 커뮤니티 지역개발은 내생적 발전을 우선하기 때문에 개발주체인 지역주민들이 가장 잘 알고 있으며 활용하기가 용이한 지역 내 고유자원을 대상으로 하는 것이 효과적이다. 따라서 지역의 특성화는 가장 지역적인 것을 중심으로 만들어 지는 것이며 또한 그것이 가장 세계적인 것이 될 것이다.

넷째, 지속가능한 지역개발을 원칙으로 한다. 커뮤니티 지역개발은 정치, 경제, 자연환경, 사회복지 등 지역의 제반 분야에 대한 개발을 상호 조정하여 균형이 잡힌 지역발전을 지향해야 한다. 궁극적으로는 이러한 포괄적인 접근방식 위에 지역역량을 강화시킴으로써 살기 좋고 활기찬 지역공동체를 구축하는 것이다. 이를 위해 주민들은 지역사회개발 정책의 계획단계는 물론 사후 운영과 관리까지도 책임을 지는 명실 공히 주인으로서의 역할을 다해야 한다.

이 외에도 스트랜드(Strand)와 그의 동료들(2003)은 커뮤니티 지역개발과정에서 원활한 파트너십 구축을 위해 진입, 수행 그리고 결과 세 단계로 분류하고 각 단계별 하위 원칙들을 제시하고 있다. 파트너십 진입단계는 이념과 비전의 공유, 목표와 전략의 합의, 상호 신뢰와 존중을 파트너십 수행단계에서는 권한과 힘의 공유, 명확한 의사소통, 상호이해 및 유연성, 파트너십 결과 단계에서는 공통의 욕구충족, 조직의 역량 강화, 장기 목표의 채택 등을 제시하고 있다. 이러한 CBR 원칙들의 핵심은 관련 파트너들 및 이해관계자들 간 협력적 교환이며, 지역공동체 구축과 활동을 이해하기 위한 유용한 지식의 창출과 공동학습(co-learning)이라고 볼 수 있다.

커뮤니티 지역개발 과정에 있어 이러한 제반 원칙들을 준수해야 하는 이유는 CBR의 성과 및 성공과 그 영향들을 측정하고 평가하는 것이 매우 중요하기 때문이다. 이러한 원칙들을 어떻게 잘 준수하느냐에 따라 커뮤니티 지역개발의 성과와 영향은 달라지기 때문이다. 따라서 CBR은 커뮤니티를 중심으로 하는 참여적 연구로서 성격적으로는 참여적이지만 커뮤니티 역량강화, 권한위임, 실행 가능한 결과를 창출하기 위한 지식의 창출과 확산이라는 점에서는 변혁적이다.

3. CBR의 특징과 한계

1) 학문 및 교육적 측면

스트랜드(Strand)와 동료 학자들(2003)에 따르면 CBR은 사회변화에 대응하고 사회정의를 추구함으로써 지역사회에 적극적으로 기여하는 목표 지향적 교육과 사회의 도덕성 향상에 중점을 두고 있다. 그리하여 궁극적으로는 지역사회와 그 구성원들을 위한 것이며, 그리고 그들과 함께 커뮤니티 지역개발을 수행하는 것이다. CBR은 지역대학 구성원들(학생, 교수, 연구원 등), 실무자 및 시민을 포함한 지역사회의 다양한 이해관계자들의 협력적 참여 연구이다. 이들 구성원들은 연구의 모든 단계에서 참여하고 있지만 주로 개인적 이득보다는 공동체 전체의 수요에 부응하는 행동을 추구하며, 궁극적으로는 그들 상호간 편익이 되기 때문에 함께 일을 수행하게 된다. 그러나 변화와 학습에 대한 책임은 참여 학자들한테 만 있는 것이 아니라 관련 실무자에게도 있다. 따라서 관련 실무자는 학습을 통해서 현장에 적용하는 사람으로서 협력적 파트너십 과정에 깊이 관여하게 된다. 이러한 파트너십은 지역공동체 발전에 기여하는 것은 물론 학생들과 연구진들에게 새로운 연구방법과 이론의 실제 적용을 가능하게 해 준다(Johnston, Hu, & Auer, 2011; Wodicka et al., 2012). 즉 연구자들은 보다 발전된 이론적 토대를 구축하게 되고 실무가들은 보다 많은 경험적 지식을 얻게 되는 것이다. 이를 통해 CBR은 지역공동체 문제를 보다 종합적이고 학제 간(interdisciplinary) 시각에서 바라볼 수 있게 되는 것이다(Raadschelders, 2011). 따라서 CBR은 연구의 방법론이라기보다는 다양한 양적·질적 방법론을 활용하여 상황이나 사건에 대한 연관성을 강조하는 맥락적 연구라고 할 수 있다.

즉, CBR은 활동 지향적이고 응용적 현상을 다루는 사회과학으로서 공동체적 참여, 지역공동체 역량구축, 지역사회의 변화 등과 같은 맥락적 연구에 적절하다. 이러한 개념적 틀은 특히 지역사회 및 구성원들을 위한 지식 창출자요 역량 구축자로서 역할을 하는 지역대학에 유용하다.

CBR 방법은 지역사회가 처해 있는 상세한 맥락 분석을 통해 연구 결과를 지역사회에 구현시킴으로써 연구의 적절성을 높이고 연구 질을 향상시킬 수 있다. 또한 참가자들에게 실용적인 기술을 개발하고 사회적 이슈에 대한 미래 비전 제시를 가능하게 하는 지역사회기반 학습에 도움을 주고 있다. 그러나 CBR과 같은 실행 지향적 연구는 고도의 맥락 지향적이고 서술적인 연구라는 점에서 사회의 복잡·심오한 문제를 체계적으로 해결할 만큼의 과학적 방법론인지는 의문의 여지를 안고 있다.

2) 참여 및 협력적 파트너십 구축

CBR의 핵심은 연구자와 실무가들 간 파트너십을 통해 상호 편익을 가져다준다는 점이다. 공공정책 및 관리 연구에 있어서 많은 학자들이 CBR을 적용하는 대표적인 이유는 학자들과 실무자들의 공동 참여 그 자체이다. 이를 통해 커뮤니티 지역개발 연구를 민주적으로 수행하고 지역공동체를 중심으로 사회적 결과와 영향들을 개선시키는데 있다.

공공정책과 관리에 있어 CBR의 역할과 관련하여, 공공행정가들은 사업집행과 관리 및 사업결과의 개선에 관심을 갖는 반면에, 시민과 민간 전문가들의 참여는 그러한 사업의 정당성을 확보하고 행정가들의 신뢰성을 높이는 데 기여한다고 볼 수 있다. 지역대학 연구기관과 커뮤니티 간의 파트너십은 효과적인 CBR을 위해 대단히 중요하다. 이러한 파트너십 없이는 커뮤니티기반의 지역사회 개발의 효과를 거두기는 어려울 것이다(Kapucu, 2016).

이 외에도 이스라엘(Israel)과 그의 동료 학자들은 CBR의 특징으로서 ①참여적, ②공동체 구성원들과 연구자들 간 동등하게 기여하는 공동의 노력, ③공동의 학습과정, ④체계적 개발과 지역역량 구축, ⑤참여자 중심의 권한위임, ⑥연구와 실행 간의 균형감 등 여섯 가지를 제시하고 있다(Israel et al, 1998).

3) 한계

근본적으로 CBR의 성공적 수행을 위해서는 참여자간 동등한 파트너십의 확립이 가장 중요하다. 그렇지만 동등한 참여와 파트너십 구축이 쉬운 일만은 아니다. CBR이 참여적이고 실행 지향적이라는 데 있어서 다소의 의문이 제기되고 있는데, 특히 지역사회 주민들과 조직은 연구과정에서 핵심적인 의사결정에는 거의 참여하지 않고 있으며 단지 자료수십에 참여하는 정도에 불과하나는 것이다(Stocker, 2009). 연구과정을 지배하는 사람은 대부분의 학자들이며, 실무가들은 정보와 지식 확산의 통합 관리자로 역할하며 지역사회 주민들은 최소한의 역할에 그칠 뿐이다. 더구나 CBR의 핵심이라 할 수 있는 연구자들과 지역사회 구성원들 간 파트너십의 구축과 지속성에 대해서는 여러 장애요소들이 내재하고 있다. 예컨대 많은 시간의 소요, 지역사회 구성원들과 연구자들 간 신뢰관계의 부족 및 권한과 통제의 공유 부족, 가치, 규범, 문화, 관점 등의 차이에 대한 갈등, 재정배분의 불일치, 그리고 연구과정과 사업달성 간 우선순위 차이 등의 문제점을 안고 있다(Israel et al, 1998; Stoeccker, 2008, Strand et al, 2003).

제2절 커뮤니티의 개념적 이해

1. 커뮤니티의 다양한 개념들

오늘날 지역 및 도시개발, 도시계획, 지역경제발전 등의 분야에서 지역공동체(community) 개념은 이론과 실제에 있어 핵심적인 역할을 하고 있다. 특히 의존적인 외생적 지역발전에서 벗어나 내생적 자발적 지역발전의 중요성이 커지면서 지역 및 도시발전에 대한 새로운 패러다임이 등장하였고[2], 여기에 특히 커뮤니티의 역할이 중요시되고 있다.

우리나라에서는 '지역사회', '지역공동체', 또는 '공동체'라고도 번역되는 영어 'community'의 어원은 'common' 또는 'communal'로서 공동봉사, 공동참여, 공동분담의 뜻을 갖고 있다. 일반적으로 제한된 지역에 거주하면서 공동의식으로써 조직화된 관계(organized relation)를 통하여 공통의 이익을 추구하며 주어진 활동을 분담·수행하는 인간집단을 의미하고 있다.

커뮤니티 또는 지역공동체 개념을 보다 구체적으로 이해하기 위해 여기서는 장소 중심의 커뮤니티와 사람들 간 상호작용에 초점을 두는 커뮤니티 개념, 그리고 두 개념을 절충 또는 통합하는 상황적 의미의 커뮤니티 개념으로 구분하여 서술하고자 한다.

1) 장소 중심의 전통적 개념의 커뮤니티

장소 중심의 커뮤니티의 이상적 유형은 독일의 사회학자인 페르디난트 퇴니에스(Ferdinand Tönnies)가 주장한 게마인샤프트(Gemeinschaft: 공동체)와 게젤샤프트(Gesellschaft: 사회)에서 찾을 수 있다. 전자는 가족·친족·민족·마을과 같이 혈연이나 지연 등 애정을 기초로 하여 이루어진 공동사회를 뜻한다. 반면에 후자는 게마인샤프트의 비타산적인 특징과는 달리 회사·도시·국가·조합·정당 등과 같이 계약이나 조약 및 협정에 의해 인위적이고 타산적 이해에 따라 이루어진 집단으로서 이익사회로 불리어 지고 있다.

시골 동네나 마을들이 게마인샤프트의 전형적인 모습으로서 이곳에서는 개인 및 가족들이 오랜 기간에 걸쳐 형성해 온 안정되고 지속적인 사회적 질서와 정서 등에 기초하여 구성원들 사이에서 폭넓은 사회적 유대를 만들어 왔다. 특히 타인과의 신뢰와 친밀감 그리고 자신들 스스로 중요성을 인정하면서 전체

---

2 예컨대 지역혁신, 신지역주의, 신제도주의, 뉴어바니즘, 도시 및 지역네트워크, 창조지역 및 창조경제, 마을만들기, 도시재생 등에 대한 이론과 실제 분야에 있어 커뮤니티의 중요성이 부각되고 있다.

의 한 구성원으로 보는 관점 등은 게마인샤프트의 공동체적 관계를 만드는 핵심 기반이 되고 있다. 허스트(Hirst, 1994)[3]는 이러한 전통적 공동체를 운명공동체로 규정하고 계급, 인종, 종교와 같이 태생적 혹은 자연스럽게 부여받게 되는 특성들에 의해 구성된다고 하였다. 그러나 개인의 선택권을 보장하지 않는 운명공동체는 중앙집권화 되기 쉬울 뿐만 아니라 집단주의(collectivism)로 타락하여 내부 구성원들에게는 억압과 폭력을, 외부인에게는 배타적이기 쉽다.

이와는 대조적으로 게젤샤프트는 도시를 중심으로 사람들 간 다소 소원해 있긴 하지만 사회 전반에 대한 기계적인 연결과 역할들에 의해 커뮤니티를 형성하고 있다. 여기서는 합리적인 의지와 법적 계약 등이 관계 형성을 위한 감성적 기반을 대신해 주고 있으며, 개인적 지위는 고착되어 있지 않고 공동체 생활에서의 업적과 역할에 따라 유동적으로 변한다. 따라서 게젤샤프트는 합리적 선택에 의한 연합적 유대가 중심이 된 기계적 조직으로서 구성원들의 관계가 시장 및 교환가치에 의해 결정되는 회사, 정당 등 특정의 이익을 목적으로 형성되고 있다. 이는 허스트(Hirst)가 제시한 선택의 공동체(communities of choice)와 유사하며, 자유로운 개인들의 선택에 의해 구성된 결사체로서 폭 넓은 다양성이 보장된다고 하였다. 그는 시민들에게 필요한 공동체는 그들에게 '동일함'을 요구하는 공동체가 아니라 '다름'을 실현할 수 있도록 하는 공동체라고 주장하고 있다(Hirst, 1994: 50~56).

양자는 사람들 모임의 방법과 가치에 있어 다소의 차이가 있으나 특정 장소라는 경계를 두고 있는 장소적 공동체(place-based community)라는 공통점을 갖고 있다. 따라서 일정한 장소를 중심으로 사람들 간 애정과 호의를 토대로 형성된 사회적 결속을 통해 강력한 사회적 상호작용을 가능하게 한다. 이러한 관점에서 지역공동체는 대면적 관계를 유지하고 다수의 역할에 대해 상호작용하고 사회적 변화에 대해 협력할 수 있을 정도로 서로 가까이 지내고 있는 사람들의

3 허스트(Hirst, 1993: 50~56)는 공동체를 두 가지로 분류하는 데 첫 번째는 운명에 의한 공동체(communities of fate)이고 두 번째는 선택에 의한 공동체(communities of choice)이다. 전자는 전통적 공동체와 가깝고 후자는 결사체를 의미한다.

집단이라 할 수 있다. 이는 이웃처럼 반드시 공간적 근접을 요하는 것은 아니며 도시 내 레즈비안 타운처럼 강력하고 분명한 정체성(identity)을 중심으로 형성되기도 한다.

장소기반의 커뮤니티는 정부, 경제, 교육 및 종교 분야의 공식적인 기관이라는 장소를 중심으로 구축되었다고 볼 수 있다. 특히 장소는 지역공동체의 구축과 비전제시 그리고 특정의 지리적 영역에서 주민복지 향상 및 정체성 구축과 합의를 통해 주민 갈등완화를 꾀하고자 하는 정부 기획자 및 의사결정자들에게는 그 의미가 크다고 할 수 있다(Bradshaw, 2008).

커뮤니티는 거주지와 기타 토지이용 지역을 포함하여 지역주민들이 자발적으로 계획을 수립하고 협력에 의한 거버넌스형 의사결정을 수행하고 있는 일정한 경계 구역을 의미하고 있다. 여기서 의사결정 사안들에는 주요 공공정책과 사업의 결정, 공공서비스의 공급 그리고 경제 및 환경자원의 배분 및 정치적 과정에 대한 의사결정 등이 포함된다. 이러한 것들은 특히 주민들에게는 공통의 관심사들로서 주택, 학교 그리고 환경문제와 같은 것들은 근본적으로 장소에 기초하고 있다는 점이다. 여기에는 커뮤니티의 성질과 특성을 변화시키는 사회·경제적 요소들이 존재하는 것은 사실이나 장소 기반의 이슈는 대부분 사람들의 생활의 질에 지속적으로 영향을 미치고 있다. 이러한 점에서 커뮤니티 활동은 지역중심의 욕구와 문제점을 표출하고 해결하기 위해 주민들이 함께 노력하는 활동으로 규정되기도 한다(Wilkinson, 1991).

장소의 공동체는 동일 지역과 이웃 그리고 동일의 도시와 타운 심지어는 동일의 나라에 살고 있는 사람들의 집합체이다. 도시 공동체는 공동의 문화와 사회, 정치 및 경제적 특징들을 공유하고 있는 개개인 또는 가정들이 모여 있는 장소를 의미한다. 특히 장소 지향의 커뮤니티는 지역성을 강조하고 있다. 따라서 지리적 공간에 기초한 공동체가 갖는 지역성을 보다 분명히 하는 차원에서 지역과 공동체 두 단어를 조합한 지역공동체(local community)라는 개념을 사용하기도 한다(Hart and Wolff, 2006; 이재열, 2006; 곽현근, 2008). 오늘날 사회학, 행정학, 지역계획학 등 다양한 사회과학 분야의 연구자들이 지역공동체에 관심을 갖는 것은 급변하는 지구적 환경 속에서 인간들의 삶을 근본적으로 개선하기 위해서는 지역적 차원에서의 자발적 노력이 필수라는 깨달음을 얻게 되었기 때문으로 보인다(이종수, 2010). 이러한 관점에서 Theodori(2005)는 지역공동체는 "지역주민들이 지역 내 공통의 생활 관심사에 관여하면서 공유된 정체감을 통해 상호 관련된 활동에 대한 장소 지향적인 과정"(2005: 662~663)의 특징을 보여준다고 하였다.

장소적 공동체를 종종 '이웃'(neighborhood) 개념과 동일시하기도 한다. 이웃은 일반적으로 주요 거리 또는 기타 물리적 장벽으로 경계가 정해져있는 정체성 영역과 같은 특정의 지리적 장소를 의미한다. 즉, 지역성(locality)을 공유하고 있는 가까운 이웃사람을 의미하고 있다. 그러나 이웃은 특정의 배타적 지역을 중심으로 형성되어 있으나 그 구성원들 간 공통 관심사에 대한 사회적 상호작용이나 결속(social ties)을 전제로 하는 것은 아니다.

이웃 간 유대 관계가 사람들을 지속적으로 연결해주는 주요 원천으로 작용하더라도, 그러한 장소적 커뮤니티가 반드시 주민들의 사회적 결속을 내포하고 있는 제한적인 장소적 실체로 간주되는 것은 아니다. 대부분의 개개인들은 각자 상이한 곳에서 일하고, 생활하고, 소비하는 경향이 있으므로, 다른 장소적 환경에서 사회적 관계를 형성 할 가능성이 더 클 수도 있다는 것이다.

2) 비장소적 관계중심의 커뮤니티

급속한 산업화와 도시화 그리고 교외로의 외연적 확산(urban sprawl)이 가중되면서 장소를 기반으로 형성된 전통적 의미의 공동체가 쇠퇴하기 시작하였다. 원래 교외지역의 커뮤니티는 도시가 지배적인 현실에 탈피하여 조금이라도 시골의 공동체적 정서를 담기 위한 시도로써 형성되었다. 그러나 전형적인 교외 주택단지(예: Willowbrook, The Meadows)의 이름들을 통해 시골의 특징들을 담으려는 의도였지만, 초대형의 도로와 고급 쇼핑몰 그리고 잦은 교통체증 등은 시골스러움(rurality)과는 거리가 멀어졌다. 그래서 Salamon(2005)은 이러한 교외화 요소들이 전통적인 장소 중심의 커뮤니티 개념을 훼손시키는 대표적인 사례로 지적하고 있다.

사회적 관계중심의 커뮤니티는 공동체의 본질적 특징을 장소보다 사회 내 사람들 간 관계의 결속 및 유대를 토대로 하는 사회적 상호작용에 초점을 두는 개념이라 할 수 있다. 여기서 장소는 공동체의 필수 구성요소도 아니며, 따라서 일정한 장소만 있다하여 반드시 커뮤니티가 되는 것은 아니라고 보는 관점이다.

오래전 웨버(Webber, 1964)는 그의 논문에서 '근접성 없는 공동체'(community without propinquity) 개념을 언급한 적이 있다. 이러한 개념은 공동체를 작은 시골마을, 이웃 또는 심지어 도시와 같이 제한된 지리적 영역에서 거주하는 사람들에게만 한정했던 기존 학자들로부터 비판의 대상이 되기도 하였다. 웨버가 주장하는 전통적 관점의 커뮤니티는 사람이 살고 있는 장소로서, 결과적으로 사람들 간 상호작용과 사회적 관계를 형성하는 장소라는 점이다. 그의 논문을 비롯한 몇몇 학자들은 장소, 즉 단지 거주만을 위한 공간은 공동체의 본질적 특징이라 할 수 있는 사람들 간 결속을 의미하는 사회적 관계와는 분리될 필요가 있다는 점을 강조하고 있다(Bhattacharyya, 2004).

교외와 통제된 단지중심의 개발(Blakely & Snyder, 1999)은 공동체 결여라는 점에서 많은 비판의 대상이 되었다. 즉 이들 장소는 사회적 결속의 부재로 인해 소외감을 만들어내는 침실에 불과하다는 것이다(Kunstler, 1996). 대도시의 외연적 확산은 도시를 자동차 중심 공간으로 바꾸어 놓고 결국에는 주민들 간 최소한의 사회적 상호작용의 제한, 거주민들의 잦은 이동, 걷기 불편한 보도 그리고 빈부격차의 소외감 등을 부추기면서 공동체의 문제를 가중시키고 있다는 것이다(Salamon, 2005). 이를 대신해서 장소적 정체성이 약한 대도시에서의 사회적 관계는 직업, 종교, 취미 등을 중심으로 형성되고 있는데, 이러한 현상이 "지리적 근접성 없는 공동체"를 대표해 주고 있다.

또 다른 예로서 글로벌 도시와 인터넷 기반 사이버 공간과 같은 비장소적 커뮤니티의 발전은 이러한 현상을 잘 설명해 주고 있다. 이러한 공동체에서는 반드시 대면 접촉 없이도 중요한 사회적 경험을 수행할 수 있다. 오늘날의 산업 도시는 글로벌 내지 메가시티로 바뀌고 있는데, 이들 도시는 산업화 시대 핵심 자원이었던 생산 원료의 흐름이 아닌 고속도로, 공항, 정보타워 및 인터넷 기반 등 교통과 정보통신 등에 의해 연결되어 있다. 글로벌 도시의 성장으로(Sasson, 2002)의미 있는 인간관계를 유지하기 위해 사람들 간 근접 생활의 필요성이 사라지면서 대부분의 비즈니스 거래와 사회적 관계는 장소를 초월하게 되었다. 이제 도시에서의 만남은 단순히 거래를 위한 것이지 살기 위한 장소가 아닌 것이다. 이러한 공동체에서 사회적 통제, 가치관, 지위 및 보상은 특정 장소에서의 상호관계에 묶여 있지 않고 장소를 초월한 네트워크에 의해 형성된다.

사회적 상호작용은 사람들 간 공유 영역에서 나타나는 것이 일반적이며, 이는 지역사회 생활의 전체에 영향을 미치고 집합적 활동에 대한 구조와 방향을 제시해 줌은 물론 상호 정체성의 원천을 제공해 준다(Wilkinson, 1991). 이러한 관점에서 커뮤니티는 장소 지향적이기는 하나 장소 그 자체보다는 지역성이 강조되고 있다. 지역성은 사람들의 사회적 상호작용이 일어나는 영역적 환경으로서 역할을 한다. 지역성을 바탕으로 지역사회의 공식·비공식 조직의 성격이 형성되며, 개개인들 간 교환을 위한 수단을 제공하고 의견과 지식 또는 정보 공유를 촉진시키며, 또한 집단에 대한 소속감을 고취시킨다.

이러한 비장소적 관점에서의 커뮤니티는 공동의 이해관계를 가지는 주요 사안들에 대한 사회적 상호작용을 의미한다. 즉, 일정한 영역 내에서의 인간적인 상호교류를 통해 공동체 의식과 공동유대감을 형성해 간다.

2. 커뮤니티 개념의 종합적 접근

[표 1-1]은 앞에서 살펴본 장소적 및 비장소적 커뮤니티의 특성을 요약·정리한 것이다. 종합적 관점에서의 커뮤니티는 장소에 기초할 수도 그렇지 않을 수도 있다. 다시 말해 일정한 경계를 가진 지리적 영역을 초월하여 커뮤니티의 구성 방법, 존재 가치와 지향 목표 등 그 특징과 상황에 따라 장소가 중심이 될 수도 있고 사회적 관계가 중심이 되기도 한다. 예컨대 커뮤니티는 마을, 학교 또는 지역개발 이슈와 같은 공동 관심사에 대해 행동하는 특정 장소의 거주민

표 1-1 장소 및 비장소적 커뮤니티의 주요 특성 비교

특성 및 유형		장소적 커뮤니티		비장소적 커뮤니티
		게마인샤프트	게젤샤프트	
장소 특성	지리적 영역	시골과 소지역	도시동네	장소초월, 가상 및 지구적 공간
	참여	단일 커뮤니티	대규모 커뮤니티	다수 커뮤니티
	안정성과 변화	안정적	과도기적	유동적, 역동적, 변혁적
사회 관계 특성	사회적자본	강한 유대감 결속적 사회자본	강·약 유대의 혼합	약한 유대감 교량적 사회자본
	공동체구조	개인/가족	집단	네트워크
	상호작용	대면적, 근접성	일상 대면적 우편과 전화 지원	주로 전자적 접촉 때때로 얼굴대면 근접성 불필요
	정체성	거주/장소	거주와 직장	네트워크에 의한 관계

집단이 될 수 있으며, 혹은 장소와는 별개로 종교적 믿음, 전문성 또는 인권 문제와 같은 일반적 관심사를 공유하고 있는 집단으로서 규정되기도 한다. 이러한 관점의 핵심은 사회적 유대와 결속 없이는 장소적 커뮤니티 발전을 기대하기는 어렵다는 것이다. 이러한 관점의 배경에는 장소 기반의 공동체가 보다 나은 공동체 개발을 할 때 점점 많이 직면하게 되는 커뮤니티의 모든 요소들을 포괄해 주지 못한다는 것이다.

그럼에도 불구하고 장소의 지리적 공동체의 중요성은 보통의 일반 사람들은 공유하고 있는 장소와 더불어 정체성을 찾고 있다는 점이다. 정치는 여전히 지리적으로 작동하고 있으며, 권력과 권위는 장소에 밀착되어 있다. 경제적 가치 역시 커뮤니티가 위치하고 있는 그 장소들과 밀접하게 연계되어 있다. 인적 개발과 사회적 안정성을 위한 커뮤니티의 핵심적 중요성에 비추어 커뮤니티는 위치 이동을 하거나 재구축이 쉽게 이루어지지 않는다. 따라서 커뮤니티는 공공자원으로서의 가치가 매우 크다. 커뮤니티가 재개발이나 고속도로 건설로 해체되어 재입지가 이루어진다고 해도 기존의 커뮤니티와 같은 모양의 커뮤니티를 창출해 내지는 못한다. 장소 중심의 커뮤니티는 근린성은 물론 의사소통,

공유 역사, 정체성 등에 기초하여 시간이 지나면서 성장과 발전을 거듭하지만 비교적 와해되기가 쉬운 관계 망(web of relationship)이기도 하다.

첫째, 커뮤니티는 Bhattacharyya(2004)의 지적처럼 일반적인 정체성과 공유된 일련의 규범 및 가치를 포함하는 결속체로 정의한다. 일반적으로 정체성은 사람들이 자신이 특정의 커뮤니티에 속해 있는지 여부를 식별 할 수 있는 그 자체를 의미한다. 공동체는 일반적으로 소속감과 관련이 있다(Webber, 1964, 108). 커뮤니티 정체성은 영구적이거나 독점적이지 않으며 개인은 자신의 커뮤니티와 다양한 정도의 신원을 가질 수 있다.

또한 정체성은 구성원이 되거나 구성원으로 남게 된다는 것이 중요한 행위라는 사실을 인지하거나 다른 사람들이 그것을 인정해 줄 때 나타난다. 따라서 커뮤니티에 있어 무엇보다 중요한 정체성 요소는 소속감(sense of belonging)이라 할 수 있다. 커뮤니티 정체성은 영구적이거나 독점적으로 존재하는 것이 아니며, 개개인은 상황에 따라 자신의 커뮤니티와 더불어 다양한 수준의 정체성을 가질 수도 있는 것이다.

둘째, 커뮤니티는 공유된 규범과 가치 그리고 문화적 속성들을 갖고 있다. 지역공동체는 퇴니에스가 주장하고 있는 합리적인 의지가 스스로 작동 할 수 있는 동료애 네트워크(Wellman, 1999) 또는 최소한의 유대관계(Granovetter, 1973)를 포함한다. 공동체의 유지를 위해 공통의 가치와 신념을 포함한 규범들을 둘러싸고 있는 사회적 통제가 강조된다. 여기에 다수가 공유하는 관용은 공통성만큼이나 중요하다. 지역사회 행사에 참여하는 큰 규모의 집단이라 해서 공동체를 잘 구성하는 것은 아니다. 정중함과 예의범절이 결여된 집단은 공동의 가치와 규범을 실행하기가 쉽지 않기 때문이다. 공동체를 형성하는 집단에서 개개인들이 하나의 관심사와 규범보다는 여러 영역을 상호 공유 할 때 그 공동체는 더욱 강해지는 것이다. 중요한 것은 공동체 구성원들이 반드시 서로를 좋아할 필요는 없지만 공동 사업에는 반드시 동참해야 한다.

커뮤니티의 세 번째 특징은 연대와 결속력으로 규정할 수 있는데, 캠퍼스(Kempers, 2001: 8)는 커뮤니티의 본질적 개념을 사람들이 함께 결속하기 위해 방법,

때, 조건 그리고 상황 등을 총체적으로 고려한 결과로 규정하고 있다. 그런데 이러한 결속은 장소에 구애받지 않는다. 이동과 의사전달이 더디고 비용을 수반할 때, 결속력을 위해서는 근접의 친밀도가 필수적이다. 그러나 오늘날 이러한 친밀감은 결속력을 공유하고 있는 사람과 집단 간 사이에서는 광활하게 나타나고 있다는 점이다. 여기서의 핵심 동력은 사회적 자본(social capital)으로서 사람들이 서로 신뢰하고 더 많은 상호성을 갖게 됨에 따라 집단을 변화시키는 역동성은 강해진다.

네 번째 특징은 커뮤니티를 거버넌스 영역으로 이해하는 것이다. 이러한 특징은 커뮤니티를 사회적 상호작용의 과정 내지 산물로 보는 것이다. 따라서 커뮤니티는 지역성, 상호 관심, 공동의 정체성, 지역성 중심의 집단적 행동 등의 요소들이 결합되어 모양과 질적으로 다양한 구조적 특징을 보이게 된다. 이러한 특징은 특정의 거버넌스 환경에서 나타날 수 있으며, 커뮤니티를 공동의 결속 요소들로서의 사회적 상호작용과 함께 지역성 중심의 과정과 구조로 조직화된 실체로 보는 이유이기도 하다. 또한 그러한 상호작용은 목적 지향의 활동에서 상이한 이념과 가치 및 규범을 갖고 있는 다수의 참여자들로 이루어지는데, 달리 말해 그들은 거버넌스 체제 내에서 상호작용을 하게 되는 것이다 (Bridger & Luloff, 1999).

이상의 다양한 개념들을 종합하여 이 책에서는 커뮤니티를 복합적이고 다양한 국면을 가진 순환적인 개념으로 이해하고 있다.

이러한 개념적 관점은 커뮤니티를 역사성, 정체성, 상호성, 다양성, 자율성, 참여 그리고 통합성 등과 같은 다양한 요소들로 구성된 것으로 보고 있다. 시대와 장소에 따라 커뮤니티의 이들 요소들은 중첩해가면서 존속될 수도 결핍되어 있을 수도 있는 것이다. 전통적인 의미와는 달리 오늘날 어떤 유형의 커뮤니티에서나 가장 중요한 특징은 사람이나 지역에 대해 개성(individuality)을 만들어내고 있다는 점이다. 사람들이 이러한 커뮤니티를 필요로 하는 것은 간단하다. 인간은 혼자서 모든 것을 관리할 수 없고, 스스로를 교육시킬 수도 없으며 또한 커뮤니티의 본질을 구성하는 복잡하고 지속적인 관계 네트워크와는 유리된 인간으로서 기능할 수 있는 사회적 기술을 획득하는 것도 쉽지 않기 때문이다. 커뮤니티를 통한 개성 창출의 관점은 벨라(R. Bellah)와 그 동료들이 커뮤니티를 현대인의 생활양식 거주지로 규정한 것과 일맥상통할 수도 있다. 그들은 "생활양식 거주지는 현대인의 사적생활의 필수적인 사회적 형태"(pp.72~73)라고 언급한다. 이러한 특성으로 인해 전통적 커뮤니티에서 엿볼 수 있는 마을 내지 이웃공동체로서의 성격은 약화되고, 대신 특정의 생활양식을 중심으로 형성된 결사체 커뮤니티(associated community)의 모습에 가깝다고 할 수 있다.

커뮤니티는 체계적, 상호 역동적 및 의존적인 관계를 가진 사람들로 구성되어 있다. 이들 관계는 공통의 역사와 문화, 상호 기대, 미래를 대비한 역할 그리고 가치 및 규범의 공유 등에 기초하고 있다. 또한 이들 관계는 개별적 주체성을 구성하는 일부분으로서 중립적, 적극적 또는 소극적일 수도 있으며 상호성과 소외감의 정도가 크거나 적을 수도 있다.

제3절 지역사회개발의 개념과 가치

1. 지역사회개발의 개념과 목적

이제까지 기술한 지역공동체의 개념에 내포된 제반 요소들은 지역사회개발의 목표와 방향, 그리고 집행방법에 대한 이론적·실제적 기반이라는 점에서 그 중요성이 크다. 지역사회개발(community development)은 이러한 지역공동체를 대상으로 유·무형의 발전을 위한 자원 형성에 초점을 두게 된다. 이러한 관점에서 지역사회개발은 지역주민의 생활의 질을 개선하기 위해 그들의 능력을 향상시키는 발전자원들을 구축하는 계획적인 노력으로 규정될 수 있다(Green and Haines, 2008). 커뮤니티개발 자본 형성의 관점에서 지역사회개발은 지역주민의 생활의 질을 개선하기 위해 그들의 능력을 향상시키는 자본을 구축하는 계획적인 노력으로 규정될 수 있다. 이들 자본은 다양한 유형의 커뮤니티 자본 - 물리적, 인간적, 사회적, 재정적, 환경적, 정치적 그리고 문화적 자본을 포함한다. 또한 이들 자본들은 지역사회와 주민들은 물론 중앙과 지방정부, 지역기업, 대학과 연구소 및 시민사회단체를 포함하는 다양한 집단의 협조와 이들 참여자간 상호작용에 의해 형성되는 것이다(Pittman et als. 2009). 이러한 지역사회개발 자원을 토대로 서로 다르지만 일정한 이해관계를 형성하고 상이한 배경을 가진 상이한 사람들이 협력적 네트워크를 통해 지역문제들을 해결하기 위해 함께 노력해 가는 것이다. 이러한 관점에서 이 책에서는 지역사회개발을 지역주민과 집단이 그들 공동의 문제를 인식하고 이를 해결하기 위해 정부와 전문기관의 지원을 받아 보다 나은 지역사회를 건설하려고 노력하는 제반 활동으로 규정한다.

[그림 1-2]는 이러한 개념을 바탕으로 형성된 지역사회개발의 추진체계 및 네트워크를 보여주고 있다. 주민 주도적이기는 하지만 NGO, 정부, 중간지원조직, 지역대학과 연구소, 민/관재정지원 및 투자기관 그리고 기타 전문기관을 포함하여 다양한 지원조직들이 있으며, 이들은 추진기관을 중심으로 네트워크를 구축하여 지역사회개발의 주요 참여자로서 지원 역할을 수행하고 있다.[4]

지역사회개발은 지역내·외의 다양한 자원을 통해 지역주민과 집단이 그들 공동의 문제를 인식하고 이를 해결함으로써 보다 나은 지역공동체를 건설하는데 목적을 두고 있다. 구체적으로는 지역복지 개선, 자조적인 커뮤니티 및 다양한 문화적 환경을 구축하는 것이다. 또한 빈곤, 고용, 주택과 같은 지역문제 해결, 권력과 부의 불평등 완화, 민주적 가치와 실제의 촉진, 개별 주민들의 소득 잠재력 증대 및 공동체 의식 확립 등 다양한 목적들이 존재한다(Rubin & Rubin,

---

4 NGO는 복지나 환경 및 주택개발 정책과 관련하여 지지와 비판을 하는 전국 및 지역의 시민사회단체를 의미한다. 그리고 민관 재정지원 및 투자기관은 지역사회개발을 위해 재정지원이나 투자를 하는 민관 금융기관으로서 우리의 농협, 중소기업은행, 신협 등의 금융기관이 있을 것이고, 미국의 경우 상업은행(commercial bank), 지역사회개발은행(community development banks), 지역사회개발 신용조합(community development credit unions) 등이 있다. 그림에 있는 그 외 지역사회개발 참여자들의 역할에 대해서는 본서 제2장에서 자세하게 다루고 있다.

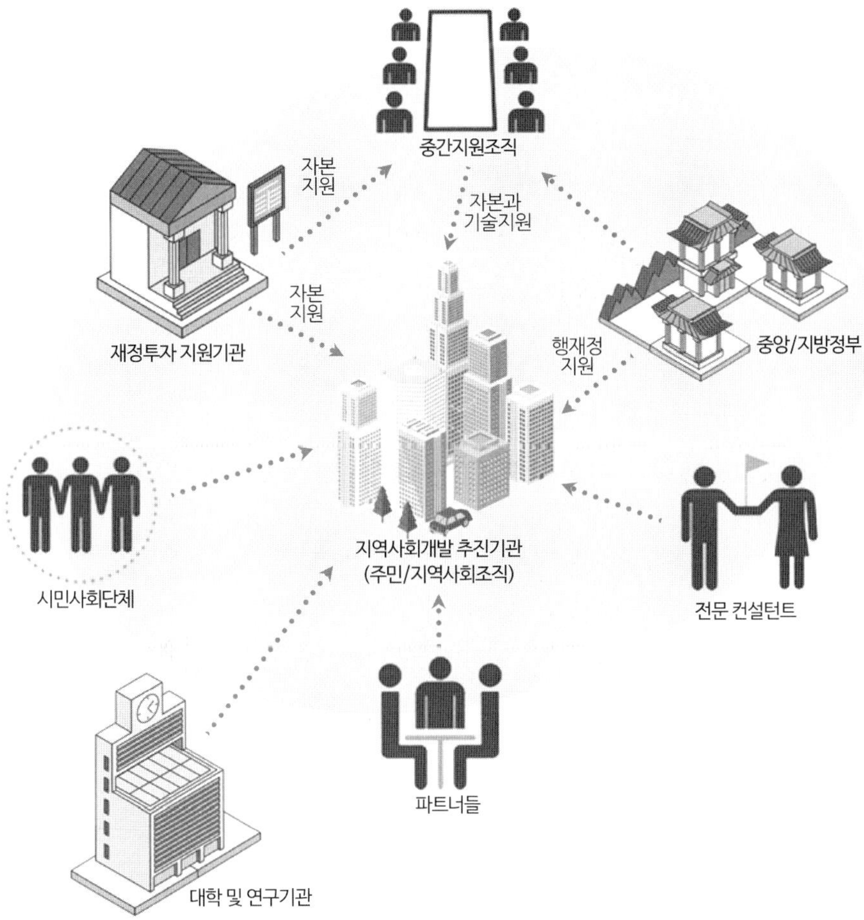

그림 1-2 지역사회개발의 추진체계 및 네트워크(Brophy and Shabecoff, 2001.)[5]

1992). 이러한 목적을 달성함으로써 궁극적으로는 지역사회개발을 통해 인간평등, 풀뿌리민주주의, 자조와 자립 및 공동의 행복추구 등의 본질적 이념과 가치들을 구축하는 데 있다. 이러한 관점에서 민간 및 공공분야의 물리적 개발과는 다르며, 근린 주민들과 기관들에 의해 자발적으로 형성되고 통제되어진 계

---

5 Brophy and Shabecoff의 *A Guide to Careers in Community Development*. 2001: 26의 그림을 일부 수정한 것임.

획에 따라 수행되는 특징을 갖고 있다.[6] 여기에는 개별적 및 커뮤니티 영향이 함축되어 있다. 개별적 영향은 지역주민들을 위한 경제적 생활조건들을 향상시키는 것이며, 커뮤니티 영향은 기존의 주민과 지역기업의 편익을 위해 커뮤니티 전체의 번영과 편의성을 의미한다(Temali, 2002).

커뮤니티의 개념적 요소로서 지역·장소와 사람 중 그 중요도 우선순위에 대한 이론적 마찰이 있듯이, 지역사회개발의 대상과 목적에 있어서도 유사한 문제에 직면하게 된다. 즉, 지역사회개발의 정책과 사업에서 장소와 사람 중 어느 것에 치중할 것인가에 대한 논쟁이다. 사람 지향적 정책의 접근방법의 옹호자들은 장소 지향적 사업들이 실제로 작동하고 있다는 증거를 찾기 어렵다고 주장한다(Lemann, 1994). 이들의 주장은 빈곤지역으로 유명 기업을 유치한다는 것은 매우 어려우며 그 곳에서 새로운 기업 활동을 시작하도록 도와준다는 것도 사실상 불가능하다는 것이다. 대부분의 지역사회들이 경험하는 딜레마로서 기존의 지역사회 노동력 향상을 위한 기술과 교육 강화의 노력에도 불구하고 그 지역에서 노동자들이 직업을 갖지 못한다면 그러한 노력은 무의미하다는 것이다. 그러나 레만(Lemann, 1994)은 장소지향의 지역사회개발 정책의 매력을 제시하고 있다. 지역사회개발은 근본적으로 도시 내 근린지역, 낙후된 빈곤지역, 마을단위 또는 농촌공동체와 같은 장소의 개선에 초점을 두어 왔다. 이러한 장소 중심의 지역공동체 개발은 오늘날의 파편화되고 비인간적이면서 전자적으로 고립된 현실 세계에서 동일 지역의 공동체 구축이라는 측면에서 특히 중요하다. 공유 장소로서의 공동체는 이웃 주민이 서로 알고 지내고 근처 가게에서 만나게 되고, 헬스장에서 만나 서로 교류하고, 방범활동을 함께 하는 등 지역사회의 '공동 선'(common good) 추구를 위해 주민들을 함께 모이게 하는 활동 장소이다.

특히 장소지향의 지역사회개발은 지리적 영역을 대표하는 정치가들의 관점

---

6 지역사회개발의 이러한 목적 추구로 인하여 지역사회경제발전, 커뮤니티 역량 구축, 사회적 자본 형성, 정치적 참여 개발, 지속가능한 개발, 지역사회 권한분산, 지역사회 동원화 등 다양한 유사개념들이 사용되고 있다.

으로서 장소의 복지를 촉진시킴으로써 얻게 되는 정치적 편익이다. 또한 경제적인 관점에서 투자가들은 장소 지향적인 개발에 투자하기를 선호한다. 왜냐하면 그들은 작은 투자규모로도 공간적으로 광역적인 효과를 획득할 수 있다고 생각하기 때문이다.

크리스텐슨과 로빈슨(Christenson & Robinson, 1989: 14)에 의하면, 커뮤니티 지역개발의 일차적 목적은 주민들이 자신의 사회적 경제적 상황을 개선하기 위해 공동의 노력을 경주해 나가는 것인데, 이러한 과정에서 유념해야 할 것은 주민들이 객체가 아니라 주체가 되어 자신의 상황에 단순히 반응하는 것을 넘어 그것에 능동적으로 대처해야 한다는 것이다. 따라서 커뮤니티 지역개발이란 "한 지역의 주민들이 자신들의 경제적, 사회적, 문화적, 환경적 상황을 변화시키기 위한 사회적 행동의 과정(예컨대 계획된 개입)을 주도하는 것"을 의미한다. 마테시치와 몬시(Mattessich & Monsey, 1997: 8~9)는 그와 같은 커뮤니티 지역개발을 이룰 수 있으려면, 무엇보다 먼저 주민들이 효과적으로 함께 일할 수 있는 능력, 곧 사회적 능력(social capacity)을 갖추는 것이 필요하다고 보았다. 그들은 이것이 사회적 자본(social capital)과 유사한 개념임을 인정하면서, 그 구성요소로 "주민들 간의 친밀한 관계, 문제해결 및 집단적 의사결정 기술, 그리고 협력에 의한 과제수행 능력" 등을 꼽고 있으며, 지역공동체 구축(community building)은 바로 그러한 요소들을 확립 및 증대시키기 위해 주민들이 능동적으로 수행하는 행위들을 의미한다고 하였다. 기텔과 비달(Gittell & Vidal, 1998)도 사회적 자본(social capital)을 구축하는 것이 공동체 개발의 가장 핵심적인 전략임을 주장하면서, 공동체 개발을 위한 사회적 자본 구축 과정을 공동체 구성(community organizing)이란 용어로 표현하고 있다.

이상의 제 특징들에 내포된 주요 내용을 종합해 보면 지역사회개발은 ①지역주민의 공동 노력, ②지역사회 공통문제 해결 및 욕구 충족, ③지역사회와 주민의 복리증진을 통해, ④국가발전에 기여하는 것을 목적으로 하고 있다고 볼 수 있다. 다음의 [그림 1-3]은 이를 도식화 한 것이다.

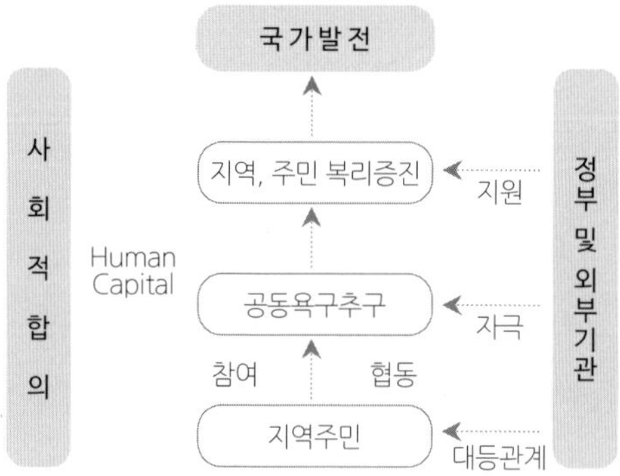

그림 1-3 지역사회개발과 정부의 관계

2. 지역사회개발의 학문적 및 실제적 가치

1) 정치적 가치: 민주주의 실현

커뮤니티 중심의 지역발전에 대한 정치적 가치는 지역사회개발의 방법과 목적인 상향식 개발(bottom-up development)과 풀뿌리 민주주의의 실현에서 잘 드러나 있다. 이러한 가치는 특히 커뮤니티 구축 과정에서의 적극적인 주민참여와 지역사회개발 정책의 결정과 집행에 있어 다양한 참여자로 구성된 네트워크형 거버넌스를 통해 더욱 구체화되고 있다.

첫째, 지역사회개발은 네트워크형 지역거버넌스(local governance) 중심의 집행구조를 보이고 있다. 지역사회개발은 지역공동의 문제와 욕구해결이라는 관점에서 주민과 지방자치단체 등 다양한 참여자가 의사결정에서부터 집행 그리고 사후 관리에 이르기까지 공동의 노력을 통해 이루어지는 상향식 개발(development from down)의 특성을 갖고 있다. 따라서 전통적으로 정부주도의 하향식 지역개발 정책과는 구별된다. 그동안의 지방자치단체의 정책이나 계획의 결정과정을 보면 대체로 관(官)이 주도하는 것이 일반적이다. 따라서 민선 자치단체장과 의회가 출범한 이후에도 결정된 정책이나 계획이 지역주민의 삶의 질 향상이나 복지증진에 별로 기여하지 못하고, 지역주민들의 거센 반대에 봉착하여 집행되지 못하고 예산만 낭비하는 사례가 발생하기도 했다. 오히려 지역토착세력의 압력으로 지방자치단체의 정책이 소수의 이익을 위해 왜곡되는 경우도 있다. 로컬거버넌스는 권력 또는 기득권을 쥐고 있는 소수가 아니라 모든 주체들이 참여하여 지역사회의 문제를 협의·결정하고, 지역사회의 정책결정과정을 투명하게 하기 위하여 필요하다. 지역주민이 원하는 지역정책을 결정·집행하려면 지역사회 주체들이 참여와 상호협력의 토대위에서 네트워크화하고 파트너십을 활성화하는 로컬거버넌스 구축이 필요하다.[7]

두 번째로 지역사회개발은 주민중심의 조직화와 풀뿌리 민주주의의 현장이라는 점이다. 지역사회개발은 주민의 수요에 부응하여 주민 주체로써 지역사회 내부 자원을 효율적으로 활용하여 지역사회를 발전시키는 일종의 사회 개선사업이다(Christenson & Robinson, 2001). 따라서 커뮤니티기반 지역개발사업은 주민의 협동과 통합된 사회적 의지에 의해 수행된다는 차원에서 주민조직화는 필수적이다. 이를 기반으로 원활한 소통, 능동적 변화, 의식향상, 교육과 학습 등 지역사회 활동의 유기적인 과정이 구축되고, 나아가 주민 자신들의 지역사회를 구축할 수 있는 기반을 마련할 수 있다.

커뮤니티기반 지역개발과 참여민주주의(participatory democracy) 개념은 상호 인과적 관계를 형성할 정도의 불가분 관계를 맺고 있다. 따라서 참여적 민주주의는 커뮤니티 지역발전의 수단이자 도구이면서 결과적 산물로서의 가치를 지니고 있다. 또한 정치적으로는 커뮤니티 개발을 통해 주민참여가 활성화되고 주민자치 발전의 기틀을 마련할 수 있다는 점이다. 특히 지역사회개발과정에서 형성된 지역공동체는 숙의민주주의(deliberate democracy)를 실천할 수 있는 공간이라는 점에서 강력한 풀뿌리 민주주의를 확립할 수 있는 기반이 되고 있다.[8]

---

7 그러나 협력과 집단적 행위에 기반을 둔 거버넌스 네트워크의 핵심 동기가 공공적 통치의 효율성을 향상시키는 수단에 지나지 않는다는 점에서 민주성을 기대하기 어렵다는 비판이 제기되기도 한다. 커뮤니티 개발을 위한 거버넌스 네트워크에서 동등한 주민참여가 반드시 보장되어 있는 것도 아니고, 지역과 개발 사업에 따라 특정의 집단들이 영향력을 행사할 수도 있는 것이다. 또한 네트워크의 모든 참여자들은 선출된 사람들이라기보다는 자발적인 참여자라는 점에서 민주적 통제와 책임은 오히려 소홀해 질 수도 있다는 점이다(Sorensen and Torfing, 2009).

2) 경제적 가치: 지역경제 성장과 지속가능성

지역사회개발은 주민중심의 개발이라는 점에서 자족성, 성장 지향성 및 지속가능성과 같은 경제적 가치를 포함하고 있다. 지역사회개발은 특정의 지역사회를 대표하는 조직 활동에 의해 지역주민과 기업의 사회·경제적 상황을 개선하고 지역사회의 삶의 질을 향상시키는 데 목적을 둔다. 지역주민이 원하는 바람직한 상태로 변화, 개선, 증진시키는 데 목적을 두는 것은 사실이나, 지속가능한 발전을 위해 가능한 외부 의존성은 탈피하고 지역사회 중심 자원을 활용한다는 점과 정부의 의존 역시 최소화시키는 것이 특징이다. 지속가능성(sustainability)은 물리적 측면의 환경성[9]은 물론 사회적 지속가능성을 포함하고 있으며, 여기에는 사회정의, 평등, 신뢰 등과 같은 사회적 규범과 자본의 중요성이 강조된다. 따라서 풀뿌리 주민중심의 지역개발이 발달해 있는 미국에서는 지역이나 주민의 통합과 재편성을 강조하여 지역사회개발을 지역사회조직(community organization)이란 개념으로 대신 사용하기도 한다(Rubin & Rubin, 1992).

3) 사회적 가치: 안정성, 협력과 평등

지역사회개발의 사회적 가치로서는 무엇보다도 지역사회의 안정성과 편의성을 들 수 있다. 지역사회 주민들은 직업을 구하기 위해 자격 있는 기술교육을 필요로 할 것이며 원거리 지역의 직업 활동을 위해 안정된 교통편의를 요구한다. 젊은 부모들은 아동복지 시설이 갖추어 져 있지 않는 지역에서는 맞벌이하기가 어려울 것이고, 동네가 안전해야만 지역상권도 활성화 될 것이다. 학부모들은 최소한의 학교 질이 보장되어 있는 지역에서 주택이나 아파트를 구입할

---

8 '숙의'는 다양한 대안을 가지고 여러 사람의 견해를 기초로 그 대안의 실행과 결과까지도 세심하게 판단하는 것을 의미한다. 따라서 실행과정에서 예견되는 달갑지 않은 비용이나 부작용까지도 참여자 모두가 공유함으로써 감정적인 문제로 되는 것까지 함께 다룬다. 숙의민주주의에 대해 자세한 것은 장용창·허광진 옮김. 2018. 참조.

9 지속가능한 개발을 의미하며, 환경과 개발을 위한 세계위원회(World Conference for Environment and Development)에 따르면 미래 후손들이 자신들의 욕구를 충족시킬 수 있도록 그 능력과 여건을 저해하지 않으면서도 현세대의 욕구를 충족시키는 개발을 의미하고 있다.

것이며, 가게나 기업을 운영하는 사업가들은 금융 및 재정 시설이 확충된 곳을 선호하기 마련이다. 이러한 공동체적 가치를 구축하기 위해 지역사회개발은 지역사회의 다양한 이슈와 문제들을 다루어야 하고 그러한 분야의 종사자들은 다재다능한 능력을 필요로 한다.

두 번째 사회적 가치로서 커뮤니티의 개념적 요소들과 지역사회개발의 목적 및 가치이념들의 관점에서 가장 핵심적인 것은 사회적 상호작용(social interaction)의 개념이다. 즉 지역사회는 주민과 다양한 집단들의 상호작용 장소이며 지역사회개발은 그러한 상호작용의 산물인 것이다. 여기에 공동의 욕구에 따른 공동노력의 가치가 중요시 되는 이유가 있다. 따라서 지역사회개발은 지역사회의 개념을 형성, 강화 및 유지해 주는 과정으로 보여 지며(Theodori, 2005), 또한 지역주민들의 사회적 특성으로서 지역공동체의 창조와 유지를 의미하기도 한다. 지역사회개발의 관점에서 커뮤니티는 개발의 대상이며 지역사회개발 과정에서 핵심 참여자이기도 하다.

셋째, 커뮤니티 중심의 지역개발은 주민회관, 커뮤니티센터 등 주민들의 공동체적 생활을 영위할 수 있는 기반을 제공한다. 이를 통해 주민의 자발적 사회활동을 촉진하고 지역의 정체성을 형성하고 지역과 이웃에 대한 애착을 강화시킨다. 이러한 사회적 가치들은 지역사회개발의 가장 강력한 원동력이 되는 참여 주체들 간 협력과 신뢰를 유도함으로써 사회적 자본의 구축을 가능하게 한다.

4) 환경적 가치: 성장관리와 지속가능한 발전

커뮤니티기반 지역개발은 친환경 개발을 지향하면서 생태계와 자연환경의 보존과 관리에 초점을 둔다. 또한 이들 자원들을 손상시키지 않는 범위 내에서 활용하여 현세대 뿐 만 아니라 후세대의 자연 향유권도 책임질 수 있도록 환경 및 생태적 가치를 극대화시키는 데 있다. 따라서 지역사회개발의 패러다임은 장소나 공간 중심에서 사람 중심으로, 양적에서 질적으로 그리고 성장위주에서 성장관리(growth management)[10]와 지속가능한 개발(sustainable development)로 변화에 적극적으로 부응하고 있다. 후기산업화시대 상대적 합리성을 인정하는 포스터모더니즘을 추구하는 생태도시, 뉴어바니즘(new urbanism), 압축도시(compact city), 스마트 시티(smart city) 등 커뮤니티 중심의 도시개발이 등장하고 있다. 이러한 접근은 상대적 가치와 유연적인 사고를 중심으로 전통을 중시하면서도 다양성과 독창성을 강조하는 지속가능한 발전에 목적을 두고 있는 것이다.

5) 유사 지역개발사업 개념과의 차이

상술한 바와 같이 지역사회개발은 지역사회 주민이 원하는 바람직한 상태로 변화, 개선, 증진시키는 과정이며, 지역주민의 적극적인 참여와 자발적인 공동의 노력에 의해 공통적 욕구를 해결하여 지역사회 전체의 경제 및 사회발전을 추구하고 나아가서는 국가발전에 이바지하는 것을 목적으로 하고 있다. 따라서 지역사회개발은 상향식 개발로서 국가중심의 하향식 전략과는 구별된다. 또한 지역사회개발은 주민의 자조와 협동적 운동으로서 자발적 참여를 전제로 하며, 지역사회문제에 대한 공통적 인식을 바탕으로 경제, 사회, 교육, 문화, 복지 등 지역주민의 생활에 직결되는 전 부분에 대한 질적 향상을 대상으로 한다는 측면에서 종합적 개발사업의 성격이 강하다.

이러한 성격으로 인해 지역사회개발은 다음과 같은 유사개념 및 사업들과는 차이점을 갖고 있으며, 이를 통해 다음과 같은 지역사회개발의 독특한 성격들을 이해할 수 있다.

- 지역사회개발은 지역주민이 주도하는 공동체적 공적개발로서 정부나 민간개발업자가 주도하는 지역개발 정책과 차이가 있다.
- 지역사회개발은 종합개발 사업으로서 단순히 저소득층과 낙후지역의 상태를 개선하는 데 목적을 둔 빈곤퇴치(antipoverty) 정책과는 추진방식에 있어

---

10 도시의 성장관리는 성장주도적 행위를 중단시키거나 완만한 성장을 의미하는 것으로서 개발의 위치, 규모, 유형, 수준과 정도 및 시기를 통제하는 공공관리 정책의 산물이라 할 수 있다(Pallagst, 2007). 이는 도시성장을 저지하기보다는 성장의 수준과 정도를 조정하고 바람직한 방향으로 유도하며 그 영향을 관리하는 데 초점을 둔다(정원식, 2007).

차이가 있다.

- 지역사회개발은 개인이나 가족 단위의 사례별 맞춤형 복지사업과(case works)는 다르다. 지역사회개발은 사회·경제적 및 물리적 개발을 포함하는 종합적 개발수단을 통해 개별 또는 집합적 주민들의 욕구를 해결하고 있다.
- 지역사회개발은 소득 향상을 위해 개인에게 현금·현물이나 권력 및 기술을 지원하는 소득지원사업과는 차이가 있다. 지역사회개발은 오직 지역공동체와 주민들에게 의도한 권한을 위임하여 자발적으로 문제해결을 시도한 접근방법이다.
- 지역사회개발은 투자가들과 개발가들의 경제적 의사결정 및 지역 외부 자원들에 의존하는 전통적 경제개발과는 달리 지역공동체의 통제 가능한 자원에 의존한다. 이를 통해 지역사회 주민들의 경제적 상태를 개선하는데 있다.
- 커뮤니티중심의 지역사회개발은 장소와 사람은 물론 특정 장소 내에서의 제도(institutions)를 개선시키는 데 있으며, 이들 요소들 간 독특하고 강력한 복합체의 발전에 초점을 둔다.

제4절 커뮤니티기반 지역개발의 이론

1. 지방자치이론과 지역사회개발

커뮤니티를 기반으로 하는 지역개발이 반드시 지방자치의 전제 내지 토대 위에서만이 가능한 것은 아니다. 과거 1960년대와 70년대의 새마을운동이 그랬듯이 중앙정부 주도로 할 수도 있는 것이다. 그러나 지역사회개발의 본질로 볼 때 지방자치가 필요충분조건은 아니지만 이론과 실제적으로 중요한 토대를 제공해주는 것은 사실이다. 따라서 지방자치의 본질을 제대로 이해하고 있는지의 여부는 물론 지방자치의 제도적 확립 여부는 주민 중심으로 진행되는 지역사회개발 성공과 실패의 관건으로서 주민생활에 지대한 영향을 미치게 된다.

1) 지방자치의 본질과 개념

지방자치는 영어로 'local government, local self-government, local autonomy' 등 다양한 용어로 번역되듯이 개념 역시 지방정부의 정치, 지방 스스로의 통치, 지방정부와 주민의 자율성 등 복잡한 개념들을 내포하고 있다. 그러나 가장 단순하고 분명한 개념적 의미로서 지방자치는 적어도 중앙정부의 정치·행정적 통제 내지 지배와는 거리가 있다는 것이다. 즉 자발적 통치구역으로서의 지방(자치구역)에 한정하여 그 바깥의 어느 누구에 의한 타치가 아닌 목적을 가진 자치를 본질적 요소로 한다는 것이다.

이러한 본질적 요소를 중심으로 할 때 지방자치는 일정한 행정구역의 주민들에 의해 그들이 규정한 법령으로 지방정부[11]를 구성하여 그 지역 공동의 사무를 스스로 책임져 운영하고 관리해 가는 정치·행정적 현상으로 규정할 수 있다. 한 마디로 지방자치의 본질적 개념은 한 국가 내에서 일정한 지역의 주민들이 그 지역 공동사무를 주민들에 의해 결정하고 처리하는 제도라고 할 수 있다.

이러한 지방자치 개념은 본질적으로 두 이론적 관점에 따라 차이를 보이고 있다. 첫 번째가 고유권설로서 자치권능은 지역사회 형성과 함께 주민들이 본래부터 간직하고 있는 권한으로서 천부인권설에 근거하는 기본권으로 간주하는 것이다. 이러한 견해의 배경은 중세 유럽의 봉건제적 요소와 특히 프랑스 혁명 과정에서 부각되었던 지방권사상과 함께 독일의 자연법 이론 등에 근거를 두고 있다(정재욱, 2002). 다른 한편 지방자치권을 국가에 의하여 인위적으로 창설된

11 여기서 지방정부는 중앙정부에 예속 내지 수직적 관계에서 단순히 집행업무만을 수행하는 지방행정 기관과는 달리 지방의 정치, 정책, 사법 기능을 수행하기 위해 입법권과 집행권 그리고 사법권을 가진 완전한 정부형태를 갖춘 지역단위의 정부를 의미한다. 따라서 우리나라 현행법에서 명시하고 있는 지방자치단체의 용어는 지방자치 위상에 맞게 지방정부로 개념 전환하여 지방업무를 자율적 처리하는 공공주체임을 법률적으로 명확히 규정할 필요가 있다.

공법인의 권능으로 한정하는 제도적 보장설이 있다. 여기서 공법인은 지방자치단체를 의미하며 헌법으로 규정된 법률적 지방자치행정 기관을 의미한다. 우리나라 헌법 제8장(제117, 118조)은 지방자치에 관한 법률·제도적 장치를 규정함으로써 제도적 보장설 이론을 실현하고 있다.

2) 지방자치의 중요성

지방자치의 이론적 중요성은 논외로 하더라도 지역사회 주민들이 지방자치를 통해서 실제로 무엇을 느끼고 있을까? [Box 1-1]은 평범한 한 시민이 편견 없이 느낀 지방자치에 대한 짤막한 이야기로서 지방자치가 필요하고 중요한 이유들 중 그 하나를 제시해 주고 있다.

흔히 지방자치를 풀뿌리 민주주의로서 민주정치의 꽃으로 표현하고 있다. 민주정치는 권력이 중앙 또는 특정한 사람과 장소에 집중되어 있지 않으면서 수직·수평적으로 분산되어 권력 간에는 상호 견제와 통제 속에서 균형을 이룩할 수 있어야 한다. 권한의 분산은 소위 '장소적 분화' 또는 '정부 간 권력배분'의 의미와 함께, 궁극적으로는 국민에게 권한이 주어지는 '주권재민'이라는 지고선(至高善)의 가치를 포함하고 있어야 한다. 이는 지방자치의 전제이면서 지방

BOX 1-1 지방자치는 시민생활에 참 좋은 것이구나

중소기업을 하는 박모씨는 최근 신나는 경험을 하였다. 그는 최근 부인이 직장을 그만둔 뒤 크게 상심해 만사를 제쳐두고 제주도로 위로 여행하기로 결정했다. 신혼여행 이후 모두 바쁜 일 때문에 가보지 못한 제주도를 목적지를 잡았으나 갑자기 결정한데다 휴가철이라 걱정이 되었다. 제주도청 관광과로 전화를 걸어 사정을 얘기하며 부탁했다. 전화를 받은 공무원은 '우리가 하는 일은 숙박업소 등을 소개하는 일은 아니지만 한번 기다려 보시라고 했다는 것이다. 큰 기대를 하지 않았는데 2시간 후 제주시 택시협회로부터 전화를 받았다. 도청에서 전화를 받았다며 여관비와 1일 이용 택시료 등을 알려주고 괜찮으냐고 물은 뒤 좋다고 하자 예약해 놓겠다고 말하였다. 또 비행기 도착시간에 이름을 적은 피킷을 들고 공항에 서있겠다는 말도 덧붙였다. 박씨는 여행을 성공적으로 잘 할 수 있었다. 그는 민선 지방자치제가 실시된 이후 공무원 활동과 지방행정이 변하고 있다는 것을 말로만 들었지만 정말로 변하고 있는 모습을 경험하고 지방자치에 대해 다시 생각하게 되었다.

자치를 통해 달성해야 할 과제이기도 하면서,[12] 지방자치의 필요성과 중요성을 단적으로 말해주고 있다. 이러한 관점에서 지방자치의 근거를 정치적 이유와 행정적 이유로 구분하면, 전자는 주권보장 및 참여민주주의 확립과 같은 정치적 기능 내지 대표적 기능에서, 그리고 행정적 요소는 행정의 능률성과 책임성 증대 등과 같은 서비스 내지 집행기능에서 찾을 수 을 있을 것이다.[13] 이를 구체적으로 기술하면 다음과 같다.

(1) 민주주의의 실현

지방자치는 민주주의를 실현해 주는 수단이다. 민주주의를 어떻게 정의하느냐에 따라 다르겠지만 역사적으로 지방자치는 민주주의의 발전에 많은 기여를 해왔다는 점은 부인하지 못한다. 지방자치를 '민주주의의 학교,' '민주주의의 실험실,' '민주주의 성공의 보증서', '타운총회와 민주정치' 등의 표현에 알 수 있듯이 지방자치는 민주주의 실현과 밀접한 관계를 가지고 있다. 특히 주민자치는 일정한 지역 안의 공동문제를 지역주민들의 자발적 참여와 협의를 통하여 자주적으로 결정·집행하는 것이다. 이는 민주주의의 기본원리인 자기결정성과 자기책임성을 주민과 함께 가장 가까운 정부단위에서 그리고 주민들의 일상생활에서 실천하고 있다는 것을 의미해 주고 있다.[14]

---

12 여기서 장소적 분화는 '지역적으로 떨어져 있는 조직들 사이의 의사결정권의 분산'을 의미하고, 정부간 권력배분은 '의사결정권이 중앙정부로부터 비중앙정부 또는 지방정부로 이전되는 현상(Conyers, 1984: 87)'으로 이해한다.

13 밀(John S. Mill, 1958)은 지방자치의 기능을 정치적 기능과 서비스 기능으로, 햄턴(W. Hampton, 1987)은 정치적 기능(대표적 기능)과 행정적 기능(집행기능)으로 분류하고 있으나 그 내용은 유사하다.

14 이에 반해 지방자치제를 민주주의 원리와 상충된다는 입장도 있다. 대표적인 학자로서 랭그로드(G. Langrod, 1953)는 국가권력체제가 민주적 방법에 의해 구성되어 있다는 전제 하에서는 별도의 지방자치 체제를 민주적으로 구축하거나 운영하는 것은 행정의 중복성을 가져오고 결과적으로는 능률성을 저해할 수도 있다고 주장한다. 그러나 랭그로드의 주장은 지방자치의 민주주주의 원리 자체를 부정하기보다는 고도로 분권화된 미국식 지방자치의 한계를 지적하고 유럽의 절대군주체제의 붕괴와 함께 민주주의가 동시에 발전하고 있는 유럽의 특수한 상황을 기술하고 있는 것이다.

(2) 주권의 보장과 증진

지방자치는 시민으로서의 주권과 지위를 보장하고 이를 증진시켜 준다. 권위주의 시대의 지역주민이 신민(subject)의 지위에 있었다면 지방자치화시대에는 명실 공히 시민(citizen)으로서의 지위를 확립하고 있다. 밀(John Stuart Mill, 1958: 222)에 의하면 지방자치는 지방의 정책 또는 사무와 관련된 서비스의 제공과 함께 집행공무원의 임명, 감시 및 견제 등의 제반사항을 국회와 중앙정부가 아닌 그 지역사회의 주민들에 의해 통치·관리되는 것으로 규정하고 있다. 따라서 지방자치 하에서의 주민은 자치업무에 참여하여 의사결정에 영향을 미치며 선거권을 행사하여 지방자치단체장과 지방의원 또는 특정의 전문 공무원들을 선출함으로써 지방자치 주체자로서의 지위를 행사한다. 그러나 단체장과 지방의회 의원을 내 손으로 뽑는다고 지방자치가 쉽게 운영되는 것이 아니며 주권행사를 다한 것으로 볼 수는 없다. 지방화시대의 정부경영의 주인은 주민 자신이며, 자치의 주인 역시 주민이라는 사실을 인식할 필요가 있다

(3) 참여민주주의 확대

지방자치는 참여민주주의를 확대시키고 이를 보장해 준다. 민주주의 사회에서 정치 및 행정적 대응성을 확보하는 데 가장 효과적인 장치의 하나가 시민참여이다. 그 이유는 정부활동에 시민의 요구를 가능한 근접시킬 수 있기 때문이다. 지방자치는 이러한 시민의 투입행위를 정당화시켜주는 기능을 갖고 있다. 지방자치는 지방분권화를 조건으로 함으로써 시민참여는 중앙정부보다 지방정부를 통해 더욱 확대될 수 있다(Sharpe, 1970: 160). 일반적으로 자유 민주주의 이론가들은 정부의 규모가 커지면 시민참여의 기회는 줄어들고, 따라서 민주주의도 어려워진다고 본다. 예컨대, 콜(G. Cole, 1960: 94)은 민주주의는 근린정신과 개별접촉이 용이한 정도 규모의 지역단위에서 가능하다고 하였으며, 달(R, Dahl, 1967: 959)도 정부의 규모가 클수록 비용이 증대하고 소수집단은 더욱 위축되어 국가수준에서의 대의기능은 진정한 민주주의를 이룩할 수 없다고 주장하였다.

BOX 1-2 고추파동의 갈등해결

유사 이래 가장 많은 주민들의 시위가담과 가장 많은 경찰력이 동원되었던 임실 고추파동 해결에 중앙정부는 사실상 아무런 기여도 하지 못했다. 중앙정부는 사태 해결을 위해 고추 수매량 확대를 발표하였으며, 대통령 지시로 「농어촌발전 종합대책」을 발표하는 등 고단위 처방을 불사하였지만, 주민들의 불만은 좀처럼 수그러들지 않았다. 그리하여 지방자치단체가 직접 사태를 진정시키고자 하였다. 청와대 지원을 호소하였고, 시민단체인 애향운동본부와 공동으로 '내고향 고추 사주기 운동'을 지원하여 '공무원 고추 사주기 운동'을 전개하는 등 지역 공무원들이 주민 선무활동에 나섰다. 이 운동은 시위 농민들의 불만을 해소하는 데 주효했던 것으로 평가되었다.

(4) 갈등해결 능력의 제고

지방정부의 독립성과 자율성이 신장됨으로써 지역 내 다양한 갈등문제를 해결할 수 있는 능력이 향상될 수 있다. 일반적으로 지방정부는 주민들의 가장 근접의 위치에 있는 대민 서비스 기관이라는 점에서 시민들의 일상생활로 인해 발생하는 갈등문제는 중앙정부보다 능률적 그리고 합리적으로 해결하기가 용이하다. [Box 1-2]의 사례는 지방자치단체의 갈등해결에 대한 제한적이지만 유력한 역할을 보여주고 있다(정원식, 2006).

중요한 것은 지방자치단체의 사회적 갈등해결 능력을 높이기 위해서는 무엇보다도 지방자치단체의 자치권이 확립되어야 할 것이다. 자치권이 신장될수록 지방자치단체는 더 주체적이며 능동적으로 갈등해결에 나설 수 있으며, 주민 대표기관이자 집행부의 협력 파트너로서의 지방의회 역시 더욱 적극적으로 그러한 역할에 부응하게 될 것이다.

(5) 행정의 능률성, 책임성, 대응성 확보

지방자치는 지방행정의 능률성, 책임성 및 대응성을 증대시킨다. 권한과 권력의 중앙집권화는 형식주의, 절차주의, 획일주의 및 무사안일을 초래한다는 것은 주지의 사실이다. 그러나 지방분권화를 통한 지방자치는 중앙정부와 지방자치단체 사이의 행정기능의 분업으로 행정효율을 증진시킨다.[15] 분화되지 않은 농업사회에서는 중앙집권적 정치행정 체제가 한 나라의 정보를 처리하는 데 큰 어려움이 없을 수도 있으나, 고도의 정보화 시대에서는 폭주하는 정보를 중앙집권 체제에서는 능률적으로 처리할 수 없다. 이러한 비능률적인 정보처리는 의사소통의 왜곡으로 이어지고 이는 결국 행정 책임성을 저해할 수 있다. 미래학자 앨빈 토플러(A. Toffler)는 "실질적인 지방분권화 없이 많은 정부들이 적절한 판단을 내리고 질서를 회복하며 '능률적인 행정'을 해낼 수는 없다"(김진욱 역, 2014: 132)고 주장한다. 특히 지방분권화를 통해 정부활동에 주민참여와 통제가 확보됨으로써 지방정부는 주민의 필요와 요구에 민감하게 반응하게 된다. 소위 고객중심의 행정서비스에 기여할 수 있는 것이다.

우리의 경우 오랫동안 중앙집권적 정치행정 속에서 주민들은 지도와 관리의 대상으로 여겨왔지만, 민선지방자치의 부활은 주민을 진정 주인으로 알고 행정서비스 제공 대상으로 인식하는 계기가 되었다. [Box 1-3]은 이러한 변화를 잘 보여주고 있는 하나의 사례이다.

BOX 1-3 주민에게 감동을 주는 생활행정서비스

A구청은 행정서비스 수준을 '구민만족'의 단계를 넘어 '감동·감격'의 단계로까지 향상시키겠다는 각오로 민원응대 및 업무처리요령을 담은 '구민감동 민원처리지침'을 제정하여, 이를 구청 직원들의 행동지침서로 활용하고 있다. 그리고 성실하고 투명한 행정을 위해 '민원처리 실명제'를 실시하여 내부문서는 물론 각종 고지서 등 외부문서까지 실명화하고 전 직원이 평소 사무실 근무시에도 실명제 명찰을 패용하고 또한 전 직원이 사진명함을 제작하여 민원인과 대화, 상담, 지도·단속업무 수행시 활용하고 있다. 이 외에도 전국 처음으로 '방문복지 자원봉사단'을 결성하여 거동이 불편한 무의탁 노인과 중증장애인들을 중심으로 직접 가정방문을 통하여 가사일과 말벗 봉사를 실시하고 있다. 교통이 불편한 먼 지역에 '민원분소'를 설치하였으며, 분기별로 변두리 및 오지에 생활민원 이동상담소를 설치하는 등 현장 중심의 고객서비스 행정을 도모하고 있다.

---

15 혹자는 중앙집권 체제에 의한 규모의 경제가 지방분권보다 능률적이라고 말하기도 한다. 저개발 시대에 급속한 경제발전을 위해 권위주의적 정책결정과 수행이 필요할 수도 있지만, 공공부문에서 규모의 경제에 대한 확증을 찾기 어렵다. 설혹 우리의 경우 지난날 중앙집권 체제에서 규모의 경제를 도모할 수 있었던 행정 영역이 있었다고 할지라도, 정보사회에서 그 영역은 크게 축소되고 있다(안성호, 2000: 216).

이 외에도 자원배분의 효율성 및 지역특수산업의 발전과 같은 경제적 중요성과 주체 및 공동체 의식 함양과 경쟁과 창의성 제고라는 사회적 효용의 측면에서도 지방자치의 중요성을 엿볼 수 있다.

2. 뉴어바니즘과 지역사회개발

1) 개념과 특징

뉴어바니즘(new urbanism) 이론은 복잡·다양한 현대 자본주의 도시가 어떻게 계획되고 성장해 나가야 하는지에 대한 새로운 방향과 방법을 제시해 주고 있다. 이는 1980년대 말과 90년대 초에 등장한 새로운 도시계획 운동으로서 사람중심으로 보다 나은 생활을 위한 공간개발에 초점을 두고 있다. 따라서 후기자본주의 시대 도시공간의 바람직한 모습에 초점을 둔 접근방법으로서 도시발전의 신이론으로서 인간성을 중시하는 이념과 사상 그리고 철학을 담고 있다.
뉴어비니즘은 1980년대 말에 미국의 전통적 상업주의 도시발전에 대한 반성에서 출발하여 새로운 도시사회운동으로 발전하였고, 근본적으로는 도시의 무분별한 외연적 확산(sprawl)을 완화시키고 지속가능한 성장과 발전을 권장하고 도시의 내생적 발전을 촉진시키는 데 목적을 두고 있다. 이러한 목적의 배경에는 환경의 질을 악화시키는 도시개발, 도시내 공공쉼터의 축소, 변두리 지역의 신도시 개발의 확산 등으로 인해 도시의 내생적 발전을 심각하게 저해한 데에 기인하고 있다. 따라서 뉴어바니즘을 지향하는 도시개발은 보행자 중심의 거리, 주거와 직장의 근접, 공공쉼터의 확대, 지역재생과 보존 등 인간중심의 도시설계를 통해 궁극적으로는 지역공동체를 구축함으로써 고도의 생활의 질을 담보하고 있는 인간중심의 도시로 회귀하자는 것이다.

특히 뉴어바니즘 옹호자(new-urbanist)들은 불가피하게 도시의 외연적 확산을 양산시키고 있는 최근의 도시개발 양상들을 강하게 비판하면서 환경적으로 책임지는 도시개발을 촉진시키는 물리적 공간계획을 제안하였다(Ellis, 2002; Kelbaugh, 2002). 이를 통해 기대할 수 있는 대표적 편익들은 동네, 구역 그리고 지역의 환

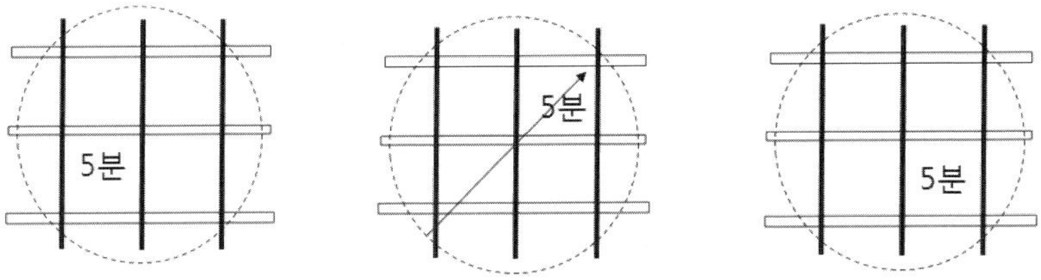

그림 1-4 도보중심의 동네

경보전은 물론 토지의 효율적 활용을 포함하고 있다. 더욱 중요한 것은 이러한 개발방식을 통해 사회적 생활을 개선하고 지역사회 주민들간 일체감과 친밀감을 제고시켜 지역공동체 의식을 확립시킨다는 것이다. 이를 통해 건조물 중심의 급속한 도시화와 교외화로 만연되었던 인간 소외를 극복할 수 있다는 것이다. 뉴어비니즘을 옹호하는 다양한 주장들이 경쟁적으로 쏟아져 나오면서 실제 사업들은 신제도주의 및 규제적 관점에서 많은 지지를 받게 되었다(Garde 2004).

뉴어바니스트들은 2차세계대전 전 전통적 마을로의 복귀를 주장하면서 마을과 타운 중심으로 중앙에서 도보로 5분 거리의 작은 이웃(neighborhood)들로 구성된 도시를 설정하였다([그림 1-4 참조]). 여기에 사람중심의 공간과 쉼터가 충분하도록 설계하고, 자동차보다 사람들의 편의에 더 초점을 두면서 도보와 자전거, 자동차들이 함께 어우러져 공존하는 복합모델의 거리를 추구하였다. 따라서 뉴어바니즘에 적합한 도시 및 마을계획의 기본 단위를 물리적 공간단위로서 중심부에서 사방 둘레가 일정한 이웃 또는 동네 수준으로 설정하였던 것이다. 뉴어바니즘은 전통적인 시골의 모습을 재현하고자 했던 점에서 신전통주의(neo-traditionalism) 또는 전통적 근린개발(traditional neighborhood development)로 불리어지기도 하였다(Talen, 2000).

이러한 뉴어바니슴 중심의 도시발전은 기존의 지역사회 사원과 유산들을 보존·발전시키는데 초점을 두면서 무분별한 외연적 확산을 막기 위해 일정 지역의 경계를 존중할 것을 강조하고 있다. 이와 함께 도시와 마을의 재생과정에서 시민들과 지역공동체의 적극적 참여와 함께 책임성을 요구하고 있는 것이다. 최근 일본과 한국에서 활발히 진행되고 있는 사람 중심의 마을재생과 지속가능한 개발에 초점을 두는 '마을만들기'가 같은 맥락의 접근방법이라고 할 수 있다.

뉴어바니즘에서 강조하고 있는 인간 중심의 지역커뮤니티 개발 이념은 공동체 의식(sense of community)의 확립으로서, 개별적인 인위적 사회 네트워크가 진정한 이웃을 대체하기에는 한계가 있다는 점에 근거하여 지역공동체 구축이야말로 잃어버린 시민정신의 회복, 사회자본의 구축, 그리고 공동체 정신의 확립에 기여한다는 것이었다. 이러한 점에서 뉴어비니즘은 사람 중심의 실용적(pragmatic)인 접근방식이라고 할 수 있다. 거창하고 권위적인 도시설계보다 다양한 부류의 사람들과 함께 어우러져 문제해결을 할 수 있도록 하는데 초점을 둔다. 실제 집행가능한 차원에서 거버넌스형 지역발전과 도시문제 해결에 관심을 두는 것도 같은 맥락이다.

2) 뉴어바니즘의 편익

지금까지 언급한 뉴어바니즘의 개념과 특징들을 중심으로 도시생활과 도시발전의 관점에서 뉴어바니즘의 편익들을 정리하면 [표 1-2]와 같다. 이는 도시민들이 뉴어바니즘 중심의 도시개발로부터 얻을 수 있는 이점들이다.

표 1-2 뉴어버니즘의 도시적 편익

도시민들의 뉴어바니즘 편익
❶ 높은 삶의 질 ❷ 주거, 직장 및 놀이공간의 질적 개선 ❸ 교통체증 및 운전 부담 완화 ❹ 도보중심의 건강한 라이프스타일과 스트레스 최소화 - 주 도로와 소매점의 근접 - 공원, 자전거 전용도로 및 자연과의 근접 - 커뮤니티 정체성 및 안정적인 공간 확보 ❺ 사회복지(노인, 아동, 빈곤 등) 질적 개선

3. 지역사회 경제발전 이론

역사적으로 경제발전과 지역사회개발은 분명한 차이가 있는 별개의 독립적 개념으로 인식되었다. 경제발전 개념은 고용 및 소득증대, 기업성장과 산업발전 등에 초점을 둔 반면에 지역사회발전은 평등권, 배분적 정의, 복지, 정치적 과정, 주민참여 등의 개념들을 추구하였다. 그러나 지속가능성의 개념이 중요시되면서 두 유형의 개발 개념은 지역사회 경제발전이라는 개념으로 수렴될 수 있었다(Shaffer et al., 2006). 개발 또는 발전은 성장과 더불어 나타나지만 성장 없이도 나타날 수 있는 것이다. 그 반대도 마찬가지이다.

지역사회개발은 지역사회 주민들의 주도로 지역을 사회·경제적으로 활성화시키는 것을 의미한다. 특히 지역경제발전과 관련하여서는 지역사회 자산은 물론 틈새시장(market niches) 및 기타 다양한 경제적 기회를 활용한다. 이러한 관점에서 지역사회개발은 일종의 경영(business)이라고도 할 수 있다. 즉 장소를 개선하고 주민들의 생활의 질을 향상시키는 사업으로서 지역사회개발가들은 '사회적 기업가'(social entrepreneurs)이며, 그들의 기술과 자질들은 기업경영의 성공을 위해 필요한 요소들과 유사하다고 볼 수 있다.

지역사회개발은 여러 측면에서 정의되고 있는데, 지역사회개발 과정에 초점을 두기도 하고 그 결과 또는 영향이 강조되기도 한다. 과정 측면에서는 집단적으로 행동 할 수 있는 능력개발과 증대에 초점을 맞추고 결과 중심의 접근은 집단적 행동을 통해 물리적, 환경적, 문화적, 사회적, 정치적, 경제적 등 다양한 영역에서 지역사회가 개선되어가는 실상에 관심을 갖고 있다(Phillips & Pittman, 2009: 6). 개인의 기술과 능력의 중요성을 인식하는 동시에 사회자본(또는 자본)을 통해 사회적 주식을 만들어 이를 증가시키는 운동으로서, 이는 지역사회개발의 역량 구축을 보다 용이하게 하는 중요한 요소가 된다(Phillips & Pittman, 2009: 5).

지역경제발전은 지역사회개발의 과정과 결과 모든 면에서 이해되어야 한다. 미국경제발전위원회(AEDC: American Economic Development Council)는 지역사회 경제발전을 다음과 같이 규정한다.

> "커뮤니티 경제발전은 인적자원과 금융, 자본, 물리적 및 자연자원 등을 동원하여 부를 창출하고 시장성 있는 상품과 서비스를 창출하는 과정이다. 경제개발가의 역할은 고용기회 및 과세 기반 확대를 통해 지역공동체에 혜택이 되는 제반 과정에 영향을 미치게 되는 것이다"(American Economic Development Council, 1984: 18).

지역사회개발과 경제발전 개념은 반드시 일치하지는 않지만 상호 보완적인 의미를 갖고 있다. 즉 지역사회개발을 통해 지역과 주민의 삶의 질 그리고 상업 및 기업 활동 환경을 개선하는데 필요한 자원들이 발굴·생성되면 경제발전은 이러한 자원들이 직접 커뮤니티에 편익이 되도록 동원하는 역할을 한다. 따라서 지역사회개발은 지역 내 양질의 노동력, 삶의 질, 개발인프라, 교육체계, 정부정책 등이 함께 어우러져 지역주민들이 쉬고, 일하고 생활할 수 있는 좋은 장소로서의 지역공동체를 만드는 '개발준비(development ready)'단계라 할 수 있다(Pittman et al., 2009). 그리하여 기존사업의 유지는 물론 지역사회로 사업투자 증대를 유도함으로써 경제발전을 성공적으로 촉진시키게 된다. 그 결과는 더 많은 일자리와 소득 및 부의 증대, 그리고 생활수준의 향상으로 이어지게 되는 것이다. [그림 1-5]는 이러한 개념들을 도식화 한 것이다. 그림에서 과정은 집단적 활동능력을 개발하고 증대시키는 것을 의미하고, 결과는 그러한 집단적 활동을 통해 나타나는 물리적, 환경적, 문화적, 그리고 정치·사회·경제적 결과를 의미한다.

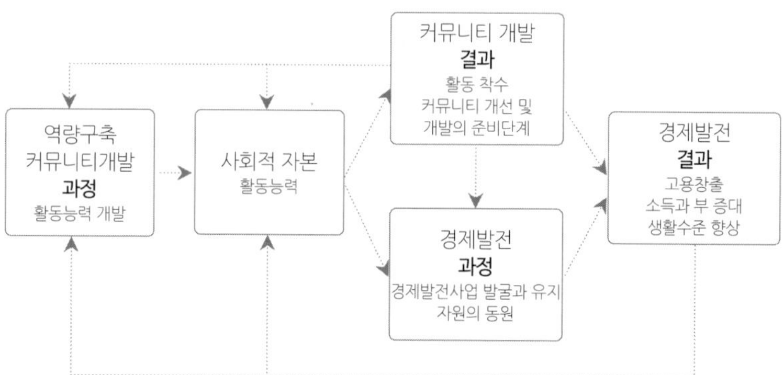

그림 1-5 지역사회개발과 경제발전의 연계 구조(출처: & Phillips & Pittman, 2009.)

그림에 따르면 지역사회개발 과정으로서의 역량구축(capacity building)은 활동능력의 개발을 통해 형성되며 이를 통해 사회적 자본을 유도하고, 그에 대응하여 커뮤니티 발전이라는 결과를 낳게 된다. 여기서 물리적, 환경적, 문화적, 사회적 및 정치적 등 부분 또는 전 영역이 작동하면서 지역사회는 개선되어 간다. 또 한편에서는 사회적 자본 또는 그러한 역량(활동능력)을 가진 지역사회는 본질적으로 양질의 경제발전을 창출할 수 있다는 점이다. 또한 이러한 지역사회들이 행동을 취할 때(지역사회개발 결과), 그들은 지역사회의 자원을 동원함으로써 효과적인 경제발전 사업을 만들어내고 유지하여 지역경제발전을 유도해 간다.

또한 커뮤니티의 물리적, 사회적 특성들을 향상시켜 더욱 발전적인 채비를 마련하는 데, 이는 새로운 사업 유치, 기존 사업의 유지 및 확장, 소상공업 개발 등과 같은 경제발전 결과들의 성공적인 촉진에 기여한다. 마지막으로 피드백 과정으로서 지역사회 및 경제발전의 결과에서의 성공은 지역공동체가 역량구축 과정과 사회적 자본을 강화하는 데 사용할 수 있는 더 많은 자원을 창출하게 된다. 세퍼(Shaffer)와 그의 동료들(2006; 61) 역시 비슷한 맥락에서 지역사회개발과 경제발전 간 관계 및 그 동반효과를 강조한바 있다. 즉 커뮤니티 경제발전은 지역사회의 경제상황 분석, 지역사회의 경제적 욕구 및 여건 개선사항 결정, 그리고 지역의 합의된 경제적 목적과 목표를 달성할 때 나타나는 것이다.

이에 반해 양자 간의 연계성에 대해 부정적인 시각도 있다. 사실 경제발전 이론과 정책에서는 생산의 전통적 요인들에 대해 지나치게 집중하면서 그것들을 현실 사회를 위해 어떻게 최선으로 분배할 것인지에 초점을 맞추었다. 그러나 지역사회개발은 토지, 노동 및 자본과 같은 생산요인들에 대한 단순한 염려 이상으로 광범위한 것에 관심을 두어야 한다. 예컨대 지역사회개발을 위해서는 공공자본, 과학기술과 혁신, 사회문화와 제도 그리고 의사결정 역량 등 보다 많은 것들을 고려해야 한다.

따라서 양자 간 연계성에 대한 부정적인 견해는 지역사회개발의 핵심 요소들에 대한 측정의 어려움에 두고 있다. 예컨대 사회자본, 효과적인 기획, 공동의 노력 그리고 파벌문제 해소 등과 같은 지역사회개발 역량 요소들을 개관적으로 측정하는 것은 쉽지 않다. 그럼에도 이러한 요소들은 지역경제발전에 있어서 여전히 중요한 작용을 하고 있다는 것이다(Pittman, 2006).

비록 경제발전의 몇몇 계량적 지표들이 지역사회개발과 연관시켜 측정하기 어려운 것이 있기는 하나 정책 입안자는 지역사회와 경제발전은 불가분의 연관성이 있음을 인식해야 한다. 따라서 지역사회개발 결과(예: 개발준비가 잘 된 지역사회 또는 사람들과 사업체의 좋은 입지)와 과정(공동의 수행 역량과 강력한 사회적 자본)은 지역경제발전의 핵심 요소로 작용한다는 점이다. 지역사회의 보다 나은 미래와 주민의 삶의 질 향상을 위해 지역발전 정책결정자들은 지역사회 전체를 아우르고 경제발전 욕구와 사업에 부응할 수 있도록 최적의 자원배분에 관심을 기울여야 할 것이다.

4. 로컬거버넌스와 지역사회개발

1) 로컬거버넌스 개념의 이해

공공사회과학 분야에서 거버넌스(governance) 용어는 최근에 등장한 개념으로서 공공문제의 해결에 있어 정부와 시장체계 어느 한 쪽만으로는 한계가 있다는 역사적 사실에 기인하고 있다. 그러나 양자 모두가 실패하였다고 하여 정부와 시장개입이 무의미해 진 것은 아니다. 거버넌스는 오히려 정부와 시장의 역할을 상호 보완적인 차원에서 보다 새로운 관심 영역으로 재조명해 주고 있다.

오늘날 창조와 융합의 시대에 있어서 참여와 협동의 중요성은 그 어느 때보다 강조되고 있으며, 실제 다양한 분야에서 활용되고 있다. 거버넌스는 이러한 참여와 협동을 기본 구성요소로 하고 있으나 학자에 따라 개념 규정은 다양하게 이루어지고 있다. 더구나 우리나라에서는 영문 'governance'에 정확히 들어맞는 용어를 찾지 못하고 있으며, 거버넌스라는 영어 표기를 그대로 사용하고 있다. 영문 'governance'는 그리스어로 'kybernan'과 'kybernetes'에서, 그리고 라틴어 'gubernatia'에서 유래되었으며, 조종(steering), 안내(leading) 및 방향제시(directing) 등의 의미를 갖고 있다. 여러 관점에서 규정하고 있는 거버넌스의 개념을 소개하면 다음과 같다(정원식, 2006: 14~15).

① Webster 사전: 정부와 동의어 또는 "통치과정으로서, 특히 권위적인 지시와 통제의 과정 또는 행위"로 규정하고 있다. 이는 거버넌스를 전형적인 권위적 정부를 의미하고 있다.

② 영국의회: 국가나 레짐 또는 정부보다 넓은 광의의 개념으로 해석하고, 공식적 기관, 시민사회의 조직들 간 상호작용을 포함한다. 사회의 다양한 구성원들이 권력, 권위 및 영향력을 행사하는 과정으로서 국가와 사회 행위자들간 또는 사회행위자 자신들 사이 상호작용의 성격을 강조하는 합리적 개념으로 간주한다.

③ UNDP(United Nations Development Programs): 한 국가의 모든 수준의 다양한 사안들을 관리하기 위한 경제적, 정치적 및 행정적인 권위행사를 의미한다. 여기에는 시민들과 그들을 위한 이익표출 집단들이 합법적인 권리를 행사하고, 의무를 이행하며 다양한 의견 차이를 조정하는 메카니즘으로 이해한다.

④ 세계거버넌스 위원회: 공·사적 개인과 기관들 자신의 공동문제를 관리하는 다양한 방법들의 집합으로서 상충적인 다양한 이해관계가 조정되고 협동적 행위가 이루어지는 지속적인 과정을 의미하고 있다.

이상의 여러 개념정의에 따르면 거버넌스는 전통적 개념인 권위적 통치 의미와 함께, 그 이상의 의미들도 포함하는 복잡한 개념으로서 공익과 사익을 통합하는 메카니즘 또는 그 과정으로서 이해할 수 있다(Pierre, 1999)[16]. 로컬거버넌스는 일정한 지역성(locality)을 중심으로 형성된 거버넌스로서 지역공동체적 특성과 역할을 하는 개념으로 이해될 수 있다.

전통적 시각에서 정부를 '공식적 권위에 기반을 둔 활동'으로 본다면, 거버

---

16 이와는 반대로 거버넌스를 국가나 시장기제와는 별도로 존재하는 조정(coordination, steering) 내지 조절(regulation)양식의 원형으로 이해하는 관점이 있다(Jessop, 1998: 31). 사회학적인 협의의 거브넌스 개념으로서 시민사회의 자율적 조정양식이나 협력체제로 정의하면서 "공식적 권위 없이도 다양한 행위자들이 자율적으로 호혜적 의존성의 기반 위에서 협력하는 제도 및 조종형태"로 규정한다(Kookiman and Vliet, 1993: 64).

넌스는 '공유된 목표에 근거한 활동'으로서 여기에는 정부조직뿐 아니라 비공식 비정부적인 기관도 포함하고 있다(Rosenau, 1992). 마치·올센(March and Olsen, 1995)을 비롯한 신제도주의자들이 제도적 체계를 가치와 규범들의 반영이라고 보듯이[17], 로컬거버넌스 역시 지역공동체에 부합하는 가치와 이익을 반영한다. 따라서 지역공동체 구축은 로컬거버넌스가 추구하는 주요 목표이기도 하다. 로컬 거버넌스는 지역사회 주민의 자치권을 기반으로 주민의 자발적인 의사결정 참여를 통해 지역개발사업이나 행정서비스를 생산함으로써 지역과 주민복지를 향상시키고자 한다. 이러한 의미에서 지역사회가 온정적이면서 식견 있는 진정한 공동자치체 정신(communal spirit)을 형성하지 않고는 거버넌스의 과정은 효과적이거나 지속적이라고 말 할 수 없다(문병기, 2003: 33).

2) 로컬거버넌스의 주체

거버넌스를 공·사부문 활동의 교환 내지 통합과정으로 이해할 때, 이를 역설적으로 보면 공공부문과 사적부문 각각의 관리적 결함을 전제로 하고 있음을 알 수 있다. 따라서 제섭은 거버넌스를 정부와 시장의 이원론적 사고에서 출발하여 시장실패와 정부실패 모두를 극복하는 새로운 방식으로 이해하고자 하였다(Jessop, 2000). 즉, 정부와 시장 둘 다 다양하고 복잡한 정치·경제·사회적 문제를 다루는 데 실패하였고, 그 대안으로 거버넌스가 시장과 정부체계의 중간인 제3의 길을 선택하게 되는 것이다. 다시 말해 거버넌스는 무정부에 가까운 시장중심 체계와 극도의 계층제적 정부와 같은 극단적인 이원화를 거부하고 시장, 정부, 시민사회의 상호의존적 행위자들 간 수평적 자율조직으로서 헤테라키(heterachy: 복합구조)를 지향하고 있다(Jessop, 2000).

특히 지역사회개발과 같은 주민중심의 능동적 사회를 구축하는 데에는 정

---

17 여기서 제도는 사회적 가치, 규범 및 실제를 총칭하는 개념으로서 공공정책은 이러한 제도에 의해 형성되는 것으로 본다. 신제도주의자들은 제도를 외부적 변화에 대응할 뿐 아니라 그러한 환경을 지배하는 정치적 행위주체로 규정한다. 다시 말해, 제도적 체계나 설계 자체가 분석의 핵심이었던 1920~30년대 제도주의자들과는 달리 1980~90년대 제도주의자들은 제도 및 제도적 장치를 정책결과, 정부와 사회간 교환과정, 정부능력 등을 설명하는 독립요인들의 집합으로 본다.

부와 시장의 역할만으로는 한계가 있다. 좋은 거버넌스(good governance)는 정부, 시민사회, 그리고 민간부문의 세 주체가 병렬적으로 중첩 체제를 만들어가는 것을 의미한다. 이들 세 주체는 지역사회를 지탱해 나가는 중요한 요소들이다. 각자는 나름대로의 약점과 강점을 갖고 있기 때문에 개별의 약점을 최소화하고 강점을 극대화시켜 주체들 간 상호작용을 어떻게 촉진시킬 것인지가 좋은 거버넌스의 핵심 과제이자 목적이다. 이들 세 영역이 보다 통합적이고 균형적이면서 상호의존적일수록 보다 나은 사회를 지향하게 되는 것이다.

제2장

커뮤니티기반 지역개발의 참여자

제1절 지역주민
제2절 중간지원조직
제3절 지방정부와 행정기관
제4절 지역대학과 지역사회개발

제2장 커뮤니티기반 지역개발의 참여자

제1절 지역주민

1. 지역주민의 개념

주민은 지방자치와 지역사회개발의 핵심 주체이다. 우리나라 「지방자치법」 제12조에서는 주민의 자격을 해당 지방자치단체의 구역 안에 주소를 가진 사람으로 명시하고 있다.[1] 그리고 제13조 주민의 권리로서 ①주민은 법령이 정하는 바에 따라 소속 지방자치단체의 재산과 공공시설을 이용할 권리와 그 지방자치단체로부터 균등하게 행정의 혜택을 받을 권리를 가지며, ②국민인 주민은 법령으로 정하는 바에 따라 그 지방자치단체에서 실시하는 지방의회의원과 지방자치단체의 장의 선거에 참여할 권리를 가지는 것으로 되어 있다.

또한 마을만들기 조례에서는 주민의 개념을 더욱 확대 해석하고 있는 데, 주민을 해당 지역에 주소를 두거나 토지 및 건축물의 소유자 또는 그 사용수익권을 가진 자로 규정하고 있다. 또한 마을만들기와 관련한 주민의 권리로서, 주민은 누구나 마을만들기 사업을 추진할 권리를 가지며, 참여하는 주민은 스스로의 책임과 역할을 인식하고 마을만들기 사업에 적극적으로 참여하여 지역사회 발전에 기여할 것을 주문하고 있다.

---

1 "지방자치단체의 구역 안에 주소를 가진 자"는 자연인만을 의미하고 '주소'란 주민등록법상의 주소를 의미하며, 그 주소는 성별, 행위능력, 국적을 불문한 자연인으로서의 국민이 거주하고 있는 장소를 의미한다.

이러한 권한 외에 주민중심의 지역사회개발에서는 보다 적극적인 개념으로서 주민을 이해하고 있다. 즉 지역사회개발 과정에서의 주민은 거주지의 주권자로서 지역사회의 다양한 사안들에 대해 의사결정권을 행사할 수 있는 주체로서 간주하고 있다. 달리 말해 지역문제에 참여할 수 있는 권리를 가진 사람으로서 헌법에서 명시하고 있는 국가주권자의 권리를 행사한다.[2]

주민참여의 측면에서 주민은 단순히 특정 지역 거주자로서의 주민 차원을 넘어 시민공동체의 일원을 의미한다. 시민공동체의 시민은 토크빌(Tocqueville)이 말하는 '올바르게 이해된 자기이익'을 추구하는 시민들을 지칭한다. 토크빌이 의미하는 시민의 이익은 보다 넓은 공공의 필요성이라는 맥락에서 정의된 자기이익을 말하며, '근시안적'이기보다는 '계몽된' 자기이익, 다른 사람들의 이익에도 충실한 자기이익을 추구한다. 이를 위해서 시민공동체의 시민은 무엇보다도 공공적인 일에 적극적으로 참여할 것을 요구하고 있으며, 따라서 왈쯔(M. Walzer)는 시민의 핵심 덕목을 "공공이슈에 지속적인 관심을 기울이고 공공대의를 위해 헌신하는 것"이라고 규정한다(안청시 외. 2000: 134).

2. 주민참여의 역할과 중요성

지역사회개발을 위해 주민들은 마을자원조사와 사업과 관련한 인식조사를 위한 설문조사에서부터 주민간담회와 사업설명회 및 전문가 세미나 등 다양한 활동에 참여한다([그림 3-1 참조]). 따라서 커뮤니티 기반의 지역사회개발은 공식·비공식적 주민참여가 전제가 될 때 그 본질적 의미가 살아난다. 왜냐하면 지역사회개발은 계획단계에서부터 주민중심으로 이루어지며 사후 관리 역시 주민주도적인 자발적 관리를 요구하고 있기 때문이다. 궁극적으로는 지역주민을

2 우리나라 「헌법」 제 1조 2항에 대한민국의 주권은 국민에게 있고, 모든 권력은 국민으로부터 나오고 있음을 명시하고 있다. 따라서 국민은 한 국가(시민사회 포함)의 주인으로서 국가를 구성하게 되고 그 나라의 국적을 가진 사람을 뜻한다. 그리고 국권에 복종하면서 국정에 참여할 수 있는 공민(公民) 또는 시민(市民)을 의미하기도 한다.

위한 정책이고 사업이라는 점이 강조되고 있다. 이 과정에서 지역 또는 마을이나 동네 구성원들 간의 사회적 상호작용은 가장 핵심적인 요소이며, 따라서 커뮤니티 기반의 지역개발에 있어서 이들 참여자에 대한 관심, 특히 그들의 역할은 대단히 중요하다. 참여자들의 주요 역할을 구체적으로 살펴보면 다음과 같다.

그림 2-1 주민참여의 분야

첫째, 지역사회개발과 공동체 구축 주체로서의 역할이다. 지역사회개발의 성공은 지역공동체적 참여를 통해서만이 이룩할 수 있으며, 이러한 공동체적 참여는 사회적 상호작용으로 나타나며 지역공동체 구성원들 간 상호이익 창출을 가능하게 해준다. 사실 지역공동체는 주민들의 공동관심사를 함께 공유할 때 형성되는 것이다. 소위 지역성(locality) 중심의 사회적 상호작용으로서 지역공동체는 단순히 행정구역 또는 도시자치체(muncipality)와 같은 조직사회와는 다르게 구축되고 공동체적 활동을 촉진시키는 핵심 장치이다. 사회적 상호작용은 담론과 행동을 만들어내고, 행위자들 사이에서 관계를 형성 및 재정립시키는 역할을 한다. 이들 관계는 고정적인 것이 아니라, 행위자들 간 관계, 결사체의 정도 그리고 활동의 관점에서 변하고 있다. 이러한 지역성 지향 분야의 주요 행위자들은 지역성과 함께 분명한 정체성을 가진 특별한 목표와 이익을 가진 지역주민이라는 점이다. 그러한 분야는 사람들이 지역 지향적인 다양한 일들을 달성하고 이익을 창출하기 위해 조직을 구축할 때 출현하게 된다(Luloff & Bridger, 2003; Wilkinson, 1991).

둘째, 지역공동체 참여는 공동체 활동을 현실화시키는 역할을 한다(Wilkinson, 1991. Matarrita-Cascante et al, 2009). 지역공동체 현장은 지역공동체 활동의 원인이면서 결과이다. 따라서 커뮤니티 활동의 한 형태로서 주민참여는 지역사회 클럽, 시민 동호회, 기타 특정의 지역사회 문제와 관련된 사업에 관여하는 것을 말한다. 지역공동체의 상호작용 접근방법의 관점에서는 지역공동체 참여의 증대는 결국 지역사회 발전과 개선을 가져온다고 본다. 성공적인 지역사회개발은 지역사회 행위자들이 그들의 삶의 질과 미래 복지 개선을 위해 공동 관심사에 참여하고, 지역공동체 문제에 대해 해결 의도를 갖고 상호작용할 때 가능하다는 것이다(Theodori, 2000: 49). 치어스와 룰로프(Cheers and Luloff, 2001: 134)는 지역사회발전은 지역사회 전체의 삶의 질 개선으로서 사회, 경제적, 문화적, 정신적 그리고 생태적인 측면에 초점을 둔다. 이를 위해서는 지역사회 전체의 복지를 위해 주민들 공동의 역량을 촉진시킴으로써 가능해 진다고 제안한다.

셋째, 주민참여는 풀뿌리 민주주의의 실현이다. 지역사회개발 과정에 주민참여의 중요성은 무엇보다도 민주정치(민주주의)의 기본원리를 확립하는 데 있다. 지역주권자로서 주민의 당연한 권리에 부응하는 것이며 동시에 주민을 위한 목적가치에 기여하기 위한 것이다. 민주적인 정치·행정은 소수 엘리트에 의한 통제가 아니라 다수의 시민이 영향력을 행사할 때 달성되는 것이다.

넷째, 주민참여는 지역사회의 주인의식과 정체성 확립의 터전이다. 지역사회개발 정책에 대한 적극적인 참여는 참여 개개인들이 정치·행정의 주체가 자신들임을 일깨워 준다. 문제를 스스로 결정하고 책임을 가질 때 정체감과 성숙된 자아를 발견하게 된다. 특히, 주민참여는 지방자치제도의 성공적 운영에 필요한 주민의 공동체의식, 시민의식의 성숙을 촉진할 수 있다. 이를 통해 무관심형 주민들을 자기 자신이 지역사회의 주체라는 자각 하에 지역사회의 문제해결과정에 직접 참여함으로써 자신의 권리를 행사하는 자치형 주민으로 전환시키는 역할을 한다.

다섯째, 지역사회개발에 있어서의 주민참여는 능동적인 지역공동체를 확립한다. 주민들의 자발적·주체적 참여를 토대로 활발하게 공동체 활동에 참여하고 공공권력을 견제함으로써 현대사회의 다원성을 확립하고 공동체 및 공공선의 증대를 이룩할 수 있다. 능동사회는 세계 및 경제질서의 변화에 대응하고 사회변화에 신축적으로 적응·조절할 수 있는 능력을 가진 사회로서, 에치오니(Etzioni, 1991)의 주장처럼 능동사회에서 개인은 스스로 책임지고, 자기 억제적이며, 공공활동에 많은 시간을 투자한다. 시민사회는 그 구성원들이 자기책임 하에서 인위적으로 만들어 지는 것이다.[3]

끝으로 주민참여는 지역사회개발 정책의 수립과 집행과정에서 지역사회 지도자의 존재가치와 역할을 증대시킨다. 지역사회는 비인격적인 관료구조에서 벗어나 인격적 개발의 실제적인 공간으로서 인간개발을 위하여 지역사회 지도자의 존재가치가 있는 것이다. 지역사회개발을 위한 커뮤니티 리더의 역할로서는 ①지역사회개발사업 수립단계에서 주민참여와 관심을 조장하여 주민을 위한 개발여건을 조성, ②지역사회개발을 위한 주민조직의 질서유지와 공동목적 달성을 위해 구성원을 통제, 일정한 방향으로 인도, 기술혁신을 촉진시키고 변화를 유도하고 외부로부터 인적·물적 자원을 동원하며, ③바람직한 방향으로 변화수용의 결정에 의도적으로 영향을 주는 전문인으로서, 그리고 ④능률적인 지역사회개발 활동과 보다 많은 성과를 거둘 수 있도록 자극, 협조 및 조정하는 역할을 한다(최상호, 2004). 이러한 특징 외에 커뮤니티 리더십은 구성원들의 강점 극대화, 구성원들의 욕구에 대한 균형적인 처리, 팀 중심의 업무수행, 협력 유도, 인적 및 물적 자원의 동원 능력, 커뮤니티 책임성, 그리고 새 지도자의 발굴 등이 중요하다. 이러한 리더십은 주민들의 적극적인 동참 없이는 발휘되기 어려운 것들이다.

3. 주민참여의 단계

주민참여를 통해 정부에 실질적인 영향력과 통제력을 행사하는 것은 항상 같은 수준에서 일어나지는 않는다. 투표, 서면청원, 이익집단 활동에서부터 시위와 폭동에 이르기까지 다양한 방법을 통해 다양한 수준의 시민참여가 나타나

---

3 반면에 수동사회는 개인의 자율성, 공공성의 규범, 시민사회의 능동성, 국가공동체의 변형 능력이 낮은 수준에 있는 사회로서 공동체 이익에 친근하지 못하고 국가에 대한 수혜자 의식이 강하며 시민사회의 결사체 의식이 미약한 사회를 의미한다(박상필·김상영, 2000: 169).

고 있다. 안스테인(S. R. Arnstein, 1969: 218~223)은 사다리 모양의 8단계 시민참여 모형을 개발하여 각 단계마다 상이한 방법과 수준의 주민참여에 대해 설명하고 있다([그림 2-2 참조]).

1) 비참여단계

비참여단계에서의 참여는 형식적인 것에 불과하며 오히려 지방정부 관료들의 일방적인 수단과 방법에 이끌려가는 모습을 보이고 있다. 이과정에서 지방정부는 조작(manipulation)과 치유(therapy)라는 전략적 수단을 강구하고 있다. 조작단계에서 시민들은 정부의 형식적인 자문위원회에 임명되어 지방정부 관료들의 합리적인 각본에 따라 활동하게 된다. 참여는 형식적·의례적으로 행해지며 단지 대민홍보관계(public relations)에 지나지 않는다. 치유단계는 문제가 될 경우 관련 공무원들의 행태변화에 초점을 두는 것이 아니라 시민들에게 일방적인 교육과 설득을 통해 그들의 행태를 변화시킴으로써 불만을 치유한다.

2) 명목적 참여단계

시민들에게 정보제공, 상담, 유화의 방법을 통해 그들을 명목적으로 참여하게 하는 단계이다. 시민들은 자신들의 권리, 책임 및 선택사항에 대해 정부의 일방적인 정보를 통해 행사하게 된다.

이러한 정보들은 시민들이 정부정책에 대응하기에는 이미 낡고 또한 어려운 문서이기에 정부와 협상하거나 타협할 수 있는 기회를 제공해 주지 못한다. 상담은 시민참여의 중요한 수단임에도 불구하고 시민들의 선택사항은 여론조사, 공청회 및 반상회 등을 통해 설득당하기 일쑤다. 정책결정에 영향을 미치지 못하는 상담(consultation)은 피상적인 수단에 불과하다. 많은 도시재개발사업들이 이러한 시민참여 방법에 의해 수행되었다. 유화(宥和: placation)는 일부 사회적 약자들에게 경찰, 교육, 주택 및 보건 등의 위원회에 참여시켜 시위를 유도하는 시민참여의 방법이다. 이들 소수자들은 투표에서 이길 가능성이 희박하고 그들의 구역에 대해 책임을 질 필요도 없기 때문에 정부관료들에게 쉽게 회유되곤 한다.

그림 2-2 주민참여의 8단계(출처: Sherry R. Arnstein. 1969: 217.)

3) 시민권력단계

이 단계에서는 시민의 힘이 정치·행정과정에 실질적으로 영향을 미치게 된다. 협력단계에서는 공공관료들과 시민 간 권력 공유가 일어나고, 이를 통해 협상의 결과에 대해 상호 책임을 진다. 어떤 한 쪽도 이러한 체제를 독자적으로 수행할 수 없다. 따라서 권력은 정부에 의해 주어지는 것이라기보다는 시민에 의해 획득되어지는 것으로 본다. 권한위임은 시민과 공공관료들 간 협상을 통해 시민에 의해 의사결정의 권력균형이 일어나는 것을 의미한다. 시민집단이 최종 결정권을 가지기도 하고, 특정 사업을 위하여 인적자원의 충원, 도급계약, 구매 등을 추진하기도 한다. 마지막 단계인 시민통제는 지역사회 주민이 의사결정에서 집행의 변경에 이르기까지 조직 또는 사업에 대한 최종 권위를 행사하는 것을 의미한다. 시민참여의 유형에서 본 지역사회개발 조합에 의한 공동체형 시민참여가 좋은 실례에 해당한다.

4. 주민참여 지역사회조직의 실제: 주민자치회

우리의 현행 주민자치회는 공식조직으로서 준공공기관의 성격을 갖고 있으나 주민의 자발적 참여로 구성된 지역사회조직(community organization)이라는 점에서 주민자치 실제의 관점에서 다룰 필요가 있다.

1) 주민자치회의 발전

현행의 주민자치회는 1998년에 설립하여 지금까지 운영해 온 주민자치위원회를 좀 더 나은 주민자치의 모습으로 발전시키기 위해 몇 몇 지역에서 시범적으로 운영되고 있다. 주민자치위원회는 행정 및 주민복지 두 가지 측면에서 주민편의를 위해 설립되었다. 행정적 배경 및 목적으로는 교통, 통신, 정보화 진전에 따른 행정서비스 공급체계의 변화, 주민과 함께하는 행정으로 서비스의 공동생산과 양질의 행정서비스 공급, 지방자치화 시대, 주민자치의식 고양 등에 두고 설립하였다. 현재 모든 동사무소는 주민자치센터의 이름으로 변경하여 최 일선 대민행정기관으로서 종래의 역할을 그대로 수행하고 있으며, 주민자치위원회는 지방자치단체의 조례에 따라 주민중심으로 위원회를 구성하여 주민자치기능과 주민복지 및 여가문화적인 기능을 수행하고 있다. 따라서 주민자치라는 본래의 취지와 목적에는 전혀 부응하지 못하고 있으며 단순한 지역사회조직들 중의 하나에 지나지 않았다. 그러나 지역에 따라서는 지역공동체 및 자치의식 강화 그리고 교양시민 양성이라는 성과를 거두기도 하였다. 주민자치회는 이러한 성과들을 보다 체계적으로 확산시키기 위해 자문기구에 불과했던 기존의 주민자치위원회를 주민자치기구의 지위를 부여하여 운영해 오고 있다. [표 2-1]은 주민자치위원회와는 다소의 차이가 있는 주민자치회의 특징들을 나타내 주고 있다.

표 2-1 주민자치회와 주민자치위원회의 차이

구 분	주민자치회	주민자치위원회
법적근거	지방분권및행정체개편특별법	지방자치단체의 조례
법적지위	주민자치기구	자문기구
위촉권자	기초지방정부의 장	읍면동장
주민대표성	주민대표성과 전문성 제고	대표성 없음, 자생단체 성격
기능	읍면동 주민생활사무 심의 지방정부의 위임 및 위탁사무	주민자치센터 운영 심의: 여가문화생활에 한정
재정	자체재원(자체 및 위탁사업 수익, 사용료 등) 보조금, 기부금 등	읍면동사무소 지원 별도 재원 없음

2) 주민자치회의 문제점과 개선방향

주민자치회는 법률에 따라 형식적으로 구성만 했을 뿐, 실질적 활동을 위한 지원은 인색하여 제도적 장치 역시 미흡한 상태에서 주민자치기구로서의 역할은 미미한 실정이다. 현재 운영 중인 주민자치위원회는 지방자치법 및 시행령에 근거해 읍면 일부와 동마다 하나씩 만들어진 기구로서 특별한 권한 없이 주로 주민자치센터 운영을 심의하는 역할에 국한돼 있다. 우선적으로 해결되어야 할 문제로서는 주민자치회가 실질적으로 주민자치활동을 할 수 있도록 해주는 근거 법령(가칭 주민자치회법)의 제정이며, 그 외 다음과 같은 개선방안들이 제기되고 있다.

첫째, 지방분권의 확립이다. 주민자치회는 주민자치의 핵심 주체이며 그 활동은 주민자치의 현장 그 자체이다. 그러나 주민자치회의 활성화를 위해서는 주민자치를 전제로 한 지방분권이 확대되어야 한다. 현재 수준의 지방분권[4] 즉, 중앙정부가 모든 것을 결정하고 지방정부가 결정된 내용을 단순 집행하는 단체자치 하에서는 주민자치의 발전은 물론 주민자치회의 실질적 활동 범위가 미약할 수밖에 없다. 주민소환과 주민투표 등 직접 주민참여제도가 더욱 활성화 될 수 있도록 요건 완화도 함께 이루어져야 할 것이다.

둘째, 주민중심의 마을총회가 활성화되어야 한다. 마을총회는 영국의 식민지 시절 미국에서 발전되었고 지금까지도 뉴잉글랜드 지역에서 운영되고 있는 타운미팅(town meeting) 제도를 의미한다. 타운미팅은 교회당을 중심으로 형성된 작은 마을단위에서 주민들이 자발적으로 참여하여 대표자 선출을 비롯한 마을의 주요 사안들을 의결하는 직접민주주의 방식으로 운영되었다. 예산안의 확정과 채권발행, 주요 공직자와 학교이사 선출 등을 최고 의결정기구로서의 역

4 지역 스스로의 선택과 결정을 통해 주민복리와 지역발전을 도모할 수 없는 구조에서는 중앙정부의 시혜에 의존할 수밖에 없는 상황이다. 중앙정부의 시혜를 더 받기 위한 지역 간 경쟁은 제로섬 경쟁에 불과하기 때문에 1/N 나누어갖기 아니면 승자와 패자를 낳게 되고 국가 발전을 저해할 수도 있다. 따라서 지방분권을 통해 지역특성에 따라 상이한 지역발전정책을 계획하고 집행할 수 있는 지방정부의 자율권이 확립되어야 한다.

할을 수행하였고 현재는 형식으로 남아 있는 곳이 있고, 일부 지역에서는 시장이나 상설 대의기관으로 운영하고 있다.[5]

주민총회의 범위는 주민들이 직접 정하게 되는 마을이며, 이는 주민자치의 기본단위가 될 것이다. 따라서 주민자치회는 최소의 자치기관으로서 입법권, 재정권, 그리고 조직권에 대한 문제와 함께 현재의 읍면동사무소와의 관계를 독립적, 협력적 또는 주도적 중 어떠한 위치에 둘 것인지 면밀한 검토가 필요하다.[6] 지금의 읍면동 주민자치위원회는 폐지되며 마을별 주민자치회 대표자들이 모여 읍면동 주민자치위를 구성하게 될 것이다. 주민자치위원회 위원의 선출방식도 공개모집 및 주민투표 방식으로 전환하여 지역주민의 관심과 참여를 유도하여야 하며, 주민자치위원회 회의 안건 및 결과는 모두 인터넷 홈페이지 및 회의록 비치를 통해 주민에게 공개하여야 할 것이다.

셋째, 주민자치회의 역량 강화이다. 풀뿌리 민주주의를 실현하기 위해서는 주민자치회에 타운미팅처럼 자치 입법권과 조직권, 행정권, 재정권 등을 보장해 주어야 한다. 그러나 현재로서는 이러한 자치권을 행사할 수 있는 능력의 문제가 있다. 주민자치위원의 주민자치교육 이수를 의무사항으로 규정하고, 지역사회에 필요한 사업을 발굴하기 위해선 주민설문조사와 토론회, 마을총회 등을 적극 활용해야 할 필요가 있다.[7] 특히 주민자치회 위원들에게는 경청과 설득의 의사소통 능력, 협력 유도 능력, 그리고 주민대표기관으로서의 존재감과 자부심 등의 리더십 덕목이 필요할 것이다.

넷째, 주민자치회, 주민, 지방정부 간 상호 신뢰의 구축이다. 주민자치회와 같은 지역공동체는 조직 내·외적으로 신뢰와 같은 사회적 자본은 필수적으로

5 미국을 방문하여 민주주의를 연구한 토크빌은 뉴잉글랜드 타운미팅을 가장 완벽한 민주주의 제도이며 하나의 작은 독립구가로서의 역할을 하며, 많은 시민결사체 중 가장 정치적인 자발적 결사체로서 미국 민주주의 발전을 견인하는 것으로 극찬하였다.

6 읍·면·동사무소가 폐지되고 주민자치회로 운영되면 지역발전의 자치행정 추진은 긍정적일지 몰라도 주민들 간 이해관계에 따른 권한 남용과 주관적 운영은 자칫 지역 발전의 병폐가 될 수도 있다.

7 주민자치회 위원들의 자치역량 강화를 위해서는 다양한 교육지원이 필요하다. 예컨대 초기에는 주민자치제도 이해 학습, 중·장기적으로는 기획, 사무, 회계실무 등의 전문교육이 요구되고 있다.

다. 우선 주민자치회와 주민들 간 신뢰 구축이 중요하다. 주민자치회는 마을 자생단체 행사에 주민의 자격으로 적극적으로 참여하여 기존의 타 단체들에 대한 배타적 자세를 지양해야 한다. 또한 자생단체들의 기득권 인정, 주요 행사의 공동 추진, 협력적 관계 형성 등을 통해 상호 신뢰구축에 우선적으로 노력해야 할 것이다. 지방자치단체나 지방의회와의 관계에서는 주민자치회에 대한 공무원과 지방의원들의 인식 변화가 필요할 것이다. 특히 읍·면·장을 임명할 때에는 주민자치회에 대한 역량과 열의를 우선적으로 고려할 필요가 있다. 이는 주민의 최 일선기관인 읍면동사무소가 대주민 신뢰성에 기초한 사회적 자본을 제고하는 것이 지역의 사회적 자본 축적은 물론 주민의 정부신뢰를 제고하는 데에도 크게 기여할 것이기 때문이다(김순은, 2014).

3) 수원형 주민자치회(안) 방식

수원형 주민자치회는 「지방분권 및 지방행정체계 개편에 관한 특별법」을 근거로 주민이 주인이 돼 지역 사정에 맞는 자치계획을 수립하고 참여예산사업을 제안해 집행하는 역할을 하게 된다. 동별 여건에 따라 공개모집 등을 통해 30~50명 이내의 위원으로 주민자치회를 구성하고, 이들은 각 분과위원회에 소속돼 주민과 함께 자치계획을 수립한다. 모든 자치계획은 동 주민 인구의 1% 이상 또는 200명 이상의 주민이 참석하는 최고의결기구인 주민총회를 열어 결정한다. 지역 현안에 밝은 민간인을 공모를 통해 동장으로 임용하는 동장 공모제 또는 공무원 중에서 주민이 직접 동장을 선택해 추천하는 동장 선택제도 수원형 주민자치회의 핵심이다.[8] 또한 재정의 중요성을 감안하여 주민세를 환원하여 충당하거나 마을만들기와 마을기업 운영 등의 수익사업을 통해 주민참여를 활성화 하고 주민자치의 자생력을 강화시키는 정책적 노력을 강구하고 있다.

---

8 동장 공모제는 2015년 12월 서울 금천구가 독산 4동장을 임용할 때 도입했고, 동장 선택제는 광주 광산구가 2014년 8월 전국 최초로 도입한 바 있다.

제2절 중간지원조직

1. 개념과 필요성

중간지원조직은 다양한 민·관 조직의 중간에 위치하여 인적·물적·기술적지원, 정보와 자원의 네트워킹과 협력 및 조정활동을 통해 직·간접적으로 이들 조직의 활동을 촉진하고 문제해결 역량을 증진시키는 역할을 하는 조직으로 정의할 수 있다(고재경, 2012). 지역사회개발은 계획수립부터 사후관리에 이르기까지 전 과정에 주민들이 직접 참여하는 경우가 많기 때문에 주민들의 전문성 한계를 보안하고 관의 일방적 사업추진을 막고 관과 주민 간 원활한 관계를 구축하는 역할을 중간지원조직이 담당하게 된다.

중간지원조직은 지방자치, 경제적 분권화, 사회서비스 전달체계의 네트워크화 등 시대와 사회적 흐름 속에서 보편적인 현상으로 자리 잡을 수 있었다. 즉, 중앙정부 주도의 획일적인 정책과 서비스 제공이 삶의 질에 대한 다양한 서비스 수요를 충족시키는데 한계를 보이면서, 지역의 수요에 신속하게 대처하고 서비스 공급의 사각지대에 있는 특정한 커뮤니티나 집단의 필요를 충족시킬 수 있는 유연한 전달체계의 필요성, 그리고 민주화·분권화의 흐름 속에 다양한 정책영역과 이해당사자의 목표를 조정하고 합의를 도출하는 거래비용을 줄일 수 있는 메커니즘에 대한 요구가 증가하고 있다.

또한 지역사회개발, 공공서비스 제공 등 지역사회 문제해결을 위한 파트너로서 NGO와 NPO 등 민간 비영리부문의 중요성이 높아지면서 이들 일선 단체의 활동을 촉진하고 지원할 수 있는 매개자로서 중간지원조직의 필요성이 증대하고 있기 때문이다(고재경, 2012, Blank et al, 2003). 중간지원조직은 현재 미국에서는 지역사회기반조직(infrastructure organization), 영국에서는 우산조직(umbrella organization) 또는 지역개발기구(local development agency), 일본에서는 중간지원조직(intermediary) 또는 MSO(management support organization) 등으로 일컬어지며 정부가 제공하는 서비스의 효율적 전달기제로서의 역할, 비영리 섹터 간의 조정역할을 수행하면서 활발하게 운영되고 있다.

한국에서는 고용 없는 성장 문제 해결을 위하여 사회적 기업, 협동조합 등 사회적 경제 영역에 대한 관심이 증가하면서 중간지원조직의 역할이 강조되고 있다. 하지만 2000년대부터 시작한 농어촌지역의 마을만들기 사업과 주민주도의 지역개발사업을 추진하는 과정에서 지역에서 중간지원조직의 역할이 제기되었다고 볼 수 있다. 이전의 지역개발사업과는 달리 마을만들기사업은 마을주민이 조직을 구성하고, 사업을 스스로 추진해야 하는 사업이었고, 예산지원 방식도 주민조직에 사업비를 지원하는 민간자본 보조나 민간경상 보조 방식을 사용하였다. 하지만 지역주민들은 공동의 문제에 대해 계획을 세우고 사업을 추진해본 경험이 없이 때문에 주민의 교육과 참여를 위해 중간지원조직이 필요했다고 볼 수 있다(임경수, 2013). 고용노동부의 사회적 기업, 농림축산식품부의 농어촌공동체 회사 등 부처별 일자리 지원 사업 지원을 위해 중앙정부 및 광역단위의 중간지원조직이 설립되었으며, 지자체의 필요에 의해 지자체별로 중간지원조직을 설치하는 사례도 늘어나고 있다.

표 2-2 외국의 중간지원조직 유형

국가	명 칭	설립배경 및 주요기능
미국	Infrastructure Organization[9]	•비영리조직 및 구성원 역량강화, 조직간 연계 및 조정, 자원동원화, 정보자원제공, 연구와 실제의 가교 등 비영리단체의 지원 •각종 지역커뮤니티조직들의 지원
영국	Umbrella Organization 또는 Local Development Agency	•사회정책의 지방정부 이양, 공공서비스 민영화에 도입, 중간지원 등장 •정부와 시민사회조직간 파트너십 구축, 전문가 연계, 재정조달 및 기타 코디네이터 역할
일본	Intermediary 또는 MSO	•고베대지진 후 풀뿌리시민단체 증대, NPO 지원 특별법 제정 •인적, 재정 및 정보지원, NPO, 기업, 행정간 중재, 주민수요 파악, 이해당사자간 네트워킹 및 지원

출처: 커뮤니티비지니스 시범사업단. 2011.

9 Christopher R. Prentice, Jeffrey L. Brudney. 2018. Are You Being Served? Toward a Typology of Nonprofit Infrastructure Organizations and a Framework for Their Assessment. 참조.

2. 중간지원조직의 역할

중간지원조직의 역할은 지원센터의 서비스 대상, 목표에 따라 조금씩 차이가 있지만, 대부분의 중간지원조직들은 네트워크 구축 및 조정, 역량강화, 정보제공 및 컨설팅, 연구개발 등을 공통적으로 수행한다.

1) 조정기능: 관계구축과 매칭

조정(coordination)은 중간지원조직의 핵심 기능으로서, 주로 단일 활동을 하는 기존의 여러 단체나 지역의 이해관계자와 자원을 연결하고 조정하며, 이 과정에서 부가가치를 창출하는 코디네이터 역할이다(고재경, 2012). 중간지원조직은 기업, 행정, NPO, 금융기관, 대학, 상공회 등 지역 내외의 단체와 폭넓은 협력관계를 맺고 목표가 동일한 단체들을 결합하여 교류·협력을 촉진하며, 정보와 아이디어를 공유하고 공동의 활동을 조직화할 수 있는 기회를 제공한다. 개별 단체로는 접근하기 어려운 공공자원이나 인프라, 자금 제공기관을 연계함으로써 비용절감과 서비스 효율성 제고, 가용한 자금 및 자원의 규모 확대를 통해 더 많은 자원이 유입되도록 한다. 코디네이터의 기능을 수행하기 위해서 중간지원조직은 실용적 조정력, 욕구 대응력 등의 능력이 필요하다.

2) 인재육성 및 역량강화

중간지원조직의 인큐베이션(incubation) 역할은 지도자, 일반주민, 협력자 등 사업 각 주체들에 대한 교육과 훈련 등을 통해 조직과 구성원의 역량을 향상시키는(capacity building) 기능이다. 이를 통해 조직 활동의 지속성과 효과성을 증진시키는 촉매역할을 수행한다. 이를 위하여 단계·대상·형태·내용·분야별 교육 커리큘럼을 개발하고, 기존 학습기관과 연계하여 프로그램을 운영하기도 한다. 또한 지역문제 해결에 경험이 없는 주민들이 지역공동체의 일을 체계적으로 수행할 수 있도록 주민의 조직화를 지원하고, 이들을 대상으로 교육을 시행하고, 사업을 추진하도록 돕는 역할을 수행하기도 한다. 인재육성 및 역량강화를 위하여 중간지원조직은 커뮤니케이션 스킬, 유연성, 전문성 등의 능력이 요구된다.

3) 연구개발 및 정책효과성 제고

중간지원조직은 지역현황과 실태를 알려주는 지표들의 조사, 지역문제와 지역자원에 관한 기초조사, 사례조사 등의 탐구적 활동을 통해 지역사회개발 계획 수립, 행정기관의 정책입안 및 원활한 집행을 지원한다. 또한 기초조사를 바탕으로 새로운 문제를 해결하기 위한 방법과 모델을 개발하여 혁신적이고 효과적인 정책을 제안하기도 한다. 그리고 참여 기관 및 단체들의 활동을 평가하고 모니터링을 통해 그 결과를 공공 및 민간기관에게 피드백 시킴으로써 정책의 효과성을 제고하는 역할을 수행하기도 하다.

4) 플랫폼[10] 기능 및 지역 커뮤니티 지원

중간지원조직은 지역의 공·사 활동, 지역자원, 기본시책, 지역공동체 생활, 도시개발계획 등에 관련된 각종 정보의 수신과 발신을 원스톱으로 제공하고, 마을만들기 등 기존의 지역활성화 사업 등을 주민주도로 수행할 수 있도록 컨설팅하고 지원하는 역할을 수행한다. 중간지원조직은 서비스의 공급과 수요를 연계할 뿐만 아니라 개별단체 혼자서는 접근하기 어려운 공공자원이나 인프라, 자금 제공기관을 연계함으로서 비용절감과 서비스 효율성을 제고하고, 가용한 자금 및 자원의 규모 확대를 통해 더 많은 자원이 유입되도록 하는 역할도 수행한다. 이를 위해 중간지원조직은 정보의 수·발신력과 함께 투명성과 공개성 등이 요구되고 있다.

---

10 플랫폼은 사람이나 물건이 타고 내리는 승강장이다. 기차의 승·하차 공간이나 강사, 음악 지휘자, 선수 등이 사용하는 무대·강단 등을 뜻했으나 그 의미가 확대되어 특정 장치나 시스템 등에서 이를 구성하는 기초가 되는 틀 또는 골격을 지칭하는 용어로, 컴퓨터 시스템·자동차 등 다양한 분야에서 사용되고 있다(네이버 지식백과). 특히 승강장은 교통수단과 승객이 만날 수 있는 거점 역할을 하며, 교통과 물류의 중심이 된다. 그리고 그 안에서 무수히 많은 가치교환과 거래가 발생한다.

3. 중간지원조직의 운영방식

중간지원조직의 운영방식은 설립 및 운영 주체에 따라 크게 관주도형, 위탁형, 민간주도형으로 나눌 수 있다. 첫째는 조직의 설립과 운영 모두 행정기관이 책임지는 관주도형으로서, 예산의 안정적 확보는 가능하나 창의적이고 재량적 활동은 한계가 있다. 둘째는 지원조직의 설립과 운영을 모두 민간에서 전담하는 민간주도형이다. 민간주도형은 사업운영의 유연성이 높고 자율성이 보장되지만, 안정적 예산확보에는 어려움이 있다. 마지막으로 지원조직의 설립은 행정에서 주도하되, 운영은 민간에 맡겨 관리하게 하는 위탁형이 있다. 위탁형은 관주도형과 민간주도형의 장·단점을 보완한 형태로서 사업운영에 있어 민간의 창의성과 전문성 활용이 용이하고, 예산의 안정적 확보가 가능하다.

표 2-3 중간지원조직 구축 유형

구분	관주도형	위탁형	민간주도형
운영방식	공설/공영	공설/민영	민설/민영
장점	•안정적 예산확보 •사회적 신용	•운영 전문성, 유연성 •안정적 예산확보	•운영의 유연성 •민간 전문성
단점	•가시적 성과도출 •기관장 성향, 각종 규제 •지역여건 부합 의사결정 어려움 •공무원 순환보직, 전문성 확보 곤란	•민관 이해관계 충돌 •위탁기관의 능력, 전문성에 따른 차이	•예산확보의 어려움 •경영능력에 대한 높은 기대감

4. 중간지원조직의 운영사례

1) 우리나라 도시재생센터

도시재생법에 명시된 '도시재생지원센터'는 행정과 주민 사이를 매개하는 중간지원조직으로서 주요 역할은 도시재생 활성화계획 수립 지원, 주민역량 강화와 사회적 경제 지원 등에 맞추어져 있다.

도시재생사업이 성공하기 위해서는 정부의 지원과 함께 지원조직인 도시재생지원센터 역할이 중요하다. 도시재생사업이 계속 늘어나는 상황에서 도시재생지원센터의 역할과 위상을 명확히 세우지 않으면 도시재생사업이 성과 없는 전시행정사업으로 전락할 수 있고 사업에 대한 주민의 만족도가 낮아질 수도 있다.

도시재생지원센터는 도시재생 거버넌스 체계에서 도시재생이 원활하게 추진될 수 있도록 돕는 도시재생 지원조직의 중간 지원조직이다. 도시재생활성화계획수립, 이해집단들의 의견수렴, 도시재생사업 실행, 지역전문가 및 마을기업 등 핵심역량 육성 지원업무를 하며, 운영방식은 지방정부의 직영, 재단법인 설립, LH 등 공공기관 또는 민간전문기관의 위탁 방식 등이 있다.

민간위탁형으로 운영되고 있는 창원시 도시재생지원센터는 2015년 1월 20일 출범하여, 거버넌스 구축(주민, 전문가, 행정 등)을 통한 도시재생사업의 총괄 지원 역할을 담당하고 있다. 특히 주민 참여와 특화 발전을 중점적으로 지원하고 있으며, 민·관 등 참여 주체 사이의 상호 업무 연결, 조정 역할을 담당하고 있어 행정과 주민을 연결하는 중간지원조직 기능을 수행하고 있다. 주요역할로서는 도시재생활성화계획 및 도시재생전략계획 수립 사업추진지원, 주민의견 수렴과 의견조정을 위한 사업협의체 운영, 마을활동가 및 지역리더 육성을 위한 주민역량강화사업 및 매뉴얼제작, 지역커뮤니티비즈니스 사업을 위한 마을기업 및 협동조합 운영지원 등의 업무를 수행하고 있다.[11]

2) 문제점 및 발전방안

주택산업연구원의 도시재생 지원조직 연구 보고서에 따르면 도시재생사업의 성공 열쇠가 도시재생지원센터의 역할과 기능을 바로 세우는 데 달려있다고 밝히고 있다. 현행의 도시재생지원센터 대부분은 제 역할을 못 하는 것으로 평가하였고, 심층 조사한 결과 행정조직과 주민들을 유기적으로 연결해야 할 지원센터가 용역회사나 행정체계의 하위조직으로 전락할 가능성이 큰 것으로 나

---

11 창원도시재생센터는 2016년 국토교통부의 도시재생 선도지역 추진 실적 평가에서 '도시재생사업 관리 방안 마련' 분야 최우수 등급을 받았다.

타났다. 센터가 제 기능을 못하는 원인으로 ①과도한 행정 간섭, ②신속한 의사결정 부족, ③센터의 독립성과 창의성 부족, ④직원의 고용불안정, ⑤조직원의 현장성·능력부족 등을 꼽았다(주택산업연구원, 2017).

도시재생지원센터 운영의 가장 큰 문제 중 하나는 조직구성원의 전문성과 전담조직 공무원의 전문성이라고 할 수 있다. 센터 구성원의 전문성은 중간조직으로서 업무를 수행할 수 있는 능력이라고 할 수 있는데, 두 가지 측면에서 전문성이 필요하다. 하나는 상위조직으로부터 주어진 도시재생사업에 대한 전문적 지식과 실행능력에 대한 전문성이며, 다른 하나는 사업추진을 위해 주민조직을 형성하고 교육, 상담, 육성 등을 해야 하는 코디네이터로서의 전문성이다. 또한 도시재생사업 현장 활동가로서 코디네이터 능력문제도 제기되고 있다. 전국 단위의 도시재생사업이 추진되고 있으므로 현장 전문가를 양성하기 위한 프로그램이나 자격증 제도가 필요한데, 특히 코디네이터 양성 교육을 통해 도시재생에 관한 기본 지식과 지역 특성, 지역 자생조직의 특성 이해, 주민조직 형성 방법, 교육, 활동과 상담, 주민 중심의 도시재생 비즈니스 조직체 육성 방법 등 현장 전문성을 키우는 전문가 교육 프로그램이 필요하다.

도시재생사업이 성공하려면 중간지원센터의 역할부터 재정립되어야 한다. 구체적으로는 ①협력의 중심이 되는 거버넌스체계 재구축, ②각종 행정협력과 정보의 집중, ③전문성을 높이기 위한 현장 전문가 교육 프로그램과 도시재생 전문가 자격증제도 도입, ④도시재생 전담 공무원제도 도입 등이 제시되고 있다(주택산업연구원, 2017). 전문성이 부족한 센터 조직원이 주민을 교육하는 것은 문제가 있으므로 먼저 조직원의 전문성이 사전에 확보돼야 한다. 중앙정부와 지자체 차원에서 운영되는 도시재생 전문가 교육프로그램이 필요하며 도시재생지원센터는 교육을 이수한 인적자원을 활용하여 센터를 운영할 수 있도록 해야 할 것이다. 전담조직 공무원도 도시재생 교육프로그램을 이수할 필요가 있으며 순환보직을 피해 도시재생을 전담할 수 있는 전문직 공무원이 양성되어야 할 것이다.

3) 일본의 마을만들기 지원센터

일본의 경우 고베시 효고현 마노지구 마을만들기센터는 전형적인 중간지원조직 형태로 운영되고 있다. 마을만들기를 전담하는 행정조직과는 별도로 마을만들기를 진행하는 데 필요한 정보를 제공하고 전문가를 파견하는 등 위탁관리형으로 운영되고 있다. 행정지원은 고베시 '어반디자인실'에서 전담하고 있으며 이와 별도로 고베시가 97.6% 출연해 설립한 재단법인인 고베시 도시정비공사 내 마을만들기센터를 설치해 지원업무를 수행하고 있다. 스미다구 쿄지마 주거재생사업은 지방자치단체, 도시재생기구, 지역주민, NPO, 컨설턴트 등이 함께 참여하는 제3섹터형 마을만들기 지원센터를 설립해 추진하고 있다. 1980년부터 고령자 주민의 특성에 맞춰 느리지만 지속적인 정비 사업을 추진 중이며 주민이 직접 민간법인의 마을만들기센터를 개설한 것이다. 민간법인인 마을만들기센터가 개설되면서 비로소 주민과의 의사소통이 원활해졌다고 볼 수 있다.

관민 파트너십 형태의 중간조직으로서 쿠마모토현 아소지역 진흥디자인센터가 있다. 이 센터는 1990년 5월 아소지역의 관광개발 및 환경보호를 위해 '재단법인 아소 환경디자인센터'로 개원하였고, 1998년 6월에 지역진흥과 관광개발에 초점을 맞추어 새롭게 '재단법인 아소지역 진흥디자인센터'로 개칭하고, 2013년에는 공익재단법인으로 등록되었다. 이 센터는 쿠마모토현과 현내 7개 지자체가 15억 엔씩 출자한 30억 엔의 기금을 기반으로 생성된 약 7천7백만 엔의 이윤을 자금으로 센터를 운영 중이다. 현재 총 6명의 직원으로 구성되며 이 중 4명은 쿠마모토현 및 지자체로부터 파견된 공무원이다. 주요 담당업무는 마을만들기를 위한 소상공인에 대한 직접적인 경영 컨설팅 및 광역지역으로의 연계를 통한 지역 간 상생활동을 지원하고, 이에 관한 전체적인 계획 및 홍보활동을 담당하고 있다.

4) 미국의 지역사회개발법인의 역할

미국 지역사회개발법인(Community Development Corporation: CDC)은 설립 초기에는 지역기반의 정치적 참여 주체인 지역주민에 대한 권리 보장과 강화에 목적을 두었다. 시간이 지남에 따라 저소득 지역의 기술적 지원과 개발활동을 수행하게 되었다. 그 발전과정을 살펴보면, 1960년대의 첫 번째 세대는 시민운동의 비영리조직의 성격으로 설립되어, 당시 조직의 수는 100개 미만이었다. 주거개발 사업에 참여하였으나 그들의 주요 초점은 사업과 인적개발을 통한 일자리 창출에 맞춰졌다. 또한 공공부문으로부터 지역에 대한 개발전략의 고안과 실행을 위한 다양한 재원형태를 확립하였다.

1970년대의 두 번째 세대는 특성화된 조직의 성격으로, 그 숫자는 500개에서 1,000개 사이로 증가되었다. 그들의 초점은 주로 주거개발에서 벗어나 금융차별, 철거형 재개발사업과 관련된 강제이주문제 등의 사회전반에 걸친 제도적 차별에 대항하는 역할을 수행하였다. 이 시기에 CDCs에 더 많은 사회적 투자가 시작되었고, 그 중 포드재단의 The Gray Areas Program은 저소득 주민을 도시사회로 통합시키기 위한 노력으로 지역행정시스템간의 조율을 목적으로 하였다.

1980년대 이후의 세 번째 세대는 전문화된 조직의 성격을 가지게 되는데, 그 수가 2,000개 이상으로 크게 늘어났다. 이 시기 CDC는 주거개발에 전문화되고, 그 직원들의 역할은 과거와 비교하여 비정치적이고 보다 전문적으로 변화하였다. 1980년대 이들의 급증을 가져온 지역사회개발부문에서 가장 중요한 변화중 하나는 주거부문에서 CDC를 지원하는 매개기관의 등장이다. 매개기관은 지역사회개발 지원 시스템을 조직하고, CDC의 효율적 운영을 위한 재원, 기술 및 정보를 제공한다.

CDC의 역할과 구성을 보면 지역사회개발의 실행기관인 CDC는 지역의 물리적 재개발을 수행하는 개발사업자로서 역할을 수행하는 동시에 지역사회조직 구축의 역할을 수행하는 대안적 모델이다. 또한 공공부문, 민간사업자, 지역사회를 중재하는 매개적 역할을 수행한다. 이는 공공부문과 달리, 지역에 대한 이해도가 높아 지역이 가진 개발기회에 보다 신속히 대응할 수 있고, 지역문제에 효과적으로 대응하기 위해 필요한 이질적인 프로그램들을 보다 쉽게 조율함으로 가능하다. 이를 통해 CDC는 지역에 대한 물리적 재활성화뿐만 아니라 경제개발, 사회보장서비스, 시민운동을 수행한다.

첫째로 개발사업자로서의 역할을 살펴보면, 지역사회관할의 비영리부동산개발단체로 빈곤지역의 재생을 위해 노력한다. CDC는 개발사업자로서 지역기반의 저가 주택과 쇼핑센터 등 주거와 상업자산의 개발을 통해 지역사회의 자산을 상승시키고 확보한다. 둘째, 지역사회 조정자로서 공공부문의 행정이 제공하는 종합적인 지역사회 프로그램의 대안적 모델을 제시한다. 이를 통해 CDC는 다수의 지역사회 기관과 정부수준으로 나눠져 있는 지역공공서비스를 종합적이고 조율된 프로그램으로 제공하는 독특한 기관으로 평가받고 있다.

최근 들어 미국의 전 지역에는 약 4,500개가 넘는 지역사회개발법인이 주택, 지역산업, 환경분야 등에서 지속가능한 도시발전사업을 수행하고 있다. 지역기업가와 시민사회조직들로 구성된 네트워크를 기반으로 한 조합형 법인체로서 미국의 많은 대도시에서 도시르네상스 시대를 개척한 일등공신으로 알려져 있다(Brophy and Shabecoff, 2001).

제3절 지방정부와 행정기관

1. 지방정부의 이해

1) 지방정부의 개념과 역할

(1) 개념

앞에서 지방정부를 지방의 정치, 정책, 사법 기능을 수행하기 위해 입법권과 집행권 그리고 사법권을 가진 완전한 정부형태를 갖춘 지역단위의 정부로 규정하고 있다. 이러한 개념은 중앙정부에 예속 내지 수직적 관계에서 단순히 집행업무만을 수행하는 지방행정기관과는 다르며, 국가수준의 중앙정부와 대비되는 개념으로서 지역단위에서 업무를 자율적으로 처리하는 공공주체로 이해되고 있다.

특히 지역사회개발 사업들은 주민중심의 철학과 이념을 담고 있어 지방정부의 자율성과 독립적인 역할 개념이 중요하다. 또한 마을만들기와 도시재생사업 등은 지역주민의 생활 그 자체로서의 의미를 갖고 있어 보충성의 원칙 하에서 가장 근접해 있는 지방정부 또는 근린정부(주민자치회 등)가 자치사무로서 감당하고 책임져야 할 것이다.

(2) 지방정부의 형태

각 국가별로는 다양한 형태의 지방정부를 구성하고 있다. 그 다양성의 핵심은 자치행정 권력의 중심이 집행부의 수장인 지방자치단체장에 가 있느냐 또는 지방의회에 있는가에 따라 기관대립형과 기관통합형으로 나누어진다. 전자에는 시장-의회형으로서 강시장(strong mayor) 정부와 약시장(weak mayor) 정부가 있으며, 후자에는 의회형(council form), 시지배인형(city manager form), 위원회형(committee form) 등의 정부가 있다.

시장-의회형 정부의 가장 큰 약점은 시장과 의회가 분리·대립적인 관계에 있어 권한과 책임이 분산되어 있다는 점이다. 이를 부정적으로 보면 어느 누구도 책임을 지지 않을 수 있다는 점이다. 이는 삼권분립의 민주주의 원칙에서 볼 때는 가장 큰 장점으로서의 특징이라고도 할 수 있다. 또 다른 약점은 단체장이 좋은 정치가로서 선출되었다고 해서 반드시 훌륭한 행정가가 되는 것은 아니다. 다시 말해 집행부의 장은 정치가로서 정치적 가치 창출에 초점을 두는 반면 행정가로서의 능률성에는 소홀할 수도 있다는 것이다. 이러한 약점을 보완하기 위해 등장한 정부형태가 시지배인(city manager) 정부이다. 정치가로서의 단체장이 존재하지만 집행부를 총괄하고 책임행정을 수행할 전문 행정가(manager)를 별도로 임명하여 행정의 능률성과 생산성을 확립하는 제도이다.

(3) 지방정부의 역할

지역사회개발에 있어서 지방정부의 역할은 참여자, 지원자, 협조자, 조정자 등 다양한 역할을 수행하고 있다. 이러한 역할은 지방정부 자체사업인지 국도비 사업인지에 따라 역할과 기능이 다소 차이를 보일 수 있다. 자체사업의 경우는 사업추진을 위한 지역과 주민역량을 전제로 하기 때문에 주로 행정적 지원에 한정될 수 있다. 그러나 중앙 및 광역정부의 보조금 사업일 경우 공모사업 선정에만 치중한 나머지 모든 활동이 지자체 관 중심으로 가는 경우가 일반적이다. 지나친 관 중심 사업수행은 지역사회개발 본질에도 맞지 않으며, 특히 사업이 완료된 이후 주민 주체로써 운영과 관리가 이루어지지 않는다면 주민 주도의 지역공동체 사업으로 보기는 어려울 것이다. 따라서 지방정부의 개입과 통제에 대한 적절한 수위조절과 유연성이 요구되고 있다. 우리나라 기초자치단체 조례에는 시군 단체장은 주민의 마을만들기 사업을 적극 지원하여야 하며, 마을공동체 활성화 정책을 지속적으로 추진할 것을 명시하고 있다.

커뮤니티 기반의 지역개발의 본질적 이념과 목표를 실현시키기 위해서는 지방자치단체의 역할이 적극적 선도 및 주도자의 위치에서 지원 및 중재자의 역할로 변화를 모색해야 할 것이다. 현재 우리나라에서 진행되고 있는 지역사회개발 정책들(농산어촌개발사업, 도시재생사업, 기타 마을만들기 등) 중 마을만들기사업의 관점에서 중개, 격려 및 결연의 연계적 가치사슬 역할 개념으로 설명하면 다음과 같다.[12]

❶ 중개(bridging): 지자체가 마을만들기를 위해 가장 먼저 해야 할 일이 정보교환의 '장'을 제공하여 마을만들기의 싹을 틔우는 일이다. 마을만들기는 지역주민을 중심으로 우리 마을은 우리 스스로 가꾼다는 작은 비즈니스적 철학에서 출발한다. 그러나 문제의식과 열정은 있으나 전문성과 정보 부족으로 싹을 틔우지 못하는 경우가 많아 이를 촉진 발아시키기 위

12 이상의 내용은 호소우치 노부타카 저「지역사회를 건강하게 만드는 커뮤니티 비즈니스」. 박혜연·이상현 역 2007의 내용을 일부 수정하여 정리한 것이다.

해서는 행정의 적극적인 '중개' 역할이 요구되고 있다.

② 촉진과 격려(encouraging): 마을지도자를 중심으로 사업추진위원회를 구성했지만 경험부족으로 부딪히게 되는 '벽'은 너무나 두텁다. 이를 넘어설 수 있도록 용기와 격려가 필요하다. 지방정부가 직접 관여할 수도 있지만 마을만들기의 본질을 고수한다는 점에서 교육과 학습을 통해 지도자를 양성하는 것이다. 마을만들기 구성원들을 촉진하고 격려할 수 있는 마을리더 육성이 중요하다. 이러한 학습을 통해 마을의 대소 문제를 해결하고, 쟁점들을 교통정리 할 수 있는 이른바 '촉진자'(facilitator)를 양성하는 것이다. 촉진자가 많이 양성되어 지자체내의 각지에서 활동하게 되면, 전 지역을 통해 마을만들기의 주체가 양적으로 증대하면서, 커뮤니티를 기반으로 마을만들기가 확산될 것이다.

③ 결연(engagement): 이렇게 싹을 틔우고 영양을 줌으로써 마을만들기는 더욱 성장할 것이며, 이쯤 되면 마을만들기의 주체들도 자립하여 착실히 지역문제를 해결해 나가게 될 것이다. 그런데 마을만들기는 결코 지역 안에서 폐쇄적으로 행할 것이 아니라 넓은 시야를 가질 필요가 있다. 다양한 사례 경험을 다른 지자체와 공유하고, 가까운 장래에 커뮤니티에 발생할 수 있는 문제에 관해 다른 지자체의 실천사례를 학습함으로써 시행착오를 줄일 수 있다. 특히 마을만들기 사업이 종료되고 나면 지속적인 유지관리의 차원에서 다른 사업과 연계하고 확산의 차원에서 이웃 마을과 연계시켜 주는 '결연' 역할을 지방정부가 해주어야 할 것이다. 농촌마을만들기의 경우에는 농산물 판매나 농촌체험학습 활성화를 위해 도시지역과의 결연도 중요하다.

이와 같이 지방자치단체는 스스로 주체가 되기보다는 주민과 마을리더 중심으로 진행되도록 간접적으로 움직이는 꿀벌 같은 활동을 지방정부가 해줌으로써 마을만들기가 더욱 활성화되어 지역 전체의 힘이 증대될 것이다. 광주 북구 문화동 문화마을만들기는 지자체의 이러한 역할이 잘 반영된 성공적인 사례이다. 이 사례의 경우 지방정부가 강력한 관리자(manager) 혹은 브로커(broker)의 역할을 수행하면서 다양한 이해관계자들을 전략적으로 관계시켜 네트워크를 형성 하였고, 이를 통해 마을 내외부의 인적 물적 자원을 효과적으로 동원할 수 있었다.

2) 일반행정기관

커뮤니티 기반 지역개발사업이 주민중심으로 이루어지는 것은 사실이나 사업예산 확보와 지원 그리고 갈등관리 및 조정 등을 위한 행정기관의 역할을 간과할 수는 없다. 크게 보면 지역사회개발사업의 기획과 집행의 행정업무를 관장하는 행정부서의 역할을 의미한다. 다시 말해 사업과 관련하여 행정부서들간 원활한 업무 협조와 조정의 역할을 하는 것이다. 지역사회개발사업은 아동 및 노인복지, 빈곤퇴치와 같은 단일 사업도 있지만 마을만들기와 도시재생사업과 같은 종합개발사업의 경우 계획과 집행, 사후관리까지 복잡하고 장기간에 걸쳐 진행된다. 더구나 주민자치 기반이 약하고 주민역량과 자발적 참여의식마저 낮은 우리의 경우 행정부서들의 지원은 필수적이다.

지역사회개발 사업은 다양한 건조 시설물(HW)과 지역역량 및 공동체 활성화의 소프트웨어 사업이 혼용되어 있어 여러 행정부서의 참여와 협조 없이는 사업집행이 불가능한 사업이다. 전담부서의 설립도 중요하지만 그 조직의 역할범위와 책임 확립은 더더욱 중요한 사안이다. 전담부서는 전략적 기획 역할의 차원을 넘어 집행의 사업부서로서의 권한과 책임이 뒤따를 때 중개, 격려 그리고 결연의 세 역할 가치를 실현하기가 용이할 것이다.

2. 지방의회의 역할

1) 지방의회의 개요

기관대립주의 원칙을 따르는 우리나라의 지방의회는 집행부를 견제하면서 주민수요에 부응하는 주요 정책(법률 및 사업)들을 결정하며 행정사무의 조사 및 감사기능을 수행한다.[13] 따라서 지방의회는 지방자치단체의 주요 의사를 결정 하는 주민대표 기관으로서의 지위를 가진다. 주민이 지방행정에 직접 참여하지 못하고 대표자를 선출하여 행정에 참여하는 대의제에 의한 간접참여 정치에 있어서 주민의 대표기능을 담당하는 기관이다.

지방의회의 주요 의결사항(「지방자치법」 제39조제1항)은 ①조례의 제정과 개폐, ②예산의 심의·확정, ③결산의 승인, ④법령에 규정된 것을 제외한 사용료, 수수료, 분담금, 지방세 또는 가입금의 부과와 징수, ⑤기금의 설치·운용, ⑥중요재산의 취득·처분, ⑦공공시설의 설치·처분, ⑧법령과 조례에 규정된 것을 제외한 예산외 의무부담이나 권리의 포기, ⑨청원의 수리와 처리, ⑩외국 지방자치단체와의 교류협력에 관한 사항 등을 포함한다.

2) 지방의회의 지역사회개발 역할

지역사회개발에서 지방의회는 집행부의 관련 사업의 운영과 집행에 대해 견제하면서 협력적 기능을 수행한다. 나아가서는 지역공동체를 위해 발전적이고 주민수요의 편에서 집행부와 주민과는 수평적 협력관계를 형성하고 있는 주민대의기관으로서 주민자치의 토대를 만들어주는 중요한 위치에 있다. 따라서 지방의회는 마을만들기를 위한 행·재정 지원자이면서 조정 및 협력자이며 또한 주민들의 이익대표자로서 협력적 로컬거버넌스의 한 축을 맡고 있다.

하지만 현실적으로는 지역사회에서 다양한 이해관계를 충실히 반영해 내거나 합리적 결정을 이끌어내지도 조정 역할을 담당하지도 못하고 있는 것도 사실이다. 이는 우리나라 지방자치의 짧은 역사도 문제이지만 지역사회개발을 위한 지방의회의 역할 모델이 불분명한 것에도 원인이 있을 것이다. 지역사회개발에 대한 지방의원들의 전문성 부족 하에서 로컬거버넌스 구축의 중심 주

13 지방차치단체 주민의 부담, 조례제정, 단체운영 등에 관한 전반적인 정책을 심의하여 최종적으로 결정한다. 또한 지방차치단체의 법령이라 할 수 있는 조례의 제정과 개폐 등 의회의 가장 기본적인 기능인 자치입법기관으로서의 지위를 가진다. 그러나 우리나라 지방의회의 의결권의 범위는 제한적 열거주의에 따라 법령이나 조례에서 규정되지 아니한 사항에 대해서는 의회의 의결대상에서 제외된다.

체로서의 역할에 한계를 보이고 있다.

주민주도의 마을만들기와 로컬거버넌스의 한 축으로서의 역할을 다하기 위해서는 지역내 다양한 학습활동 및 토론과 합의의 문화적 풍토를 만드는 등 내부 주체 역량을 강화하여 마을만들기의 지속적 발전 방향에 대한 합의를 형성해 나가는 것이 중요하다. 지방의원들은 마을주민들의 목소리를 가장 가까이서 자주 들을 수밖에 없고 또 4년마다 다가오는 선거에 민감할 수밖에 없기 때문에 이런 문화적 풍토 개선 없이는 올바른 지방의회 활동을 전개할 수 없을 것이다.

주민대표기관으로서 주민의 편에서 그리고 집행부의 동반자로서 마을만들기를 위해 지방의회의 고유권한을 최대한 활용할 필요가 있고, 특히 지방의회는 행정 예산을 심의하기도 하면서 동시에 독자 예산을 가지고 있고 사무직원도 별도로 있어 독자적으로 사업을 추진할 수 있는 방법도 적지 않다.

제4절 지역대학과 지역사회개발

1. 지역대학 역할 증대의 배경

도시 및 지역의 역동적 발전을 위해 대학은 다른 참여자들이 갖고 있지 않은 자원들을 보유하고 있다. 이러한 이유로 인해 지역대학은 지역사회개발 정책에 있어 핵심적인 참여자로서 역할을 수행한다.

일반적으로 대학의 존재 목적과 역할은 무수하다. 지속적인 교육, 연구, 봉사활동이 대표적이라고 하겠다. 이 가운데 지역사회 발전의 측면에서 중요시되는 것 중의 하나가 지역사회 구성원으로서의 지역대학의 유무형적인 역할이다. 즉 지역발전을 위한 정책파트너로서의 역할이다. 지식정보화 사회에서는 무엇보다 교수 등 전문가의 역할이 중요하다. 대학이 보유하고 있는 인적 자원은 지역사회의 미래를 위해 다양한 지식과 정보 가치를 제공할 수 있다. 이를 위해선 지역과 대학의 정책적 협력이 가장 중요하며, 이야 말로 사회발전을 이룰 수 있는 지름길이다. 또한 시대 조류에 맞는 지역연구와 교육프로그램을 개발하여 지역사회와 상생 협력의 관계를 구축하는 것은 지역대학 자체의 발전을 위하는 길이기도 하다.

2. 지역대학의 역할

1) 지역사회개발 추진 주체

최근 도시 및 지역재생과 관련된 각종 사업들에 있어서 지역대학들이 주요 추진 주체로서 주도적인 역할을 수행하고 있다. 지속적인 지역재생의 추진을 위해서는 지역에 있는 다양한 주체들의 자발적이고 적극적인 참여를 통한 상향식 추진 방식이 요구되고 있으나 지금껏 주로 정부 주도의 사업 추진으로 인하여 민간 주도로의 전환에 많은 한계를 가지고 있어, 이에 대한 대안으로서 지역대학의 전문성이 강조되고 있는 것이다.

이러한 활동과정에서 대학은 교육적 효과를 거둘 수 있다. 예컨대 지역커뮤니티센터 운영에 직접 참가하고 있는 학생들이 지역주민들과의 교류를 통해 무엇보다 지역과 지역사회에 대한 관심이 생기게 되고, 지역문제에 대한 이해를 고취시켜 적극적인 해결을 위한 노력을 펼치게 되었다는 점이다. 이는 향후 자신이 살고 있는 지역과 지역사회에서 활약할 인재 양성되어진다는 점에서 큰 의의가 있다.

2) 산학협력의 주체

지역대학의 측면에서는 산학협력에 기초한 지역재생이 대학이 개혁과 혁신의 대처에 있어서 매우 중요한 과제가 되고 있다. 학생 수의 감소와 지역에 대한 국가적 지원이 감소함에 따라 대학이 입지하고 있는 지역에 대한 대학의 존재의의를 설명하고, 지역과 창조적인 관계를 맺는 것이 대학과 지역사회의 미래를 결정하는 중요한 과제로서 대학은 물론이고 지역사회가 이를 분명하게 인

사례 일본 후쿠이대학의 산학협력

후쿠이시 후쿠이대학은 상학(商學)협력으로 대학인근에 있는 타와라마치(田原町)상점가의 활성화를 위한 방안을 2000년대 초반부터 모색·검토해 왔다(小川雅人, 2013). 타와라마치상점가 활성화를 위해 2003년 10월에 '상점가활성화 사업책정위원회'를 학생7명, 상점가관계자 9명, 외부자문위원 3명으로 구성하여 발족하였다. 이 위원회는 월 2회의 주기로 개최되어 상점가의 실태와 요구되어지는 기능에 대해 조사하고, 빈 점포 활용 방안 등에 대해서 다양한 각도에서 논의하였다.

후쿠이대학은 상점가 활성화 논의의 일환으로 상점가의 빈 점포에 상점가진흥조합·타와라마치 디자인회의(시민단체)와 협력하여, 상점가의 빈 점포에 지역커뮤니티센터인 '타와라야(たわら屋)'를 2004년부터 설치·운영하고 있다. 센터는 20평 규모로 후쿠이대학 학생들이 항상 상주하며 운영하고 있다. 학생들은 센터를 중심으로 하여 적극적으로 상점가 이벤트에 참가·협력하며, 학생들 독자적으로 이벤트를 기획·운영하기도 한다.

이와 같은 산학협력사업의 지역경제에 있어서의 성과로는, 후쿠이대학의 상학협력이 지역 상점가에 학생들의 참신한 아이디어와 적극적인 참여를 통해 경영개선, 상점가안내, 정보발신 등의 다양한 시도가 이루어지게 함에 따라 지역상점가 활성화에 기여하고 있다는 점이다. 특히 학생들이 중심이 되어 운영하고 있는 지역커뮤니티센터는 상점가 활성화를 위한 거점 시설로서, 학생·지역주민·상점주가 모이는 장소 및 교류의 기회를 제공하며 지역교류의 거점으로서도 역할을 하고 있다.

식할 필요가 있다. 이에 따라 대학이 지역과 함께 발전해 가기 위해서는 대학이 가지고 있는 인적·물적·지적 자원을 활용한 산학협력을 통해 지역사회에 봉사하고 지역발전을 기여해야 할 것이 강조되고 있다(장후은·이종호, 2015). 이는 대학이 지역경제에 도움을 줄 수 있는 창의적인 조력자 역할의 중심에 위치하고 있음을 의미하고 있다. 대학에 산재해 있는 풍부한 연구자원과 기자재를 지역사회에 제공함으로써 산학협력 기반을 조성한다.

3) 지역사회개발의 창의적 조력자

지역사회개발을 위한 창의적인 파트너로서의 역할에는 비전 제사자와 중재자로서의 역할로 나눌 수 있다.

첫째, 지역브랜드 구축을 위한 비전 제시자로서의 역할이다. 지역사회개발 주체로서의 대학은 다양한 참여주체들 간의 네트워크 형성을 위한 코디네이터 역할을 수행한다. 지역대학이 지역 주체들의 문제의식을 환기시키고 공유하도록 하는 기폭제로서의 역할을 수행하고 있으며, 특히 산학협력을 통해 지역 주체들이 문제해결을 위한 구체적인 방안을 스스로 강구할 수 있도록 하는 자립역량을 강화키는 데에 의의가 크다. 산학협력을 통해 지역커뮤니티를 복원하고 있으며, 학생주도의 운영을 통해 활동이 유지되기 위한 수입을 올릴 수 있는 커뮤니티 비즈니스(마을기업)도 운영하고 있어, 지역대학이 지역커뮤니티 복원의 창조자요 매개자로서 지속가능한 지역공동체를 배양시키고 있다. 이러한 과정에서 대학은 공공성은 물론 능률성을 극대화시키는 전략적 기반을 수립하고 집행함으로써 기업가적(entrepreneurial university) 대학으로서의 면모를 보여 준다. 신자유주의적 어바니즘(neoliberal urbanism)의 맥락에서 보면 대학이 새로운 도시재개발업자로 거듭나고 있다는 것이다(Hackworth, 2007; Bose, 2015).

두 번째는 중재자로서의 역할이다. 지역대학은 지역사회개발을 위한 인문, 사회, 산업 및 경영 등 여러 분야에서 우수한 인력을 확보하고 있으며 지역사회를 가장 잘 아는 집단이다. 따라서 지역의 구성원으로서 지역을 위한 근본적인 대책을 도출해 낼 수 있는 주체로서 지역주민과 지방정부 등 다양한 지역개발 참여자들과 소통할 수 있는 중재자의 위치에 있다. 예컨대 지역대학은 산학협력을 통해 지역재생을 가능하게 하는 촉발자가 되며 핵심적인 연결고리이자 최종 실천자가 된다.

일본의 경우는 지역분권화의 흐름 속에서 대학의 지역사회 공헌기능이 강조됨에 따라, '대학과 지역 간 연계에 의한 마을만들기'가 전국적으로 확대되는 추세에 있다. 국가적인 차원에서 2005년부터 총리실 산하 도시재생본부를 통해 '대학과 지역의 연계협동에 의한 도시재생의 추진' 등 다양한 분야에서 협력적 사업이 추진되고 있다(장후은·이종호, 2015).

4) 지역공동체 구축과 민주주의 발전의 선봉자

대학 자체가 지역사회에서 핵심 자산이며 민주주의 원리를 발전시키고 민주적 과정을 강화시키는 주요 자원으로서의 역할을 한다. 민주주의 발전과 관련해서는 오랜 동안 대학교수와 학생들은 개인 또는 집단적으로 아이디어 제공에서부터 실천에 이르기까지 폭넓게 활동해 왔다. 지역사회와 함께하는 것은 지역대학의 전략적 수단이며 이는 민주주의 이념을 현실화시키는 기회로서 대학 본연의 임무라 할 수 있다(Staley, 2013).

이러한 민주주의 촉진자로서의 대학의 역할은 지역사회 차원에서도 지역주민 참여를 유도하고 사회문화, 산업, 교육 등 다양한 분야에서 공동체 구축의 구심점이 되어 왔다. 독립적으로 활동하거나 지역사회 공·사 조직들과 연대를 구축하는 등 다양한 방법으로 참여하고 있다. 21세기 지식 선도자로서 그리고 지역사회발전의 창도자로서의 역할은 단순한 참여를 넘어 임무(mission)로서의 책임을 다하고 있으며, 또한 그렇게 할 때 지역공동체 구성원은 물론 지역대학으로서의 정체성을 확립할 수 있을 것이다.

3. 대학자원과 지역사회발전 간 다차원적 관계

지역개발의 측면에서 대학은 물리적 인프라 구축, 인적자원개발, 지역경제발전 그리고 시민사회 역량 등 다양한 차원에 있어서 중요한 역할을 수행하고 있다. 물리적 인프라와 관련한 외부 및 가시적 효과로서는 지역사회개발에 있어서 토지 및 공간계획 전문가로서 참여할 뿐 아니라 지역 및 도시재생을 통한 낙후지역 발전 전문가로서 기여하고 있다. 그 외 지역의 어메니티와 지역적 매력과 호감을 향상시키는 함축적인 역할을 하고 있다. 또한 대학은 지역사회에 인적 및 재정자원은 물론 보건 및 복지시설 그리고 도서관 등의 공공재화를 공급하며, 대학의 고용창출은 지역에 따라서는 가장 중요한 지역경제 효과를 발휘하기도 한다. 그러나 [표 2-4]의 역할차원은 일방향적 영향이라기보다는 상황에 따라 복합적이고 중복되며 차원에 따라 상이하게 나타나기도 한다.

표 2-4 지역개발에 있어서 지역대학의 역할차원과 효과

역할차원	외부적 효과	함축적 효과
물리적 인프라	•지역(사회)개발 전문기능 -부동산 개발 -토지이용 재분류 -사회 인프라 및 지식공간(과학/기술 공원, ICT 등) 설비 -도시 및 지역재생	•지역 호감도 및 어메니티 확립 -각 종 인프라 설비 유도 -문화 및 체육시설 -녹생공간 설비 -지역 내 자산가치의 향상
인적자원 개발	•훈련과 전문화 -전략적 분야 전문인 양성 -전문 직업 훈련 -대학생의 현장학습 및 활용 -지식 직업인들의 순환	•역동적 인구이동 -인구변화 유도 -사회적 유동성 -공간적 유동성 -학습된 인력 증대
지역경제 발전	•지역혁신자로서의 기능 -지역기업으로의 지식 이전 -창업 인큐베이터 -지식집약적인 서비스 제공 -지식클러스터 구축: R&D 기업의 유도, 영역적 개발의 통합	•지역경제 활성화 -소득원의 창출 (지역 고용자로서의 대학) -지역 생산자(공급자)들의 활성화 (기업 고객으로서의 대학) -대학수요에 부응하는 신종기업의 설립 -대학 전문성(특화)에 대응하는 기업의 유도
시민 사회참여	•대학의 사회적 참여 -지역정책 자문 및 연구 -사회문제해결(교육, 빈곤, 보건복지 등) -커뮤니티 역량강화	•사회·문화적 자본 구축 -지역사회개발 시민역량 강화 -시민참여 증대 -강력한 사회적 네트워크 구축

출처: Fernández-Esquinas, Manuel & Hugo Pinto. 2014: 1470.

따라서 [그림 2-3]은 지역사회개발의 핵심 주체이자 참여자로서 지역대학의 역할차원에서 각 분야에 대한 상호 영향력을 통합적인 관점에서 보여주고 있다. 이 그림에 따르면 물리적 인프라와 인적자원 관계에 있어 어떤 시설은 창조적 인력 양성을 가능하게 하고 교육받은 인력을 통해 지역발전을 위한 공간을 합리적이고 지속가능하게 활용할 수 있게 된다. 또한 시설 인프라는 지역경제 기초와 밀접한 관계를 가지며 기업과 외부 시장을 연결시켜주며 기업유치와 투자를 촉진시키기도 한다. 마찬가지로 기업의 존재는 그러한 시설을 지원하기 위한 재정기반을 구축하는 데 필수적이다. 경제구조 역시 인적자원 개발과 밀접한 연결고리를 형성한다. 기업입지는 지역의 생산과정에 유용한 기술인력 공급의 기반이 되고, 어떤 기업은 전문적이고 고급기술을 가진 인력의 경력전반을 제공하기도 한다. 대학의 시민 및 사회적 차원에서 보면 양질의 인력

은 공공이슈에 대해 보다 책임 있는 행동을 보여주며, 시민제안은 사회적 이슈에 대한 기업의 책임성을 촉진하고 커뮤니티에 중요한 사회적 욕구에 대한 지식을 응용하는 보다 나은 방법이 되기도 한다(Fernández-Esquinas, Manuel & Hugo Pinto. 2014).

지역대학의 이러한 다차원적 역할의 관점에서 보다 혁신적인 지역개발을 위해 상이한 제도적 분야의 참여자들과 상호작용을 강화시킬 필요가 있다. 예컨대 이 장에서 소개한 지역사회개발의 다양한 참여자(주민, 지방정부, 전문가 조직 등)간의 공동체 구축은 에츠코위츠와 랜가(Etzkowitz and Ranga, 2010)가 명명한 '합의적 공간(consensus spaces)'으로 발전하게 될 것이며, 혹자는 이를 '영역개발제휴(territorial development coalitions)' (Asheim & Coenen, 2005)라고 부르고 있다.

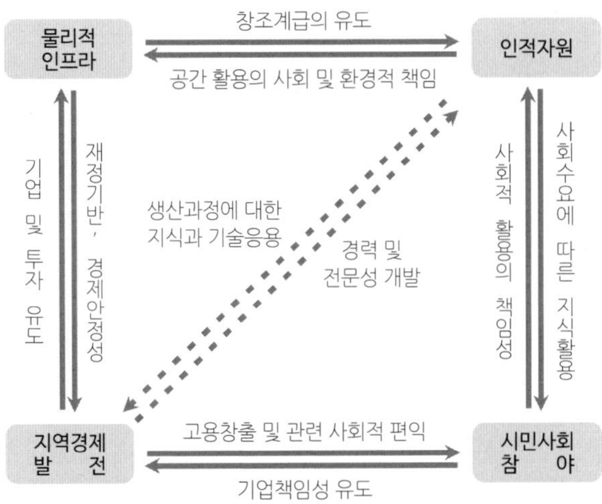

그림 2-3 대학과 지역사회개발: 다차원적 역할관계
(출처: Fernández-Esquinas, Manuel & Hugo Pinto. 2014: 1478.)

제3장

지역사회 개발의 자원

제1절 지역사회개발 자원의 개요
제2절 사회적 자본과 지역공동체 구축

제3장 지역사회개발의 자원

제1절 지역사회개발 자원의 개요

1. 지역사회개발 자원의 개념과 중요성

1) 개념과 특성

사전에서는 자원(resources)을 인간생활 및 경제생산에 이용되는 인적·물적 및 유·무형의 원료를 총칭하는 개념으로 규정하고 있다. 자원을 이렇게 이해한다면 지역사회에는 다양한 자원이 수없이 존재하고 있을 것이다. 대표적인 것으로는 건물, 도로 등의 사회간접자본, 강, 바다, 산림, 농촌경관 등의 자연자원 그리고 예술가, 과학자 기타 여러 분야의 전문가들을 포함한 인적자원이 있으며, 그 외 유무형의 다양한 역사문화자원들이 있다.

지역에 산재해 있는 이러한 자원들은 1차산업에서부터 가공, 유통, 문화산업에 이르기까지 다양한 산업영역에 걸쳐 파급효과를 만들어 내고, 일자리 창출의 원천이 되기도 한다. 따라서 이들 지역자원의 발굴과 활용은 지역개발 및 경제 활성화에 중요한 역할을 하고 있다. '지역자원을 개발한다'는 것은 발굴된 고유의 지역자원을 체계적으로 보전하거나 관리하는 것에 의미를 넘어서, 유·무형의 지역자원을 다양한 콘텐츠로 가공하여 수익을 얻을 수 있는 수단으로 자원화 시키는 적극적인 의미를 내포하고 있다(강인호 외, 2014:79).

이들 자원 중 특히 '지역 고유의 생활이 반영된 전통 문화유산이나 지역고유의 산물'을 일컬어 '향토자원, '마을자원', '지역고유자원' 및 '지역공동체자원'

등으로 부르고 있으며, 이들 자원들은 지역사회 발전을 위한 전략과 계획을 세우는데 활용되고 있다. 구체적으로는 지역 고유의 자연경관, 생태자원, 역사문화유적, 전통유산과 산업, 특화 작물 등으로서 비대체성, 배태성, 전통성을 갖고 있으며 내생적 지역사회발전 자원으로서 활용 가치가 높다고 할 수 있다. 비대체성은 특정한 지역을 제외한 다른 지역에서는 존재하지 않는 속성, 지역적 편재(偏在)성을 지칭한다. 어디서나 존재하는 자원이라고 한다면 차별성이 없어 가치가 떨어지기 때문이다. 배태성(背胎性)은 특정한 지역의 역사나 문화, 삶 등에 체화된 속성을 지칭한다. 이것은 향토자원이 특정한 지역에 뿌리내리고 존속되어 올 수 있는 착근의 근거로써 특정지역의 생활습관이나 전통기술, 삶 등 향토자원의 전승과 발전의 토대가 되는 특수한 지역적 환경이라고 하겠다. 전통성은 특정 지역사회에서 상당 기간 체득, 계승되어 온 속성을 지칭한다. 독특한 생활양식이나 관습, 기술, 조업방식 등에 내재해 전해 오는 역사성을 의미한다(김현호·한표환, 2004). 그 외에도 지역사회 고유자원은 다음과 같은 특성을 갖고 있다(金子郁容, 2010; 한경수, 1999 재인용).

첫째, 지역사회 자원은 고정적인 성격을 갖고 있다. 토지, 물, 산림, 경관 등의 자연자원을 들 수 있는데, 이들 자원은 지역 간 이동이 불가능한 고정성 때문에 이들을 일정한 장소에서 어떻게 보전하고 이용해야 하는지가 중요한 과제이다. 따라서 커뮤니티중심의 지역개발은 고정적인 이들 자원을 있는 그대로 제 위치에서 활용 가치를 높이는 지속가능한 개발에 관심을 가져야 할 것이다.

둘째, 지역사회 자원은 상호간의 연쇄성이 강하다. 농촌지역의 경우 특히, 지역 주민들이 자연 생태계를 구성하는 하나의 요소이고, 만약 자연 생태계의 일부가 파괴되면 인간의 생존을 위협하는 결과를 초래할 수 있기 때문에 지역자원의 활용과 관리에 세심한 주의가 요구된다고 하였다.

셋째, 지역사회 자원은 비시장성(non-market)의 특성을 갖고 있다. 토지, 물, 산림 등의 자연자원과 기타 인공시설들은 시장체계만으로는 적절한 이용관리가 어렵다는 것이다. 따라서 이들 자원의 적절한 이용과 관리를 위해서는 공적기관의 역할이나, 지역 내 자원관리조직의 역할이 중요하다.

이 외에 2절에서 다루고 있는 사회적 자본은 특히 주민중심의 내생적 지역사회(공동체) 개발의 중요한 자원으로 역할을 하고 있다. 이는 지역공동체 내에서 사회적 관계, 신뢰, 네트워크 및 규범 등을 결집시키는데 있어 핵심적인 자원이다(Hustedde, 2009).

2) 지역사회 자원개발 접근방식의 중요성

지역사회 내 고유자산을 분석하고 이를 지역사회 개발에 활용하는 것은 중요한 의미를 갖고 있다. 지역사회개발은 특히 쇠퇴 또는 침체지역을 대상으로 필요한 사회·경제적 욕구를 외부에서 조달하는 종전의 개발 방식에서 탈피하여 해당 지역 내 가치 있는 자원과 자산(assets)을 발굴·활용하여 주민과 지역 스스로 자생적이고 자발적인 발전을 이룩하자는 데 있다. [Box 3-1]과 같이 역사문화 자원을 활용한 리버풀의 도시재생 사업은 대표적인 성공사례라 할 수 있다.

BOX 3-1 리버풀의 도시재생 성공사례

리버풀의 재생이 괄목할 만한 성공을 이끈 배경이자 핵심요소가 된 것은 바로 오랜 세월을 통해 축적되어 온 도시의 역사문화적 환경이었다. 유네스코가 인정한 리버풀의 역사적 건축물과 경관이 최근 새로운 랜드마크와 상징적 건축물을 세우려는 민간 주도의 사업으로 인해 훼손될 수 있다는 우려와 비판이 일고 있다. 이러한 사례는 리버풀 워터스(Liverpool Waters) 사업에서도 볼 수 있는데 유네스코로부터 리버풀의 역사문화 환경을 훼손할 수 있는 위험한 계획이라는 지적을 받았다. 즉, 미래도시를 향한 큰 도전에 나선 리버풀 시당국은 민간자본(Peel Group)을 통해 이 사업을 적극적으로 추진하려하였으나, 기존 역사문화 유산의 보존 및 가치에 부정적인 영향을 줄 수 있다는 문제점이 지적되었다. 따라서 역사문화 자산을 통해 도시재생 사업이 성공한 만큼 도시의 지속가능한 성장을 위해서는 리버풀만의 독특한 역사문화와 도시정체성을 유지 및 강화시킬 수 있도록 신규 재생사업을 계획적으로 관리할 수있도록 노력해야 할 것이다. 왜냐하면 지금까지 리버풀의 도시재생은 '역사문화 유산 주도의 재생에 대한모범적인 사례지역'이라 할 수 있어, 지역성 및 정체성과 배치되는 과도한 재생방식은 역사문화도시라는이미지에 부정적인 영향을 미치고 지속가능한 발전을 어렵게 만들 수 있기 때문이다.

(출처: 이왕건 외. 2017. 리버풀의 도시재생 성공방정식: 72)

이러한 지역사회 고유의 자원을 활용한 지역사회개발 방식의 강점은 주민과 마을지도자들이 지역과 주민의 삶을 개선하기 위해 할 수 있는 일에 대해 보다 긍정적으로 생각할 수 있다는 점이다. 이러한 의미에서 지역사회 자원 중심의 접근방법은 지역의 부족한 자원이나 문제들을 다루는 것이 아니리 그 지역사회의 강점들과 지역의 고유자원들에 초점을 두면서 커뮤니티와 함께 하는 아래로부터의 지역개발 방식이다.

다시 말해 지역사회의 결핍과 문제점을 찾으려면 언제든지 찾을 수 있을 것이고, 그러면 지역사회는 문제점으로 얼룩진 모습만 보게 될 것이다. 반대로 지역사회를 성공적인 모습으로 그리게 되면 지역사회는 그렇게 발전하게 될 것이다. 반 이상이나 비어있는 유리잔의 의미는 지역사회는 부족하고 많은 문제점을 안고 있다는 것으로 표현될 것이다. 그러나 반 이상이 차있는 유리잔으로부터 지역사회는 많은 강점, 능력, 그리고 자원을 갖고 있는 것으로 해석되어 질 것이다. 따라서 누구와 함께 일을 하도록 해주는 상황은 반 이상이나 빈 유리컵이 아니라 반 이나 가득 찬 유리컵이라는 점이다. 어떤 상황에 따라서 기회가 될 수 있고, 또는 근심이 될 수도 있다는 말이다. 우리가 소속되어 생활하고 있는 지역사회(공동체)의 현상을 낙관적으로 보느냐 비관적으로 보느냐에 따라 문제해결의 실마리가 달라진다는 것이다.

크레츠만과 맥나이트(Kretzmann·McKnight, 1993)는 이를 지역고유자산기반의 커뮤니티 개발(assets based community development: ABCD) 방식이라고 하였다. ABCD 접근법은 지역사회 변화 과정의 근간을 이루는 강력한 토대를 제공하지만 지역상황

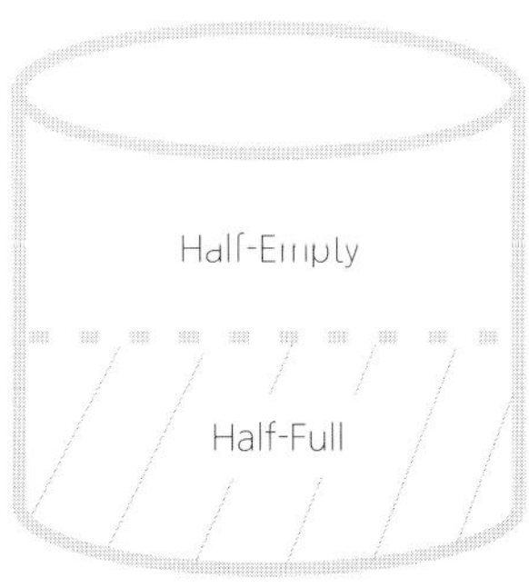

에 따라 지역사회 단체와 협력 할 때 다양한 다른 기술과 방법론으로도 활용되고 있다. ABCD는 1990년대 초반에서 시작된 활동으로서 지역의 지속가능한 발전을 위하여 지역 내에 존재하는 다양한 인적, 물적 자원을 최대한으로 발굴해 내고 활용하여 지역공동체의 역량을 강화시키는 공동체적 개발 방식이다 (Kretzmann & McKnight, 1993; McKnight, 1995; McKnight & Block, 2010).

여기서 강조되는 것은 지역의 강점은 물론이고 낙후되고 소외된 부분으로 여겨졌던 요인들이 지역에 기여할 수 있는 방법을 찾고 동기 유발하는 것으로 정부나 기업 등 외부의 지원보다 내부적인 역량개발에 초점을 맞추는 태도이다. ABCD 접근은 미국에서 1980년대 이후 정부나 시장과의 연계가 강화되면서 지역사회 발전에 대해 지역역량 지역자원의 중요성이 과소평가되는 문제시각에서 등장한 지역공동체 중심의 대안적인 발전전략으로 주목을 받았다. 지역공동체는 정부나 시장에 의존적인 관계보다 독자적인 발전을 추구하는 것이 바람직하다는 것이 핵심 논리이다.

2. 지역사회개발 자원의 유형과 평가

지역사회개발을 위한 자원으로는 문화적, 인간적, 사회적, 재정적, 건설적, 자연적, 정치적 등 지역 및 주민들의 필요를 충족시키는 데 필요한 다양한 유형의 자본이 있다(Flora & Flora, 2008). 크레츠만과 맥나이트는 지역사회의 자산을 크게 개인, 기관, 그리고 물리적 자산으로 구분한다.

첫째, 자원으로서 개인의 능력은 지역공동체의 구성원들이 갖고 있는 지식, 기술, 재능 등을 말한다. 이러한 개인적 자산에는 성인만 포함되는 것이 아니라 어린이와 청소년도 포함된다. 나아가서 장애인, 저소득층, 노인, 이민자들과 적극적으로 접촉하여 이들이 갖고 있는 역량을 찾아내는 것도 매우 중요하다. 주된 개인적 자산에는 노동시장에서 널리 활용되는 기술, 개인적 재능, 교육적 배경, 예술적 능력, 의료서비스와 관련된 능력 등이 광범위하게 포함된다.

둘째, 공공기관, 비영리조직, 사회적 기업, 일반기업 등 다양한 민·관 기관들이 지역사회 주요 자산으로서 존재가치를 갖는다. 특히 지역 내의 지방자치단체나 기타 공공기관의 적극적인 참여나 다른 비영리조직과의 연계, 지역 내 기업의 사회적 책임활동 등이 지역사회의 발전에 중요하다. 지역 밖에 존재하는 기관들과 연계를 맺고 의존하기보다 지역과 함께 성장할 수 있는 다양한 기관들의 기여를 이끌어낼 필요가 있다. 지방자치단체, 학교, 경찰, 도서관, 박물관, 종교단체, 이익집단, 사회적 기업 등의 목록을 작성하고 그동안 지역 공동체의 사회적 결속을 다지고 경제적 기회를 포착하는데 적절하게 기여하지 못했던 기관이 있었다면 적극적인 개입을 독려하는 것이 중요하다.

마지막으로 크레츠만과 맥나이트가 강조한 지역공동체 자산은 물리적 자산이다. 그동안 활용되지 못했던 공간이나 사회간접자본, 자연자원 등이 물리적 자산에 포함된다. 공터, 주거지역, 공원, 도로, 학교건물, 공공건물 등 중에서 활용되지 못했던 곳을 발굴하여 공동체의 일에 적극적으로 활용하는 것이 중요하다. 물리적 자산은 지역공동체에 위치한 장소로서 지역의 정체성을 결정하고 공동체 의식을 높일 수 있다. 따라서 사용되지 않고 있던 공간을 스스로 가꾸어 활용하는 것이 지역의 발전에 매우 중요하다.

또 다른 한편에서의 향토자원은 영역자산, 장소자산, 지역부존자원, 향토지적재산 등 다양한 형태로 혼재되어 있는데 크게 4 가지 형태로 구분할 수 있다(김현호·한표환, 2004). 첫째, 향토자원의 형태에 따라 유·무형의 자원으로 나눌 수 있다. 역사·문화유적, 경관이 빼어난 장소, 유명 인사의 생가, 토종 동·식물 등이 유형자원에 속한다. 반면 무형자원은 물리적 실체가 없는 기술이나 지식, 풍속 및 민담, 지역축제, 음악 등이 해당한다.

둘째, 개발주체에 따라서는 지방자치단체가 개발주체가 되는 공공자원, 기업 및 주민과 주민조직이 주체가 되어 개발하는 민간자원 등이다. 근래에는 이러한 주체 유형을 명확히 구분하기 어렵고, 지역사회개발의 성격 상 지역주민, 기업, 지방정부가 협력하여 향토자원을 개발하고 활용하는 경우가 많이 있다.

셋째, 자원의 내용에 따라서는 산업자원, 역사·문화자원, 생태·자연자원으로 구분할 수 있다. 산업적 자원은 산업의 소재가 되거나 상품에 투입되는 등

상품으로서의 가치를 지니는 자원, 역사·문화자원은 역사 및 문화의 소산이 되는 자원, 생태·자연자원은 생태 및 자연적 가치를 지닌 자원이라 하겠다.

이상의 자원들은 어느 지역에서나 보편적으로 산재해 있는 것들로서 중요한 것은 어떻게 평가해서 조합할 것인가이다. 구슬도 잘 꿰어야 보배가 될 수 있다는 의미이다. 우리 마을의 자원들을 평가하는 기준은 사업내용에 따라 차이가 있겠지만 일반적인 평가 포인트로서 다무라 아키라는 ①아름다움, ②스케일, ③특이성, ④경이로움, ⑤재미, ⑥생생한 감동, ⑦기분 좋음, ⑧친숙함, ⑨깊은 맛, ⑩품격, ⑪감동시키는 것을 제시하고 있다(장준호·김선직 역, 2008: 74).

자원조사표를 작성하여 마을자원들을 평가기준에 따라 특성과 장점을 파악하고 나면 자원들을 복합 내지 조화시키는 가치사슬을 만드는 작업을 현장포럼 형식으로 수행한다([그림 5-3참조]). 마을의 가치는 단일의 자원만으로 평가하기 어려우며, 대표자원들을 중심으로 자원가치사슬을 구축하여 적정 사업으로 연결할 수 있는 가능성을 탐색하여 마을만들기 사업의 타당성을 평가한다.

① 현장조사를 위한 주민센터 방문

② 현장조사 수행

③ 자원조사표를 활용한 현장포럼

④ 자원가치사슬 작성

그림 3-1 지역자원조사와 현장포럼

제2절 사회적 자본과 지역공동체 구축

1. 개념 및 유형

지역사회개발을 위해 필요한 자원으로는 자연자원, 인적자원, 물적자원, 금융자원 등 다양한 유형의 자산들이 있으며, 여기에 덧붙여 오늘날 사회적 자본(social capital)이라는 새로운 유형의 자산이 부각되고 있다. 이들 중 앞의 네 가지 자원은 명확하게 정의 될 수 있지만 사회적 자본은 다소 모호하여 사용 용도와 목적에 따라 상이하게 정의되고 있다. "사회적 자본은 협력적 행위를 촉진시켜 사회적 능률성을 향상시킬 수 있는 네트워크의 산물"로 규정되기도 하고(Putnam, Leondardi, and Nanetti, 1993: 167), 최근의 한 연구에서는 "도구적 지원(직업, 고용, 대출 등의 각종 정보 등) 또는 표현적 지원(주거 장만 과정에서 말로써 도움을 받는 것)을 위해 동원될 수 있는 사회적 네트워크 내의 고유 자원"(Foster et als, 2017: 3)으로 규정되기도 한다. 푸트남(Putnam)은 사회적 자본의 핵심 요소를 신뢰와 협력이라고 지적하면서 참여자들의 공유 된 목표를 효과적으로 추구하기 위해 신뢰기반 위에서 함께 행동 할 수 있게 하는 네트워크와 규범으로 규정한다. 종합해 보면 이러한 사회적 자본은 지역공동체 구축의 가장 근본적인 자원이며 사회적 관계형성의 본질적인 요소라 할 수 있다.

여기서 '사회적' 의미는 영속적인 사회적 네트워크를 묘사하고 있다는 점에서 사회적이고 '자본'은 어떤 것을 획득하기 위해 네트워크를 통해 동원될 수 있는 자원에 근접하기 때문에 자본의 의미를 갖는다고 볼 수 있다(Porters, 1998). 이러한 사회적 네트워크는 이웃이나 직장에서 개개인들 간 상호작용의 관계를 유지하는 곳이라면 어디에서나 존재하고 있다.

사회적 자본은 인적자본과 밀접한 관련이 있으나 차이가 있으며 사회적 합의와도 종종 혼동을 일으킬 수 있다. OECD 보고서는 이들을 명확히 구분하고 있다(Cote and Healy, 2001). 인적 자본은 특정의 개인에게 구체화되어 있는 반면에 사회적 자본은 사회적 관계 안에 존재하고 있다. 정치적, 제도적 및 법적 장치들은 이러한 인적 및 사회적 자본이 운영되고 활용될 수 있도록 해주는 규칙 및 제도라고 할 수 있다. 사회적 합의는 신뢰와 규범과 같은 사회적 자본이 형성될 수 있도록 해주는 사회적 환경을 의미하고 사회적 자본 그 자체는 아니다.

사회적 자본은 실질적이면서도 이념적인 성격을 내포하고 있어 명확하고 분명한 의미를 부여하기는 어렵다. 합의된 공통의 규정보다는 연구 분야와 수준 그리고 어디에 초점을 두느냐에 따라 다양하다. 즉 행위자들 간 관계 유지와 그 구조인데, 외부적 관계에 초점을 두면 '가교' 또는 '공동체적'이라고 부르고 있으며 내부적 관계는 '결속' 또는 '연결'의 사회적 자본에 가깝다. 그 외 유사한 분류로서 그 관계가 강한 또는 약한 유대인지, 수평 또는 수직, 개방 또는 폐쇄, 구조적 또는 인지적, 지리적으로 분산 내지 한정된 것인지, 도구적 또는 원칙적인지와 같은 기준에 따라 다를 수도 있다.

결속적 사회자본(bonding capital)은 이미 잘 알고 있는 사람들 간 관계를 더 가깝게 해 주고, 가교적 사회자본(bridging capital)은 이전에 알지 못했던 사람들이나 집단을 함께 묶어주는 교량 역할을 하는 자본이다. 이러한 자본을 통해 더 많은 사람들이 서로 연결되면 더 깊은 신뢰를 형성하고 개별적으로나 집단적으로 서로를 더 잘 믿게 된다는 것이다. 이는 사회적 자본의 강력한 집합적 특성을 반영해 주고 있다. 전자는 공동체 내에서 구성원들 간의 협력 및 집단행동을 촉진하는 반면, 후자는 시장, NGO 및 정부와 같은 외부에 대한 접근성을 향상시킨다. 시장 접근이 소득 기회를 증진시키기 때문에 사회적 자본을 연결하는 것이 세계화 시대의 공동체 발전에 절대적으로 중요하다. 또한 비정부기구(NGO)와 정부가 제공하는 사업들과 서비스가 소득 창출의 중요한 원천이라는 점을 감안할 때, 가교적 사회자본은 그러한 편익을 얻기 위해서라도 증대될 필요가 있다.

2. 사회적 자본의 특성과 중요성

사회적 자본은 지역사회개발 참여자들에게 반드시 요구되는 요소로서 성장지향성과 사회적 책무를 동시에 내포하고 있다. 경쟁적인 시장경제 논리에 지배를 받는 외부 민간투자가들과는 달리 지역사회개발가들은 지역사회 전체의 발전을 위해 노력한다. 이러한 공동체적 발전의 원동력은 참여자들 간 신뢰와 협력 없이는 불가능하다.

다음의 그림에서 보는 바와 같이 산업경제 구조의 패러다임 변화에 따라 오늘날 창조경제 시대의 사회·경제발전의 원동력은 사회자본(social capital)으로서 공동체는 이러한 사회자본이 생성되는 장으로서의 중요성이 크다.

그림 3-2 산업경제 구조의 패러다임 변화

첫째, 사회적 자본은 지역공동체 구축 및 발전의 핵심 자원으로서의 역할이다. [그림 3-3]에서 보는 바와 같이 지역공동체는 공동의 유대감, 사회적 상호작용 및 지리적 영역의 공유 이 세 가지 요소가 어우러질 때 제 기능을 극대화할 수 있다. 이러한 제 요소들을 결합시키고 제 기능을 다하기 위해서는 믿음과 신뢰, 협력과 보완 그리고 공동의 규범 등과 같은 사회적 자본이 매개와 촉진제로서의 역할을 하게 된다. 따라서 사회자본은 지역사회를 유연한 공동체로 간주하여 지역사회의 발전적 역할을 이해하는 데 유용한 개념이라 할 수 있다.

그림 3-3 커뮤니티의 3대 요소

둘째, 사회적 자본의 무제한적 사용가치이다. 돈, 시설, 원료 등과 같은 물질적 자원의 사용은 한정적인 반면에 신뢰와 믿음 그리고 협력 등의 사회적 자본은 쓸수록 그 양은 확대되고 가치는 높아진다. 사회적 자본은 감가상각 비용적 요소를 갖고 있지 않기 때문에 사회적 생산기능을 고려한다면 단기적으로 고정된 투입이지만 장기적이고 다목적용으로 활용 가능한 투입 요소이기도 하다. 예컨대 사회적 관계와 유대감은 지역사회에서 사회적 합의와 집단행동을 촉진하는 자본으로서의 역할을 한다. 그러므로 사회적 자본은 인적, 재정적, 물리적, 정치적, 환경적 차원의 공동체 자본의 발전에 기여하는 자산으로 간주될 수 있다.

셋째, 사회적 자본은 지역공동체 역량(community capacity) 그 자체이다. 지역공동체 역량은 지역사회개발 정책결정자와 실무가 그리고 지역주민 모두의 중요한 관심사이다. 지역사회 역량은 지역사회 공동의 문제를 해결하여 지역사회의 복지를 개선·발전시키기 위해 지역사회 내의 인적자본, 조직자원 및 사회적 자본의 상호작용으로 구축된다. 이러한 지역사회 역량은 비공식적 과정과 조직적인 노력을 통해 작동될 수 있으며, 특히 지역사회개발에 관심을 가진 사람들에게 널리 활용되고 있다. 지역사회 역량은 한 마디로 협력의 힘이다. 따라서 사회적 자본은 개별적으로 쉽게 해결되지 못하는 문제에 대한 실마리를 제공한다는 측면에서 그 중요성이 크다.

[기러기 편대형 협력 모형의 교훈]

- 시속 50~90km, V자형 편대 형성
- 앞서가는 기러기 맞바람과 부딪쳐 소용돌이 상승기류 생성, 뒤쪽에 영향
- 혼자보다 70% 더 멀리 비행
- 매, 독수리 등 천적들의 공격에 소리로써 지치지 않도록 서로 격려
- 선두자리 차례대로 교체

넷째, 사회적 자본은 마을만들기와 같은 주민 중심의 지역개발에 특히 중요하다. 마을만들기는 물량위주의 건축이나 마을정비 사업보다는 문화·역사·환경·소득이 조화된 인간복지 마을을 지향하는 데 있다. 물리적인 개발만으로는 지역공동체로서의 마을을 존속·유지시켜 나가기는 쉽지 않다. 따라서 물적 인프라와 같은 양적 개발과 함께 인간존중, 역사와 문화적 가치의 발견과 같은 질적 개발을 포함하는 종합적 개발이다. 마을만들기사업이 비록 정부의 재정 및 기술적 지원을 받고 있더라도 하향식 지역개발사업과는 거리가 먼 지역공동체 및 지역사회개발의 본질과 이념을 중심으로 전개되는 주민주도의 상향식 개발 사업이다(장준호·김선직 역 2008). 따라서 마을만들기사업의 성공을 위해서는 참여자간 신뢰와 이를 기반으로 하는 지역사회에 대한 주민들의 애착 등의 사회공동체적 요인들이 작용하고 있을 것이다.

3. 사회자본의 형태

1) 참여자 간 신뢰

신뢰는 지역공동체를 구축하고 유지하기 위한 대표적인 사회자본으로서 사회적 시스템 속에서 대인간 관련성의 구조가 관심을 끌면서 사회적 자본이 중요시되었고 몇몇 학자들을 통해 본격적으로 사용되기 시작하였다(Bourdieu, 1986; Coleman, 1988; Putnam, 1993). 신뢰수준의 점수로 보면 우리나라는 저 신뢰사회에 해당한다. 스웨덴이 6.6, 일본 4.4, 미국 3.3, 한국이 2.6으로 스웨덴의 절반 밖에 되지 않는다. 신뢰수준과 사회경제발전의 상관성이 있음을 보여주는 수치다. 재래시장에서 상인들이 어음이나 차용증 없이 신뢰를 통해 거래함으로써 사회적 비용을 줄이고 물류속도를 높여 더 많은 이익을 창출하고 있다는 것도 신뢰의 경제적 가치를 말해 주는 것이다.

신뢰와 같은 사회적 자본 대부분은 '도덕적 자원(moral resources)'의 속성을 갖는데(Hirschman, 2005), 도덕적 자원은 사용하면 할수록 공급량이 증대하고 사용되지 않으면 고갈되는 특성을 지니고 있다. 예컨대 두 사람이 서로에 대하여 믿음을 보이면 보일수록 상호 간 신뢰는 더 두터워진다는 것이다. 이러한 신뢰는 특히 지역공동체 내에서 보다 용이하게 형성되며 공동체 구축의 핵심요소이기도 하다.[1]

마을만들기와 같은 주민중심의 지역사회개발사업에 있어서 시행 주체간의 신뢰는 사업의 성공 정도와 주민만족도를 향상시키는 중요한 요인이 되고 있다(박희봉·김명환, 2000; 유현숙 외, 2006). 왜냐하면 신뢰는 지역사회 구성원 간 상호 책임성을 확립시켜 주며 지역사회 발전의 선행조건이기 때문이다(홍현미라, 2006).

그러나 정부에 대한 신뢰는 다차원적이고 복잡하며 개념적으로 다소 모호할 수 있다. 일반적으로 정부활동에 대한 공공여론은 회의적이고 구체적인 분야에 대한 만족감은 상대적이다. 일반적으로 수혜자인 시민들은 정부로부터 보다 많은 서비스와 지원을 받고자 하면서도 반드시 정부의 신뢰도나 주민 만족도와 일치하는 것은 아니다. Frederickson(1997)은 이를 '거리의 역설'(paradox of distance)로 표현하고 있다. 주민들은 근거리에 있는 정부 관료들을 신뢰하는 반면, 원거리에 있는 정부 관료들은 나태하고, 자격 부족과 무능력 그리고 정직하지 못하다는 인식을 갖게 해준다는 것이다. 정부의 신뢰성은 크게 제도적인 것과 인간적 국면 두 가지로 나뉜다(Christensen and Lagreid, 2005). 제도적 국면은 정부기관과 제도에 대한 신뢰이며 인간적인 차원은 공공기관 구성원, 즉 공무원들에 대한 신뢰도 수준을 의미한다.

2) 주민의 공동체 애착

앞에서 언급하였듯이 신뢰는 지역공동체 구축의 필수 요소이다. 지역사회에 대한 주민애착(community attachment)은 이러한 신뢰 없이는 형성되기 어렵다(Baron, Field and Schuller, 2000). 그러나 신뢰는 사람간의 관계에 초점을 두는 반면 지역애착은 장소에 대한 믿음이라는 측면에서 차이가 있다. 물론 장소의 친근감은 그

---

1 이러한 관점에서 Putnam(2000)은 사회적 자본을 신뢰를 바탕으로 하는 지역공동체 수준에서 생성되는 집합체로 간주하고 있으며, Labonne과 Chase(2011: 348)도 사회적 자본을 지역사회 구성원들이 집합적으로 행동하는 편의성으로 규정하고 있다.

곳에 있는 사람들에 대한 관계로 발전한다는 측면에서 사람들에 대한 친근감과 믿음을 배제할 수는 없다(강신겸·최승담, 2002). 따라서 지역애착은 주민들이 지역사회에 대해 개인적 또는 집단적으로 느끼는 심리적 유대감으로 규정되기도 한다(Altman, 1992). 이러한 지역사회 애착은 지역사회에 대해 느끼는 감정으로서 사회심리학적 측면에서 지역사회에 대한 의존성, 정체성 및 사회적 친분으로 구성되며 특정 장소에 대한 친근감으로 나타난다.

지역사회의 애착은 주민들의 지역사회 활동을 촉진시키고, 나아가 주민만족에도 긍정적인 영향을 미치는 것으로 간주할 때(Theodori, 2004), 주민들 간 신뢰가 반드시 필요한 이유가 될 것이다. 이를 기반으로 한 지역사회 애착이 형성될 때 지역의 가치를 발견하고, 올바르게 평가하는 마을만들기의 실천이 시작되는 것이다. 지역의 가치발견은 먼저 지역과 관련이 있는 사람, 즉 마을 사람들이 마을에 대한 가치를 인정하고 애착을 가져야 한다. 따라서 이 마을에 '살아서 좋다', '살고 싶다'라는 가치를 인정함으로부터 마을만들기는 시작되는 것이다(장준호·김선직 역, 2008).

공동체 애착 개념에 대해 McCool·Martin(1994: 30)은 지역공동체 생활에 대한 사회적 참여와 통합의 정도와 양상, 그리고 지역공동체에 대한 감성 또는 영향을 의미했고, Buttel과 동료 연구자들(1979: 477)은 지역공동체 네트워크에 있어서 소속감 및 참여의 관념적 및 사고적 표현으로 규정하였다.

제4장

지역사회 권력구조와 발전정책

제1절 지역사회 권력의 이해
제2절 지역사회 개발정책의 권력적 접근의 유형

제 4 장 지역사회 권력구조와 발전정책

제 1 절 지역사회 권력의 이해

1. 지역사회 권력의 개념

지역사회 권력을 이해하기 위해서는 우선 지역사회의 개념부터 규정될 필요가 있다. 이 책의 앞부분에서 우리는 지역사회 또는 지역공동체를 일정한 지역중심 사람들의 공유공간이라는 장소적 개념과 특정 공간 내에서의 구성원 간 상호작용의 개념으로 규정하였다. 이 두 가지 개념 중 무엇으로 이해하든지 간에 지역공동체는 하나의 유기체로서 작동되고 있는 것은 사실이다. 여기서 중요한 것은 지역공동체 구성원들 간 상호작용은 그들 공동의 목표를 향해 나아가는 각 자의 크고 작은 다양한 형태의 영향력(또는 권력) 행사라고 할 수 있을 것이다. 따라서 지역사회 내에서 권력이 어떻게 나타나서 전개되며 관리되고 있는지를 이해하는 것은 커뮤니티기반의 지역발전과 정책 및 정책결정 구조를 이해하고 탐구하는 데 중요한 부분이다. 특히 권력의 집중 정도와 의사결정 방식은 권력의 유형과 활용을 이해하는데 필수적이다.

권력에 대한 가장 포괄적이고 보편적인 개념은 무언가를 이룩하고 획득할 수 있는 능력이라 할 수 있다. 막스 베버(Max Weber)는 권력을 다른 사람의 저항에도 자신의 의지를 관철시키는 능력으로 묘사했다. 이를 달리 표현하면 다른 사람의 행동 또는 무행동 선택 능력에 영향을 미칠 수 있는 능력을 의미한다(Beaver & Cohen, 2004). 그러나 실제에서 보면 권력은 권력의 유형과 수준 및 적용

장소에 따라 이러한 개념 정의보다 훨씬 복잡하다.

권력은 영향력의 한 유형으로서 실로 다채로운 의미를 띠고 있다. 정치, 경제, 사회 등 모든 분야의 인간 활동에서부터 자연생태계에 이르기까지 유기체로서 생명력이 존재하는 곳이면 어떤 형태로서든지 영향력을 수반하게 된다. 그것은 모든 유기체의 활동은 상호작용을 통해서 유지되고 있기 때문이다. 권력을 이러한 넓은 의미로 이해할 때, 권력관계는 끊임없는 나선 속에서 발생하는 일종의 교환과정(H. Lasswell, 1948: 4)이라 할 수 있다. 메리암(C. E. Merriam)에 따르면 권력은 집단의 단결력을 조장시키고, 집단의 구성원들을 한 자리에 모이게 할 수 있는 강력한 힘을 소유하고 있으며, 집단의 이익과 효용의 산물이며, 사람들의 사회적 관계에서 필요한 기능을 수행한다(신복용 역, 1987; 36).

러셀(B. Russell)은 권력을 "의도된 효과를 만들어 내는 것"으로 규정하였고, 다알(R. Dahl, 1962)은 "A가 B에게 행사하는 권력이란 만일 A의 개입이 없다면 B가 하지 않게 될 것을 B로 하여금 하도록 할 수 있을 때 나타나는 것이다."라고 하였다. 또한 베버(Max Weber)는 "어느 한 의지가 다른 의지를 지배하는 힘이며, 사회관계 내에서 자신의 의지를 타인의 행태에 강제하는 가능성"이라고 하였다. 다른 사람에게 어떤 효과를 만들어 내는 능력으로서, 결국 권력은 자아와 사회적 타아와의 관계에서 발생한다. 그리고 토니(R. Tawney, 2016)는 "권력이란 상대방의 행위를 자신이 바라는 대로 수정할 수 있는 개인 또는 집단의 능력"이라고 강조한 바 있다.

이상의 권력의 제 개념들은 권력을 다양한 형태의 통제 수단으로 규정하고 있다는 공통적인 특징을 엿볼 수 있다. 그러나 이 책에서는 지역공동체 관점에서 권력을 통제 보다 협력과 합의 및 생산적인 의미의 권력으로 이해할 필요가 있다. 지역공동체의 본질상 권력은 스톤(C. Stone, 1989: 12)이 규정하고 있는 것처럼 사회적 생산(social production)을 수반하고 있기 때문이다.

2. 권력의 일반적 속성과 지역공동체 권력

이러한 권력은 일반적으로 다음과 같은 속성을 갖고 있다(정원식, 2006: 84~85).

첫째, 권력은 의도성(intention)을 갖고 있다. 권력의 행사는 무엇인가를 기대하고 있다는 점에서 의도된 행동이라고 볼 수 있다. 사람들은 다른 사람의 행동을 통제하기도 하고 통제를 받기도 하는, 소위 영향을 주고받는 사회적 작용을 한다. 그리고 그 권력은 일반적인 상호작용이 아니라 다른 사람의 행동을 자신의 의도대로 통제하는 영향력의 행사라고 볼 수 있다. 다른 사람에게 영향을 주고자 하는 의도적 노력은 종종 그들에 대한 의도적 영향은 물론 비의도적인 영향을 생성할 수도 있다. 마찬가지로 잘 알려 져 있지 않거나 또는 비의도적인 영향은 우리들의 감정과 행태를 통제하고자 하는 직접적인 노력보다 훨씬 심오하게 그리고 영속적으로 우리에게 영향을 줄지 모른다. 다알과 린드블롬(Dahl and Lindblom, 1953, 99~104)은 그러한 비의도적인 영향을 "자발적인 영역 통제"라고 부르고 있으며, 고의적 통제형태와 구별하고 있다. 그러나 롱(Wrong, 1979: 4)에 따르면 의도적 영향과 비의도적 영향을 구별하는 자체가 별다른 의미가 없다는 것이다. 병아리들과 춤을 추는 코끼리가 병아리들을 자기 발밑에 놓고 짓밟으려는 의도는 없더라도 병아리들의 운명에 어떻게 영향력을 행사하지 않을 수 있단 말인가?

둘째, 권력의 효과성(effectiveness)으로서, 이는 권력자의 의도한 결과를 의미한다. 권력을 사용하여 상대방의 행태를 변화시키지 못하면 권력이 부족하거나 효과가 없는 것으로 본다. 권력이 제대로 기능하지 못한 것이라 할 수 있다.

셋째, 권력의 잠재성이다. 권력은 타인에게 영향을 주거나 통제하는 능력으로 규정되기도 한다. 통제행위를 수행하는 능력과 실제 수행은 다른 것이다. 능력으로서 고려할 때의 권력은 의향적(dispositional) 개념이다. 권력을 가지고 있는 것과 행사하는 것의 차이는 권력을 의향적인 관점과 우연발생적(episodic)인 관점간의 차이점을 반영하고 있다.[1] 권력은 실재적이기도 하지만 잠재적인 것으로 보이기도 한다. 즉 어떤 사람이 권력자의 명령 없이 권력자의 의도나 희망을 수행할 때, 권력은 행사되는 것이 아니라 소유하는 것으로 보여진다. 이 경우를 프레드리히(Friedrich, 1963: 199~215)는 '예견된 반응의 규칙'(the rule of anticipated reactions)이라 부르고 있다. 따라서 잠재성(latency)이란 권력을 가진 사람이 권력을 굳이 행사하지 않더라도 상대방이 권력의 실체를 지각하고 스스로 권력이 있는 사람의 의도나 기대에 부응하는 행동을 하게 된다. 권력은 예견된 반응을 유발하는 잠재성을 가지고 있다.

이상의 제 견해들을 종합하여 이 책에서는 지역사회 권력을 강제 또는 비강제적으로 다른 사람의 행위를 자신의 의지대로 변화·수정할 수 있게 하는 공동체적 집단 능력이라고 규정한다. 이러한 공동체의 집단적 능력은 커뮤니티 구성원의 개별 또는 개별 능력의 집합으로 나타날 수 있으며 중요한 것은 이러한 능력은 구성원들 간 상호작용 관계를 통해 형성된다는 것이다. 이는 권력을 광의로 해석한 개념으로서 그러한 권력은 의도적 또는 비의도적인 영향력의 행사와 그 정도의 차이가 있을 뿐 지역사회 구성원 누구에게나 주어져 있다.

중요한 것은 지역사회 권력을 누가, 어떻게 활용하는지가 관건이다. 지역사회 권력 역시 인간의 사회생활과 직결되는 것이고 본다면, 실제 사회생활에서 누가 권력을 소유하여 이를 어떻게 활용하고 있는지는 지역사회개발 정책의 결정과 집행에 있어서 주요 관심사가 아닐 수 없다. 지역사회 권력의 소유와 활용은 지역사회의 역사와 문화 정치·행정 그리고 지역사회개발 정책의 유형과 특성에 따라 상이하게 나타난다. 이러한 다양성에 따라 지역사회 권력과 의사결정은 다양한 주체들 간 갈등 또는 합의적 상황의 결과라고 할 수 있는데, 전자는 엘리트주의 후자는 다원주의 관점에서의 접근이다.

---

1 권력에 대한 이 두 관점의 차이는 두 명의 영국 철학자 Hobbes와 Russell의 견해를 반영하고 있다. 예컨대 Hobbes는 권력을 '미래의 명백한 선에 대한 인간의 현재수단'으로 정의하는 반면, Russell은 '의도된 영향의 산물'로 정의한다. Hobbes의 정의에 따르면 인간은 미래의 선을 추구하기 위해 명백하게 권력수단을 소유하게 될 것이라는 점에서 그것은 의향적이며, Russell의 정의는 의도적인 행위능력의 결과라는 점에서 권력은 발생적이라고 할 수 있다(Wrong, 1979: 2).

3. 권력의 주체와 소재

권력은 어디에 그리고 누구에게 있는가? 비록 동어반복이 되겠지만 권력은 집권자에게 있고, 집권자는 권력을 손아귀에 넣은 사람이다. 권력이 무엇이기에 손아귀에 넣으려고 하는가? 다시 처음의 질문으로 되돌아가는 순환적 질문만이 반복될 뿐이다. 이 순환논리의 고리를 끊기 위해 구체적 현실로 눈을 돌려보자. 대한민국의 집권자는 대통령 ○○○라는 개인이다. 그러면 권력은 대통령 개인에게만 있는가? 반드시 그렇지는 않을 것이다. 그러나 대통령 개인에게 정치적으로 불리했고 국민 전체의 입장에서도 그 뉴스 가치가 의심스러웠던 세칭「옷로비 사건」이 한 때 내내 많은 신문들의 1면을 차지한 것을 보면, 그의 권력은 제한적이다. 언론의 쇄말주의(瑣末主義: trivialism)[2]와 선정주의는 대통령의 권력 바깥에 있는 것이 확실하다.

대통령제 정부형태를 가진 미국이나 한국에서의 집권자는 대통령 개인이다. 현실적으로 세계 질서는 미국이 주도하는 이른바 '팍스 아메리카 체제'이므로 대통령은 미국의 집권자일 뿐만 아니라 지구의 집권자라고도 할 수 있다. 그러면 권력은 대통령에게만 있는가? 그렇지 않을 것이다. 대통령은 왕권 신수설의 후광에 감싸여 있는 중세의 절대 군주가 아니다. 그가 절대 권력자라면 선거부정이나 국정농단 책임이 있다하여 탄핵되거나 사임 압력의 빌미로까지 이어가지는 않는다.

경제학자 존 갤브레이스는「권력의 해부」(박현채 역, 1984)라는 책에서 미국 대통령은 세 개의 권력 사이에서 찌그러져 있다고 진단했다. 첫 번째 권력은 자기 고유의 이익만을 추구하는 행정부다. 흔히 테크노크래프(technocrat)[3]라고 불리는 이 행정관료 조직은 막강한 영향력을 지니고 있으면서도 구조적으로는

---

2 쇄말주의란 현실의 본질적인 것을 추구하기보다도 일상생활의 자질구레한 일을 걸쳐 자세하게 묘사하는 태도를 가리킨다. 자연주의 문학이 실생활을 있는 그대로 묘사하려 하여 평범한 나열주의에 빠진 데서 생긴 말이다. 일반적으로 그 작품이 트리비얼리즘이라고 표현 할 때는 의미가 없는 세목 묘사가 많은 것을 가리킨다.

3 비교적 큰 조직을 운영하는 전문기술가 집단을 의미한다.

거의 종신직의 성격을 지닌다. 자본주의 국가의 정부는 오직 총자본에 봉사하는 허수아비라는 마르크스주의자들의 진단과는 달리, 세계 어디에서나 볼 수 있는 정부의 관료주의는 정부가 다른 무엇보다도 그 자체의 권력을 위해 일하는 조직이라는 것을 보여준다. 두 번째 권력은 미디어에 홀린 정당들이다. 이 정당들은 오로지 뉴스에 등장하기 위해 무책임한 발언과 행동들을 마다하지 않는다. 오늘날 정치인들은 세비와 후원금으로 먹고사는 연예인들이다. 대통령을 찌그러뜨리는 마지막 권력은 효율적인 표현 수단을 갖춘 잘 조직된 압력단체들이다. 현대 민주주의 사회에서 국가는 노조나 소비자 운동 단체를 포함한 다양한 조직들로부터 어떤 정책을 시행하거나 재고할 것을 권고 받는다. 이 조직들은 자신들과 경쟁 관계에 있거나 적대적인 조직들에 불리한 조처를 취하도록 국가에 압력을 넣을 수도 있다. 말하자면 권력의 실현 과정은 변증법적이다. 미국 대통령은 이 세 개의 권력 사이에서 정치적 선도자 노릇을 한다기보다는 권력의 조정자 노릇을 하는 일이 흔하다. 이렇게 권력은 편중(偏重)되어 있지 않고 편재(遍在)해 있다. 권력은 기업인에게도 있고, 종교 지도자에게도 있고, 범죄 조직의 수장에게도 있고, 교통문제를 단속하는 경찰관에게도 그리고 달동네에 살고 있는 한 주민에게도 있다.

이에 반해 아나키스트들(anarchists)에 의하면 권력은 누구에게 집중되어 있는 것이 아니며 분권화된 것으로 보고 심지어는 권력 존재 자체를 부정하기도 한다. 권력은 정치적 투쟁의 산물로서 인간은 선천적으로 협동적, 상호의존적 및 사랑의 본능적 기질을 타고났기 때문에 정부와 같은 권력적 장치와 제도는 무의미하다는 것이다. 브리태니커 백과사전에서는 아나키즘(anarchism)을 "조직화된 정치적 계급 뿐 아니라 모든 정치적 조직, 규율, 권위를 거부하고 국가권력기관의 강제수단의 철폐를 통하여 자유와 평등, 정의, 형제애를 실현하고자 하는 유토피아적 이데올로기 및 운동으로서, 국가나 정부는 본래가 해롭고 사악한 것이며 인간은 국가나 정부 없이도 올바르고 조화로운 삶을 영위할 수 있다는 신념"으로 정의하고 있다.[4] 미국의 미래학자 존 나이스비트는 「메가트랜드 2000」에서 현대사회의 10대 조류로서 지방분권사회, 자조사회, 수평적 네트워크 등을 제시하고 있다(김홍기 역, 1995). 이러한 특징들은 아나키스트들의 주장에 보다 쉽게 접근할 수 있는 개념들이다.

최근 들어 지역공동체 운동에서 아나키즘적 이념을 엿볼 수 있다. 주민 자발적으로 자신들의 맞춤형 마을공동체를 구축하는 것도 같은 맥락이다. 지역화폐 운동에 참여하고 있는 것도 아나키즘의 한 예라 할 수 있다. 전통 풍습 '품앗이'를 연상시키는 이 운동은 극심한 경쟁적 자유시장 체계를 지배하는 화폐를 폐지하고 상호부조에 기반을 둔 공동체를 지향한다는 점에서 분명 아나키스트들이 그리는 사회의 한 단면이다.

4. 권력의 유형

권력 유형을 개념적으로 이해하기 위해서는 바크라와 바라츠(Bachrach and Baratz, 1970)가 제시한 다섯 가지의 권력 유형을 살펴볼 필요가 있다.

첫째는 위협(threat)의 권력 형태로서, 위협은 둘 이상 당사자 간의 관계를 기반으로 하는 합리적인 개념이다. 이는 다른 집단의 압력과 박탈의 결과로써 나타나고 그 집단의 요구나 명령을 준수하는 것이 일반적이다. 이 개념은 특정 집단으로부터 나오는 위협을 인식하고 그것을 타당성 있는 것들로 간주하고 있다는 점이다. 위협의 힘은 짧은 기간 동안 작용할 수 있지만 시간이 지나면 분노로 발전하면서 그 효과는 약화된다. 따라서 이러한 유형의 권력 유지에 대한 장기적인 영향은 제한적이다.

둘째는 권위(authority)로서의 권력 형태가 있다. 권위는 누구에게 무언가를 박탈하겠다는 즉각적인 위협이 아니라 그 행위에 대해 정당하다고 인지할 때 나타난다. 다시 말해 권위는 권력을 가진 자들의 권력 행사에 대해 합법적인 권

4 종종 아나키즘을 무정부주의로 번역하고 있는 데, 동아시아의 아나키즘을 분석한 영국의 존 크럼 교수에 따르면 "한국에서 아나키란 말이 '무정부'와 동의어로 쓰이고 있는 것은 잘못이라고 지적한다. 이는 일본 학자들이 잘못 번역한 것으로서, 'An'은 '없다'. '아니다'라는 뜻이고 'Archy'는 '우두머리', '강제권', '전제' 따위를 의미하는 말로서 'Anarchy'는 이런 것들을 배격한다는 뜻이다. "따라서 자율주의라는 번역이 더 적합하다고 말하는 이도 있다"(한겨레21, 1999. 10. 21).

리를 소유하고 있다는 믿음, 즉 정당성에서 비롯되는 것이다(Coser & Howe, 1977; Weber, 1978). 이 권위는 많은 형태를 취할 있다. 법률, 규칙 및 명령을 내릴 권한이 있는 사람들의 합법성 및 합법성에 대한 신념에 근거한다. 더 전통적인 권위는 전통에 대한 확고한 신념, 신성함, 또한 그러한 상황에서 권위를 행사하는 사람들의 정당성에 기초하고 있다. 어떤 사람들은 카리스마 적이며, 그들의 권위는 한 개인 특유의 독특한 특성과 이런 사람에 의해 주어진 명령에 집중된다. 또한 권위는 일련의 가치에 대한 애착이나 강력한 결의의 대상인 신념 체계에 의존 할 수 있다.

셋째, 영향력(influence)의 권력 유형으로서 이는 요구자에 대해 기꺼이 복종하거나 복종 할 필요가 있다는 믿음을 포함한다. 루커스(Lukes, 1986)는 이를 권력 구조의 초석이라고 보았다. 행태에 영향을 줄 수 있는 능력은 의제 설정과 정지를 위한 단계를 결정해 준다(Dahl, 1961; Gaventa, 1980; Lukes, 1986). 복종과 영향은 커뮤니티 내에서 그 개인적 명성이나 존경 또는 논의와 토론의 결과로서 요청에 의한 합의로부터 만들어진다. 이러한 환경에서 한 개인이 다른 사람에 대해 영향력을 행사한다고 보는데, 이 경우 한 개인의 영향력은 다른 사람의 행동 과정을 변화시키는 요인이 된다.

넷째는 조작(manipulation)으로서, 이는 다른 사람이 의식하지 않고 원하는 것을 수행함으로써 나타나는 비가시적 권력이다. 이 상황에서는 조작 없이는 행동을 취하지 않는다는 점에서 가치 충돌이 나타난다. 루커스(Lukes, 1986)와 가벤타(Gaventa, 1980)는 의제설정과 권력자들의 대중적 인식에 있어서 이러한 형태의 권력 능력을 강조한다. 이러한 능력을 통해 지역 엘리트는 권력의 최종 형태에 대해 재조정 없이도 지역 의사결정을 독점하게 된다.

다섯째 무력(force)도 명백한 권력이다. 무력은 권력관계에 있어서 가혹한 제재의 적용을 포함한다. 이 환경에서의 권력 행위는 사람의 의지에 관계없이 발생한다.

권력관계의 핵심으로서 누가 궁극적인 행동을 선택 하는가에 따라 볼딩(Boulding, 1989)은 네 가지 형태의 권력을 제시한다.

첫째, 파괴적 권력(destructive power)이란 인적 또는 물적 대상을 파괴 할 수 있는 능력을 의미한다. 때로는 건설적으로 사용될 수 있지만 대부분은 무시되었던 어떤 위협이나 제재를 강행하는데 자주 사용되고 있다. 이는 종종 무기를 사용하여 살해, 상해 및 재산 파괴 등을 포함하고 있다. 둘째, 생산적(또는 때로는 경제적이라고 함) 권력(productive power)은 교환을 통해 원하는 것을 얻기 위한 능력을 반영한다. 이러한 논리에 따라, 개인이 교환과정에서 돈, 유형의 상품, 노동, 지식 등을 더 많이 소유 할수록 더 많은 힘을 갖게 된다. 경제력은 다른 것들을 멀리함으로써 일시적으로 획득될 수 있지만 궁극적으로 개인은 자신의 힘을 유지하기 위해 더 많은 자금이나 자원을 만들어 낼 수 있어야한다. 셋째, 지식적 권력(knowledge power)은 생산력의 특수한 형태를 나타내며 지역 활동에서 중요한 역할을 할 수 있다. 세계화의 영향과 지식경제의 발전을 감안할 때, 이 권력을 개발하거나 획득하는 것은 점차 커뮤니티 기관에 중대한 핵심이 사안이 되고 있다. 지식권력은 일반 사람들이 행동을 취하는 데 있어 경쟁적 우위를 제공하는 정보, 기술 및 경험 축적에 기초를 두고 있다. 넷째, 통합적 권력(integrative power)은 존중, 보살핌, 친화력 및 사랑 등을 수단으로 행동하는 사람에게 주어진 능력을 의미한다. 사회적 구조를 유지하는데 있어서 통합적 권력의 역할은 가장 중요한 요소임에도 불구하고 가장 소홀히 다루어졌었다(Boulding, 1989).

제2절 지역사회 개발정책의 권력적 접근의 유형

1. 엘리트주의

1) 고전적 엘리트주의

정치 및 행정과정에서 불특정 다수에 의한 통치와 관리에 초점을 두는 고전적 민주주의 원칙을 비판하고, 국가뿐 아니라 어떠한 인간 사회 조직도 모두 소수

지배 원칙에 따라 운영되는 것으로 보는 것이 권력 엘리트 이론(power elite theory)이다. 엘리트 이론가들의 공통적 견해는 정치의 본질은 예나 지금이나 소수에 의한 다수의 지배인 것이다. 다시 말해 권력은 소수의 손에 장악되어 있다. 흔히 권력의 공유를 이야기하지만, 권력이란 그 속성상 소수의 손에 있을 때 의미가 있으며 분산되면 그 의미가 없다는 논리이다. 오늘날 많은 국민들이 정치적 무력감을 느끼는 것도 이 때문이다. 민주주의가 다수의 지배라는 것은 허상에 불과한 것이다. 실제 지배 권력을 장악하고 있는 사람은 소수의 정치 엘리트들일 수밖에 없는 것이다. 이들 엘리트들은 대중이나 여론 또는 이익집단으로부터 영향을 받기보다는 오히려 이들에게 큰 영향력을 행사한다. 이탈리아의 정치학자 모스카(Gaetano Mosca)는 모든 사회에는 지배계급(소수)과 피지배 계급(다수)이 존재하는 데, 소수의 지배계급은 다수를 지배하는 권력 엘리트라고 하면서 다음과 같이 주장한다(이안범 역, 1985: 106~107).

> ... 제1계층은 언제나 소수이며, 대부분의 정치기능을 수행하고 권력이 가져다주는 혜택을 마음껏 누린다. 반면에 제2계층은 비교적 수가 많기는 하나 경우에 따라서 합법적이기도 하나 경우에 따라서는 전횡적이고 폭력적인 방법에 의해 제1계층의 지배와 통제를 받는다.

밀(C. W. Mills)의 견해에 의하면 미국 사회의 권력 구조는 ①상층의 권력엘리트(power elite), ②권력의 중간층, ③가장 하부의 비조직화된 대중 사회로 구성된다고 하였다(Mills, 1956: 4). 특히, 상층의 권력엘리트를 구성하는 계급은 국가 권력을 독점하는 단일 지배 계급이 아니라, 대기업체 경영자들과 금융계 간부들로 구성된 경제계의 제1집단 대통령과 그의 참모진, 장차관급 등으로 구성된 정계의 제2집단, 그리고 군의 정상급 장성들로 구성된 제 3집단으로 이루어진다고 주장하였다.[5]

특별한 엘리트의 존재가 민주주의적 자유와 평등의 권리에 위배될 수도 있

5 밀즈의 권력엘리트란 “중요하다고 생각되는 것은 무엇이든 결정하는 사람들”을 의미하였다(Mills, 1956: 20).

다. 그러나 엘리트 이론의 옹호자들은 명석하고 우수한 소집단이 대중을 이끌어 가는데 필요하며, 대중적 이익을 위해 필요한 행동을 한다고 주장한다. 역사 속으로 더 깊숙이 거슬러 올라가 보면 아리스토텔레스는 시민들의 지나친 개입은 중우정치를 초래하며 국가는 소수의 엘리트에 의해서만이 체제유지가 가능하고 이 길이 오히려 시민을 보호하는 것으로 간주하였다.

이탈리아의 경제학자 파레토(Vilfredo Pareto: 1848~1923)는 19세기 영국의 부와 소득 유형의 연구에서 '전 인구의 20%가 전체 부의 80%를 차지하고 있다'는 사실을 발견하였다(공병호 역, 2000). 80:20의 현상은 오늘날 우리 사회에서도 쉽게 확인되는 보편적인 현상이다. 프로스포츠가 각 광을 받으면서 고액 연봉자 야구나 프로 농구는 더욱 확실하다. 코비 브라이언트나 피아자 같은 수백만, 수천만 달러의 연봉을 받는 소수의 스타들이 프로선수 연봉 총액의 80% 이상을 가져가는 것이 현실이다. 80:20의 법칙은 소수의 지배계층이 우리의 생산총액 대부분을 책임진다는 측면에서는 엘리트 우월주의로 내몰릴 수는 있다. 그러나 20을 통해서 80의 효율성과 발전을 통해 궁극적으로는 사회적 균형을 이룩하자는 논리이다. 인간의 평등을 부정하는 것이 아니라 현실적으로 능력의 차이가 있다는 것을 인정하고 활용하는 것이다.

진보주의 측면에서 권력 이해에 대한 엘리트주의는 칼 막스(Kal Marx)의 거시적 권력 개념에서 출발한다. 막스주의 이론에 따르면 특정의 권력소유자들이 무권력자들을 희생시키면서 사회 전반을 통제한다는 것이다. 권력 자원은 소수에게 절대적으로 독점되어 있기 때문에 혁명과 폭력적인 사회적 변화를 통해 대중들에게 권력이 재분배되는 것으로 보고 있다. 대표적으로 Gramsci (1971)는 엘리트의 통제 수단으로서 이데올로기적 헤게모니 개념들을 제안하였다. 권력의 강도 및 확산 정도와는 관계없이 지배 엘리트들은 힘과 위협만으로는 자신들을 지탱할 수 없다. 장기적인 지속 가능한 권력을 획득하기 위해서는 무력하지만 대중들의 지지를 통한 체제의 정당성과 안정성 확보가 중요하다고 역설한다(Gramsci, 1971). 여기서 대중적 지지는 권력 지배자들에 의해 사회구조 속으로 용해되어 가기 때문에 엘리트 권력자들의 존재는 자연적인 것으로 받아드렸던 것이다. 이러한 기반 위에서 권력 엘리트들은 장기적인 권력 독점을 위한 무대를 구축하게 된다. 그러나 이러한 관점은 보다 미시적인 커뮤니티의 권력구조와 메카니즘 및 원천들을 설명하기에는 한계가 있다. 특히 고전적인 막시스트 엘리트주의는 엘리트 개개인의 지위와 특권에 초점을 둠으로써 특정의 지역사회발전 정책과 공공문제에 대해 지역엘리트들의 집합적 행위와 의사결정 구조를 제대로 이해하지 못한다는 한계가 있다.

2) 지역사회개발 엘리트주의

도시 지역사회의 계층구조를 중심으로 미국 미들타운(Middletown)의 도시발전과정을 분석한 사회학자 린드 부부(Helen Lynd와 Robert Lynd, 1929)는 지역개발과정의 의사결정 형태를 강조하면서 도시 지역사회 권력구조 연구에 새로운 관심을 불러 일으켰다. 이는 Hunter(1953), Domhoff(1967, 1978), Bachrach와 Baratz(1970), Molotch(1976), Polsby(1980), Gaventa(1980)와 같은 학자들이 연구한 도시 및 지역사회 엘리트주의 권력구조의 이론적 토대를 제공해 주었다. 이들의 주장에 따르면 지역사회 권력은 피라미드형 계층적 구조를 형성하고 있으며 도시발전 정책의 의사결정 과정을 지배하는 특정의 권력 엘리트 집단(the power elite)가 존재하고 있다는 것이다. 밀(c.w. Mills, 1956: 3)은 권력 엘리트를 보통사람들이 가진 보통의 환경을 초월하는 지위를 소유하고 중대한 결과를 도출해 낼 수 있는 의사결정 지위에 있는 자로 규정하고 있다.

지역사회 권력의 엘리트 이론에서 가장 영향력 있는 연구서는 1953년에 출간된 헌터(Floyd Hunter)의 「지역사회 권력구조」(Community Power Structure)로서, 애틀란타 도시의 정책결정자들에 대한 헌터의 연구서는 권력 엘리트 이론의 원형(archetype)으로 간주되었다(Ross et als, 1991: 49).

헌터의 연구는 애틀란트에서 누가 권력을 갖고 있으며 이들이 권력을 어떻게 행사하는가에 초점을 두었다. 우선 권력은 사회의 필수적인 기능으로서 의사결정과 결정된 정책을 수행하는 기능을 하고 있다는 가설을 설정하였다(Hunter, 1953: 2). 이러한 문제를 규명하기 위해 지역사회에서 명성을 갖고 있다고 생각되는 네 집단의 활동(기업, 정부, 지역사회단체, 사회)을 분석하였다.[6] 명부에 기록된 175명 이상의 지역사회 지도자들 중에서 권력의 정점에 있는 40명이 선정되었다. 이들을 직업적으로 분류하면 11명은 대규모 상업체의 활동에 종사하고 있었으며, 7명은 금융과 투자활동에, 서비스 영역에는 5명의 변호사와 1명의 치과의사가 포함되었다. 시정부 인사는 4명이었고 5명의 산업체 대표자와 2명의 노조 대표자가 포함되었고 나머지는 5명은 여가선용 중심의 인사(leisure personnel)로 분류되었다(Hunter, 1953: 12~13). 이들 지도자들은 여러 가지 면에서 상이하지만 보편적인 특성을 갖고 있다. 예컨대, 고급스런 사무실을 소유하고 있고 비슷한 사교모임에 참석하며 그 도시에서 가장 좋은 지역에 거주하고 있다는 것이다. 특히 중요한 것은 그들은 지배력이 있고 명성과 영향력을 가진 사람들로서 지역사회의 의사결정에서 최고의 영향력을 행사하는 사람들로서, 의사결정을 위해 설득, 협박 및 강제력을 동원하고 있으며 필요하다면 무력도 행사한다는 것이다(Hunter, 1953: 24). 이해관계가 걸려 있는 지역 내 중요한 주제에 관해서는 이들 엘리트들은 쉽게 단합을 하게 되는 데, 이는 그들이 집합적인 힘을 갖게 되는 원동력 되고 있다.

헌터(1953: 2)는 지도자와 보통사람들 간 차이점은 그들의 소속 집단이 어떤 사람들에게는 가지지 못하는 특별히 제한된 사회적 기능을 외형적으로 행사하는지에 달려있다고 주장한다. 비슷한 맥락에서 라스웰과 러너(Lasswell & Lerner, 1951: 7)도 미국 정부의 권력구조를 분석하면서 소수 권력집단에 의한 통치 구조를 주장하였다.

커뮤니티 권력구조의 또 하나의 대표적인 연구로서 Gaventa(1980)를 들 수 있는데, 그에 따르면 지역사회 권력은 이전의 연구와 이론보다 훨씬 복잡하다고 주장한다. 빈곤퇴치, 인종과 계급에 의한 사회적 갈등 및 전통적인 사회복지와 같은 일반적인 요소들은 권력이 없는 주민들이나 단순히 지배권력 몇 몇

---

6 헌터의 지역사회 엘리트 연구는 권력엘리트의 기준을 지역사회에서 명망이 있는 사람으로 하였다는 점에서 명성 접근방법(reputational approach)이라고도 한다.

만으로는 충분한 설명이 될 수 없으며, 권력은 다차원적 과정으로서 이해관계자들 간 다양한 관계형성에 따라 상이한 결과를 초래한다고 제안한다(Gaventa, 1980).

2. 다원주의 이론과 지역사회개발

1) 전통적 다원주의 이론

엘리트 이론은 소수가 다수를 지배하는 수직적 상하관계의 권력구조를 고려한다면 다원주의에서는 수평적 사회 권력구조에서 권력이 행사되는 것으로 간주한다. 즉 권력은 사회의 다수집단에 분산되어 행사된다는 것이다. 다원주의(pluralism)에 의하면 권력은 여러 집단들 사이에 넓게 분배되어 있고 권력이 없는 집단은 정책결정과정에 어떤 영향을 미칠 수도 없고 또한 어떤 집단도 배타적 권력을 소유하고 있지도 않다, 즉 지배계급이 존재하지 않는다는 것을 뜻한다. 권력 활동이란 정책결정에 있어서의 참여행위를 의미하며, 참여는 다양하게 경쟁하는 집단에 의해서 향유된다는 것을 밝혀냄으로써 권력엘리트가 우매한 대중을 지배한다는 주장에 도전한다. 일반대중도 정치적 자원(정치적 잠재력)을 소유하고 있으며 이를 통해 영향력을 행사하고 있다. 다만 그러한 정치적 자원들을 활용할 권한이 미비할 뿐이며, 그러나 대중들은 위협을 받을 경우 정치적 영향력을 행사하여 자신들을 보호하고자 한다. 따라서 정책결정자들은 대중들을 만족시키는 데 노력하고 있으며, 이는 대중들도 정책결정에 간접적이나마 영향력을 행사하고 있음을 반영하고 있다. 이러한 다원주의 이론에서 가장 영향력 있는 연구는 1960년대 초 코네티컷주 뉴헤븐 도시를 사례로 연구한 다알(Robert Dahl)의 『누가 통치하는가』(*Who Governs?*)이다.

다알에 의하면 정치적 자원인 권력의 원천은 비누적적인 것으로서 광범위하게 분산되어 있다고 가정한다. 민주주의 정치체제 내에서 지식, 부, 사회적 지위 등의 정치적 자원들은 불평등하게 분포되어 있으나, 이들 자원은 어느 것도 지배적이지 못하다고 주장한다(Dahl, 1960: 7~8). 다알은 이를 다두제(polyarchy)로 표현하고 있다. 사람들이 권력을 똑같이 나누어 가지지 않는다는 것은 한 권력 엘리트가 지역사회를 지배한다는 의미가 아니다. 정치권력의 분산은 어떤 단일 집단이나 개인이 공공정책의 모든 국면을 좌우할 수는 없고, 공공정책 결정에 참여하는 사람들과 그들이 미치는 상대적 영향력도 이슈에 따라 다양하며, 공공정책 결정은 대개 자신의 이익증진을 도모하는 집단들간의 절충과 타협으로 이루어지는 것이라고 한다.

흔히들 미국의 정치체제에 있어서 정치권력의 구조는 단편화(斷片化: fragmented), 분권화(dispersion of power) 및 다원화(pluralistic) 등으로 특징지어진다. 모든 참여자들은 대등한 입장에서 서로 통제하고 경쟁하며, 어느 누구도 단독으로 권력을 통제하거나 조정하지 못한다. 이와 같이 다원화된 분권적 정치체제하에서는 경쟁·협상·타협이 주요한 게임전략이 된다(Ripley, 1985). 다원주의자들은 한 사회의 권력은 독점되는 것이 아니라 일반 사람들에게 골고루 배분되어 있으며, 정책결정도 다양한 이익집단과 정당의 요구를 통합·조정해서 얻어진 결과라고 주장한다. 따라서 다원주의적 민주주의 이론은 정기적인 선거의 실시, 국민의 지지를 얻기 위한 정치가들 사이의 경쟁의 전개, 더 많은 국민적 지지를 확보한 시민참여정치의 과정적 실현에 관심을 두는 논리이다. 이러한 성격의 다원주의적 민주주의 이론은 다원적이고 복합적인 상황 등을 전제로 하여 기존의 체제를 국민들이 지지하고 받아들이도록 하는 보수적 지향성을 가지고 있으며, 어느 한 집단의 절대적 승리나 다른 한 집단의 절대적 패배보다는 타협에 의하여 조성된 적당한 승리자와 적당한 패배자로서의 위치를 부여받게 하는 제도이다. 즉 단일의 집단, 또는 이해관계가 정책결정을 지배하지 못한다. 따라서 다원주의 하에서 정부의 역할은 다양한 이익집단간의 갈등과 대립을 조정하는 중립적인 중재자적 역할에 치중되고, 공공정책은 정부의 권위적인 결정사항이 아니며, 공익보다 사익이 더 중시된다. 또한 정부와 이익집단의 관계도 수평적인 대등성을 지니게 된다.

그러나 다원주의 이론은 다음과 같은 한계를 갖는다. 즉 다원주의적 이익대표체계는 모든 집단이 동등한 참여의 권리와 참여의 기회를 가질 때 효율성을 갖는다. 그러나 현실적으로 모든 집단에게 참여의 권리와 기회가 동등하게 보장되는 것은 아니다. 다원주의는 이익표명을 자유시장 원리에 따라 경쟁적으로 이루어지는 것으로 보기 때문에 사회갈등이 심화되기 쉽고, 특정집단이 정부와 이익동맹을 형성하고 이익대표체계를 독과점 형식으로 점유함으로써 소수집단의 이익이 배제될 우려가 있으며, 로비활동과 매수공작 등으로 정치적 부패현상이 만연되기도 한다. 그리하여 다원주의 하에서는 정부의 통치력과 문제해결능력이 감퇴되기 쉽다. 이러한 문제적 시각에서 샤트슈나이더는 다원론을 "중상층이 천국에서 부르는 노래"라고 비난하고 있다(Shattschneider, 1960).

엘리트주의를 비판하는 다원주의 이론가들은 커뮤니티 권력을 계층적 사회구조라는 비교적 경직되고 폐쇄적인 구조 안에서 이해하고 있다는 점을 문제로 삼고 있다. 다원주의는 달(1961)의 저명 연구서인 「Who Governs?」를 시작으로 Banfield(1965), Sayre와 Kaufman(1965), 그리고 Polsby(1980) 등의 정치·행정학자들에게 이어지면서 계보가 형성되었다. 다원주의 이론가들은 한 결 같이 도시사회의 권력구조는 엘리트론자들이 주장하고 있는 계층적 구조보다 훨씬 복잡·다양한 형태를 보이면서 도시 내 커뮤니티 발전 사업들이 결정·집행되고 있다고 주장한다. 특히 다원주의론자들은 도시 현안들(urban affairs)의 분석맥락을 사회적 명성(reputation)에 두고 연구한 헌터의 주장에 대하여 실질적인 면에서 강한 의문을 제기하였다. 다원주의 학자들은 소수의 엘리트에 의해 지배되는 커뮤니티 권력구조를 비판하였고, 특히 그들은 지역사회의 권력구조를 이해하고 그 바탕위에서 도시발전의 전개과정을 분석하는 방법론적 맥락으로서 사회적 명성 대신에 의사결정과정에 있어 참여자 개개인의 행태에 관심을 두었다.

다원주의론은 분석단위의 핵심을 계급구조에 있는 것이 아니라 집단 구성원의 개별적 행위에 둠으로써 사회는 다양하고 경쟁적이며 자율적인 비계층적인 다수의 집단으로 구성되어 있다고 전제하고 있으며, 국가는 단지 다양한 집단의 요구를 수용·관리하여 사회적 균형을 유지하고자 개입할 뿐이며, 경쟁자들로부터 일정한 거리를 두고 있는 심판자에 불과한 것이다.[7] 그러나 불균형적인 자원배분으로 모든 집단이 영향력이나 세력을 똑같이 공유하고 있지는 않다. 도시개발정책들을 창안·집행하는 과정에서 지방 정치가, 관료 또는 지역 기업가 등의 엘리트 집단이 보다 많은 영향력을 행사하고는 있지만 민주적인 규범과 지역선거라는 수단을 통해 일반시민들도 광범위한 영향력을 행사하게 된다.[8] 권력자원이 지역사회 주위에 광범위하게 분산되어 있다는 것은 불안정한 권력구조를 의미하며 결국에는 일관성 있는 정책결정을 어렵게 할 수 있다는 것이다. 이러한 상황에서 다수의 서로 다른 경쟁자들의 비조직적이며 이중적인 이해관계의 갈등과정에서 형성된 도시정책은 오히려 도시발전을 저해하는 요인이 되며 이를 두고 Yates(1977)는 "길거리에서 싸우는 다원주의"(street-fighting pluralism)라고 비난하고 있다.[9]

2) 레짐이론

1980년대 신도시정치 이론으로서 기존의 다원주의와 엘리트 이론을 비판하고 도시발전 정책이슈와 관련한 이해관계자들 간 정치적 논리를 강조한 레짐이론(regime theory)이 스톤(C. N. Stone)에 의해 주장되었다. 레짐이론에 따르면 도시 및 지역사회 발전 정책이슈들은 특정 엘리트들의 소유물도 아니고 다원주의자들이 주장하는 동일의 권력 공간 위에서 형성되는 것도 아니다. 스톤은 그러한 이슈들은 지배적이면서 원심력을 가진 널리 퍼져있는 다양한 조건들에 의해 조정되는 것으로 간주한다. 특히 대규모 정책이슈들은 광범위한 연대를 요구하고 있으며 그 연대는 불가피하게 안정적이지 못하다는 것이다. 그의 저서 *Regime*

7 도시정치에 있어서 국가의 '중재인 지위(umpirage)' 또는 '브로커'로서의 역할에 관한 자세한 논의는 Sayre and Kaufman(1965), Introduction, Chapter 1, 18, 19를 참조.

8 Dahl(1961:163~83)은 전자를 직접적인 영향력(direct influence), 후자를 간접적인 영향력(indirect influence)이라고 하면서 정책이슈에 따라 상이한 집단들 간에 특별한 영향력(specialization of influence)이 존재한다고 보고 있다.

9 사실상 1970년대 중반 뉴욕시 市長은 자기의 정치적 지지기반을 위하여 서비스 수혜 자, 시 노동조합 및 여타 지역 소규모 조직들의 요구에 부응하는 각종 사회정책의 제공으로 인한 정책집행의 과도한 비용문제가 뉴욕시의 심각한 재정위기의 중요한 원인중의 하나로 지적된 바 있다.

Politics(1989) 서문에서 "어떤 현상도 무조건 발생하지는 않는다, 모든 것은 정렬되어진 것이다"라고 하는 알라바마 주지사 폴섬의 정치적 말을 인용하여, 레짐을 "정렬해 가는 기술(the art of arranging)"이라고 주장한다(Stone, 1989, p.xii).

레짐이론은 다원주의와 같이 권력의 파편화를 전제하고 있는데, 그 이유를 시장과 정부 간 분업의 작용으로 본다. 분업의 상태에서 정부와 기업은 도시통치를 위해 필요한 개별 자원을 가지고 있는데, 정부의 경우는 합법성과 정책결정 권위를 그리고 민간부문의 경우 고용창출, 조세 및 재정 확보에 필수적인 자본을 소유하고 있다. 이러한 상황에서 레짐은 자유 민주주주의 정치경제에 있어서 공·사부문간 협력의 제 조건들을 조정해 가는 통치양식으로 규정하고 있다.

이와는 반대로 무레짐(non-regime) 지역사회는 다양한 이해집단 간 정렬 기술이 결여된 사회로서 지역개발 정책에 대한 공·사부문들 간 협력을 유인하는 메카니즘이 형성되어 있지 않은 상태를 의미한다. 무레짐 하에서의 도시정책은 다음과 같은 한계를 갖고 있다.

첫째, 무레짐 도시에서 공공 및 민간 참여자들은 도시 전반적인 정책 아젠다에 대해 의견 일치를 보이지 못하고 있으며, 이로 인해 효과적인 도시레짐을 형성하는 게임 규칙에 대한 합의를 이루어내지 못하고 있다.

둘째, 무레짐의 도시 관리는 각각의 독립된 이슈 중심의 연합으로 인해 특정의 도시위기와 문제에 대응하여 형성되는 이해관계자들 간 네트워킹은 임시방편적일 수밖에 없으며, 이렇게 됨으로써 보다 장기적이고 안정적인 도시 통치연합 형성을 어렵게 하고 있다.

마지막으로, 무레짐은 특히 전재지변과 같은 재난 및 위기대응 정책을 효과적으로 집행할 수 있는 능력을 상실하고 있다. 그 이유로서 허리케인이나 태풍과 해일 등의 도시재난은 급박하게 발생하기 때문에 무레짐 도시정부는 위기대응 자원들을 적절히 조정하고 관리하는 데 한계를 드러내고 있다는 점이다.

3) 도시거버넌스 이론

레짐이론의 연장선상에서 지역사회 문제들을 보다 협력적인 네트워크 차원에서 해결하고자 등장한 것이 도시거버넌스 이론이다.

전통적인 도시 및 지역사회 권력 이론은 도시 정치·행정과정에서의 정책참여자 중 "누가더 지배적인가"라는 단순한 질문에 답하는 수준에서 정부(지방과 중앙정부)를 중심으로 공익과 사익의 이원론적 입장에서 경쟁과 갈등의 관계에 두었다. 그러나 1980년대 무렵 세계경제구조의 재편과 신자유주의에 바탕을 둔 신도시정치와 신공공관리 이론의 등장과 함께 공적·사적 이해관계 집단들의 통합과 조정에 초점을 두는 새로운 접근방법으로서 도시거버넌스 이론이 주목을 받았다. 거버넌스는 국가 및 정부 능력의 한계를 전제로 하여 공공적인 관심과 사적인 관심을 통합하고 조정하는 메카니즘으로서, 민간부문과의 상호교류를 위해 공공조직만으로는 다루기 힘든 과제를 취급하게 된다. 도시거버넌스를 조직 및 참여자간 협력체계와 네트워크 형성으로 간주할 때, 그 과정은 정치적, 경제적 및 사회적 가치체계에 의해 형성되는 것이며 이를 통해 도시관리체계는 정통성을 확보하게 되는 것이다. 이러한 거버넌스 접근은 세계 곳곳의 구 도시들의 재생사업에 적극적으로 활용되고 있다. 후술하겠지만 비틀즈의 고향 리버풀 도시재생의 성공에는 리버풀의 재생 가능성을 알아 본 핵심적인 리더, 끝까지 역사와 공동체를 유지해 온 시민들, 그리고 과거의 실수를 반복하지 않으려고 과감하게 민간주도 방식으로 사업방향을 전환한 지방정부의 정책 등 거버넌스의 힘이 크게 작용했던 것이다(이왕건 외, 2017).

다원주의나 엘리트주의 이론은 도시정책과정에서 특정 권력에 의한 과도한 지배와 통치 또는 권력저항의 논리에 두고 있는 반면 도시거버넌스는 도시정책 과정에서 권력 주체간 상호작용에 의한 사회적 생산(social production)의 활동능력에 초점을 둔다. 전자가 의사결정 권력을 일종의 정치적 게임으로 간주하는 반면 후자는 권력을 참여자간 또는 그 자체의 활동능력을 향상·통합시키는 수단으로 보는 것이다. 따라서 거버넌스는 수직적인 권력지배(power over)에 의한 일방적 권력행사가 아니라 수평적인 권력분산(power to)을 통한 협력적·참여적 권력융합을 의미한다(Stone 1989: 229).

거버넌스 관점에서 보면 엘리트 이론에서의 특정 엘리트 또는 지배집단이 오늘날의 복잡한 도시정책 집행현장에서 어느 정도의 체계적인 관리 및 조정력을 행사할지는 의문스럽다. 왜냐하면 엘리트 이론은 의사결정 자체에 초점을 둔 나머지 권력 엘리트들의 역할로서 정책집행과 그 결과에 대해서는 소홀했기 때문이다(Ross et al. 1991: 50~51). 또한 도시발전 정책을 정부가 선거구민들의 힘에 기반을 둔 집단에 대응하거나 이들 집단의 선호도에 좌우되는 것으로 보면서 지역 민간기업 엘리트들의 공동체 권력구조를 부정하고 있는 다원주의 이론과도 차이를 보이고 있다.

도시거버넌스는 다양한 참여자의 선택행위에 관한 것으로서 거기에는 조절, 조정 및 통제의 과정을 함축하고 있다(Jessop 2000; Rhodes 1997). 스톤(1987: 5)에 따르면 도시발전에서 정치적 선택은 공공시장과 민간시장 권력자들 간 적절한 조절이 이루어지도록 하는 일련의 장치를 만드는 일이다. 여기에 시민사회가 가세함으로써 지방정부에 의한 통치의 개념이 약화되고 참여자간 네트워크 중심의 도시거버넌스 체제로 발전해 간다(Pierre1 2005; Digaetano·Klemanski 1999). 도시거버넌스는 정책 및 서비스 공급과정에서 조직 및 행위자의 다양성과 고도의 유연성을 함축하고 심지어는 시민 또는 고객 중심의 풀뿌리 민주주의와 시민정신의 가치를 내포하고 있다. 이러한 바탕 위에서 형성된 도시거버넌스는 공통의 문제 해결과정에 있어서 능률성과 책임성뿐만 아니라 민주성의 정치·행정 이념들이 동시에 강조된다는 점에서 그 유용성이 크다(Papadopoulos 2003; Pierre 2003).

3. 신엘리트주의

1) 무의사결정의 신엘리트 이론

다알의 다원론적 권력연구는 엘리트주의자와 그에 대한 비판자들간의 의견차이를 해소하기는커녕 권력에 대한 새로운 논쟁을 불러일으켰다. 다알의 권력

연구에 대한 대표적인 비판이론이 바크라흐와 바래츠(Peter Bachrach and Morton Baratz)가 제시하고 있는 두 유형의 권력(two faces of power) 연구로서 무의사결정이론(nondecision- making theory)이라고도 불리어지고 있다. 이들 논의의 핵심은 권력은 단순히 행위자들의 의사결정이나 실제 행태를 검증하는 것에만 관련되어 있지는 않다는 것이다. 두 학자는 의사결정자가 자신에게 비교적 손해가 되지 않는 문제들만 국민들이 고려하도록 정책결정과정을 축소, 은폐, 왜곡 또는 수정하는 사회적·정치적 가치나 제도를 창출하고 강화시키는 데 힘을 쏟는 또 하나의 권력이 있다고 주장한다(1962, 98; 1963: 632). 이러한 현상을 샤트슈나이더의 표현을 빌려 왜곡의 동기화(mobilization of bias)로 규정하면서 의사결정을 안전한 문제에만 국한시키는 과정으로 보고 있다.[10]

이는 다원주의 이론에서 권력은 합의의 상황에서 발생된다는 관점과는 달리 무의사결정과정을 통해 갈등을 억누르고, 그러한 갈등이 정치과정으로 넘어가는 것을 막는 데 사용하는 권력이 있다는 것이다. 이러한 권력을 활용하는 사람들은 막강한 정치적 자원을 가지고 있는 엘리트들로서 이들은 '예견된 반응'(anticipated reactions)이라는 현상을 만들어 낼만큼 강력한 힘을 갖고 있다. 정책결정자(엘리트)는 예상된 반응에 따라 쟁점을 부각시키지 않음으로써 지역사회의 정치적 자원을 보존하는 방법을 선호하는 것으로, 정책문제의 채택과정에서 엘리트가 권력을 비밀리에 행사하는 것을 의미한다. 더군다나, 엘리트들이 자신들의 이익을 위해 정치적 자원이 없는, 특히 정치권력이 없는 일반대중이나 약자의 이익과 의견을 무시하기도 한다. 이를 두고 무의사결정을 신엘리트주의로 부르기도 한다(Merelman, 1968: 451~452). [Box 4-1]은 무의사결정의 예견된 반응에 대한 사례를 보여주고 있다.

신엘리트주의에서 무의사결정의 권력을 활용하는 방법과 수단들이 다양하게 제시되고 있다(Merelman: 451~460; 박성복 외, 2000: 181~82; 정정길 외, 2016).

---

10 1963년에 발표된 두 번째의 논문에서 바크라흐와 바래츠는 무의사결정을 "사회의 지배적인 가치, 신화, 정치제도 및 정치과정을 조작하여 실제 의사결정의 대상을 안전한 문제로 제한하는 것"(1963: 632).이라고 정의하고 있다.

BOX 4-1 무의사결정의 권력

인디애나 주(州)의 게리(Gary) 시와 동시카고(East Chicago) 시는 지리적으로 인접해 있는 철강 산업 도시들이다. 동시카고시는 1949년에 대기오염을 규제하는 법률을 통과시켰고 게리시는 1962년까지도 그러한 법률을 제정하지 않고 있었다. 크렌슨의 설명에 따르면, 동시카고에는 열 개의 중소 철강회사가 있는 반면, 게리에는 그 시의 지역경제를 지배하고 있는 다국적기업인 U.S 제철이 위치해 있었다. 게리시의 오염방지 정책결정 지연은 U.S 제철의 막강한 지역경제 권력에 기인하였다. 오염방지법이 제정될 경우 U.S 제철은 가스세정기를 갖춘 굴뚝을 설치해야만 하고 그렇지 않으면 그 지역을 떠나 새로운 입지를 모색할 것이다. U.S 제철이 입법 활동에 직접 개입하지는 않았지만, 게리 시정부는 기업이전의 예견된 반응에 굴복하였고 결국 U.S 제철의 경제적 권력은 오염규제법 미결정에 결정적인 영향을 미쳤던 것이다.

첫째, 폭력을 이용하는 방법이다. 기존질서의 변화를 요구하는 의제가 정치적 이슈가 되지 못하도록 테러행위를 하는 방법이다.

둘째, 위장 합의를 그 수단으로 활용하는 방법이다. 기득권자들이 새로운 갈등 주도자들에 대해 일종의 기만적 행위를 하는 것으로서 겉으로는 기존의 배분체계의 변화와 요구에 동조하는 것처럼 행동하나 실질적으로는 그것을 이용하여 더욱 기존 상태를 공고히 하는 것이다. 기만적 행위를 통해 변화의 주장자에 대해 현재 부여되고 있는 혜택을 박탈하거나, 새로운 이익으로서 매수하기도 한다.

셋째, 편견을 동원하는 방법이다. 기존의 제도적 장치 또는 이념의 기득권을 동원하여 갈등의제를 저지하는 간접적인 수단이다. 새로운 주장을 비애국적, 비논리적 또는 지배적인 정치이념에 위반되거나 확립된 절차나 규칙에 위반되는 것으로 낙인찍는 방법이다. 우리나라에서 1970년대까지 복지, 노동, 환경오염방지 정책 등이 경제발전제일주의라는 국가적 정치이념에 억눌려 정책문제화되지 못한 것이 좋은 예에 속한다.

넷째, 가장 간접적·우회적인 방법으로서 정치체계의 규범, 규칙, 절차 자체를 수정·보완하여 정책의 요구를 봉쇄하는 방법이다. 계속적인 경제성장을 위해 세계화와 정보화 등에 대한 규칙과 제도를 강화하거나 시장논리를 더욱 강조하여 경제제일주의를 더욱 공고히 다져나가는 것이 여기에 해당될 수 있다.

2) 성장기제 신엘리트 이론

지역사회의 권력구조에 대한 학문적 관심은 몰로치(Molotch, 1976)의 "성장기제 가설(growth machine hypothesis)" 연구를 통해 널리 확산되었다. 성장기제 가설은 지역사회의 권력구조를 토지이용과 관련된 활동으로부터 생성되는 다양한 이익들의 융합적 산물로 보고 있다. 즉 권력은 인구나 산업경제 성장이나, 연방 및 주정부의 보조금 증대, 교육 및 연구 시설의 확대 등과 같이 "성장"의 한 산물로써 형성된다는 것이다. 성장은 고용 확대로 이어지고 이는 다시 지역사회의 도소매업과 기타 상업 활동을 촉진시키고 나아가서는 "적극적인 주택개발 및 지역금융 활성화"(Domhoff, 1986: 57~58)를 유도하게 된다. 여기서 성장기제는 지역경제성장으로부터 직접적인 편익을 보는 지역자본가들 즉 토지 소유자, 지역개발업자, 부동산 은행과 중개소, 가스 및 전기회사, 정보통신 기업체, 도시중심지 대형 유통업 및 지역 미디어 업체 등 지역사회 내 특정이익을 갖고 있는 개인 또는 집단들의 연합체로 간주되었다. 특히 지방정부는 이들 집단들을 위한 발전정책 의제개발을 위해 노력하였고 산업 유치에 필요한 기반시설과 서비스 개선을 위해 재정을 확충함으로써 성장 촉진에 힘써왔었다(Domhoff, 2017).

이러한 사실로 볼 때 성장기제 가설은 엘리트주의에 가까운 이론이라 할 수 있을 것이다. 그러나 키팅(Keating, 1993)과 슈마커(Schumaker, 1993)에 따르면, 성장기제에는 많은 이해관계자가 내포되어 있다는 측면에서 다원주의적 가정들이 완전히 배제되어 있는 것은 아니라고 주장한다.

덤호프와 제닝스가 아틀란타 연구에서 언급한 것처럼 "영향력 행사자들로 알려진 지역사회 엘리트들 대부분은 경제적 지배계층이 아니라는 것이다." 경제적 지배계층은 물론 기존의 영향력 행사자들은 주로 비제조업 기업가들이였으며... 이들은 지역사회를 기반으로 한 토지 소유주들이며 직접 대도시권 내의 소비시장을 갖고 있다"(Domhoff, 1986: 69). 한편 키팅(Keating, 1993)은 개발 연합이 "일의 성장기제 모델을 따르는 것이 아니고 상이한 맥락에서 상이한 형태를 취한다"고 밝혔다. 비슷한 점에서, 로간과 몰로치(Logan and Molotch, 1984)는 성장기제는 공동의 방향에 초점을 둔 협력적이고 조직화된 이익보다는 많은 경쟁적 이해관계로 뒤얽힌 다각적인 형태 일 수 있다고 주장한다. 실제로, 성장기제는 이웃과 마을단위 구역 또는 쇼핑단지는 물론 더 넓은 커뮤니티 수준에서 작동되고 있으며, 이웃, 기업가, 개발업자, 심지어 여러 지역사회들이 상호 경쟁하고 있다는 것이다(Zekeri, 2000).

개념적으로 이 현상은 달(1961: 228)이 주장하고 있는 "분산된 정치적 자원의 불평등"으로 비춰지기도 하며 다원주의와 유사한 모습을 보여주고 있다. 즉 성장기제 이론은 다원주의에서 나타나는 일부 특징들을 공유하고 있다. 첫째, 공식적 영향력 행사에 있어 서로 다른 시민들에게 유용한 많은 상이한 자원들이 불평등하게 분포되어 있으며, 둘째 주요 의사결정에서 어떤 영향력 있는 지배적인 자원도 없다는 것과 세 번째로 영향력을 행사할 수 있는 자원이 전적으로 부족한 어떤 소수 개인의 집단도 존재하지 않는다는 것 등의 특징들이다.

4. 엘리트주의와 다원주의의 재해석

엘리트주의 해석은 다원주의와는 상대적으로 소수의 개인이 지역사회개발 정책 결정에 일관되게 높은 영향력을 행사하는 것으로 간주한다. 마찬가지로 헌터의 권력 중개인(power brokers) 논의에서 "지도자들과 보통사람들 간 차이점은 사회적 집단에 따라 어떤 인물에게는 명확한 사회적 기능이 부여되었고, 어떤 사람들에게는 그렇지 않다는 사실"(Hunter, 1953: 2)이 이를 잘 반영해 주고 있다. 라스웰과 러너(Lasswell and Lerner) 역시 비교적 소수의 사람들에 의해 통치되고 있는 지역사회를 언급하면서 "정부는 명분상으로는 소수든 다수든 간에 실제 통치는 일부 소수에게 의존하고 있다"(Lasswell & Lerner, 1952: 7)는 것이다.

고전적인 커뮤니티 권력연구는 지역사회에서의 엘리트주의 또는 다원주의 권력구조를 명확히 구분해 왔던 반면, 다른 최근의 연구에 따르면 권력과 영향력은 지역사회 자체뿐만 아니라 지역사회의 다양한 이슈에 따라 다르며, 심지어는 동일 이슈에 대한 상이한 수준에서 조차도 차이를 보이고 있다고 주장한다(Gould, 1989, Keating, 1993, Schumaker, 1993). 한마디로 연구 관찰자에 따라 다를 수 있다는 성장기제 가설의 적용은 권력구조는 소수가 모든 이슈 영역을 통제하는 "권력엘리트" 의미에서의 엘리트주의도 아니며, 성장기제의 직접적인 이익이 발생하지 않는 이슈에 대해서도 영향력을 행사한다는 의미의 엘리트주의도 아니다.

엘리트주의와 다원주의는 양 극단적으로 개념화되어서는 안 된다. 오히려 커뮤니티 권력구조와 결과에 있어 양 극단은 유사하게 보이는 두 개의 분리된 연속체로 본다. 즉, 고도로 분절화 된 형태의 다원주의는 단일의 지배적 권력의 침투성이 강한 엘리트주의 구조와 일견 유사한 점도 있다.

지역사회는 하나의 '머리'를 가진 계층적 실체가 아니라 특정의 지역사회 내에서 다양한 참여자들이 역동적으로 상호작용하면서 권력의 성운(nebula) 및 권위의 중심지를 형성하고 있다. 따라서 단일의 권력구조 자체가 아닌 성운과 같은 권력구조를 형성하고 있다는 것이다. 즉, 서로 다른 분야나 이슈 영역 간에 상당한 불일치와 갈등이 내재된 경쟁적 지역분위기이기도 하고 부문 간 상이한 참여자들 사이에서 "주고받기(give and take) 또는 밀치락달치락"(pushing and shoving) 식 정책결과를 반영하는 경향이 있다. 따라서 지역사회의 전체적인 시스템은 비교적 다원적이라고 보면 된다. 또한 특정의 분야 또는 이슈영역에서 적극적인 개인 및 집단들 간 협력과 연합의 모습을 보이면서 정책결과가 그들에 의해 지배되는 지역분위기라면 전반적인 체제는 엘리트주의를 띠고 있을 것이다. 따라서 지역사회개발의 측면에서 특정 문제의 의사결정에 대해 누가 지배적인 영향력을 행사하는지를 통찰할 필요가 있으며, 그러한 의사결정을 책임지는 핵심 체계를 신중하게 살펴볼 필요가 있다.

특정의 지방정부 기관, 동네, 정책분야, 조직 등에 있어 권력 소유자라 할지라도 동일한 지역사회 내에서 다른 분야에까지 반드시 효과적인 영향력을 행사하는 것은 아니다. 지역사회 권력은 역동적이고 유동적인 성운과 같은 영향력을 행사한다. 한마디로 지역사회 권력연구는 지역사회의 어떤 국면과 상황에서 그리고 어떤 이슈인지에 따라 다원주의 내지 엘리트주의에 초점을 맞출 필요가 있다. 윌킨슨(Wilkinson, 1991)이 지역사회의 구조적 특성을 구성원들 간 상호작용 관점에서 보는 이유도 같은 맥락이다. 즉 지역사회는 내·외부의 힘에 반응하여 끊임없이 변하는 네트워크 속의 네트워크로 형성된 것으로 본다. 따라서 지역사회 권력구조는 표류해 가는 성운 모습을 띠면서 지역사회가 직면하고 있는 현상과 문제, 의사결정 및 개발 결과들과 어떻게 결합되는지를 이해하는 것에 초점이 모아질 것이다.

지역사회의 권력구조와 권력배분을 이해하고 측정하기 위해 다양한 이론과 접근방법들이 있었지만, 전통적인 이론으로서 엘리트주의와 다원주의가 주류를 형성해 왔던 것은 사실이다. 그러나 양자는 동일의 지역사회와 연구방법에 의해 형성된 것이 아니라는 점에서 그 두 이론의 차이점을 보다 분명하게 밝혀내기는 쉬운 일이 아니다. 프리만(Freeman, 1968)의 지적과 같이 양 이론의 차이점은 지역사회의 상이한 성격 또는 권력의 구조와 배분의 상이한 측정방법에 따른 결과일 수도 있는 것이다. 상이한 연구방법에 따라 어느 정도의 유사성과 차이점이 있는지는 적어도 동일의 지역사회가 연구 대상이 되어야 할 것이다. 최근의 여러 연구에서 나타난 결과들로 볼 때, 지역사회 권력구조는 각각의 상이한 지역문화와 환경(Keating, 1993), 상이한 관점들(Gould, 1989), 그리고 상이한 정책이슈(Schumaker, 1993)에 따라 다르다는 것이 중론이다. 예컨대 중개자 지위(brokerage)의 관점에서 보면 네트워크를 잘 형성하고 있는 사람은 그렇지 않은 사람보다 의사결정에 더 많은 영향력을 행사할 기회를 갖고 있다는 것이다(Gould, 1989: 531). 더구나 사회구조적 권력과 자원소유 권력은 상호 결합되어 누적해 가는 것이 아니라 각각 개별적으로 작동될 수도 있다는 것이다. 키팅(Keating, 1993: 373) 역시 지역사회 개발정책의 의사결정 구조는 단일의 성장기제 모형을 형성하는 것이 아니라 다양하고 상이한 정치, 경제, 사회적 환경에 따라 여러 형태를 취하게 된다고 주장한다.

제5장

마을만들기와 지역사회 개발

제1절 마을만들기의 배경과 개요
제2절 마을만들기 실제: 농촌마을종합개발사업
제3절 마을만들기의 성공요건

제 5 장 마을만들기와 지역사회개발

제 1 절 마을만들기의 배경과 개요

1. 등장배경

시골이나 농촌에 가야만 들을 수 있었던 '마을'이 돌아오고 있다. 최근 들어 중앙과 지방정부 그리고 민간영역에서 지역공동체 복원과 농촌 및 도시지역의 재생을 목적으로 다양한 마을만들기 사업이 시민사회운동의 차원에서 활발하게 진행 중이다. 시장과 경쟁중심의 개인주의 논리에 지배를 받는 신자유주의(new liberalism)[1]의 대안이라는 적극적인 의미 부여도 있다.

마을만들기는 급속한 산업화와 도시화로 인해 정주환경과 삶의 문화를 잃어버린 현대 자본주의 도시의 폐해에 대한 문제의식과 반성에서부터 시작되었다고 볼 수 있다. 도시의 외연적 확산, 도시지역 교통 및 환경문제 등은 종래 성장위주의 도시계획을 축소 고밀도화 토지이용과 성장관리 지향이라는 새로운 패러다임의 도시 및 지역개발 전략으로 변화를 모색하는 계기가 되었다. 소위 정보도시, 그린시티, 압축도시, 스마트 도시와 같이 지속가능한 개발이라는 새로운 원칙과 전략들을 적용한 도시개발 방법이 등장하였다(정원식, 2017).

1980년대 후반에 등장한 미국의 뉴어바니즘(new urbanism), 1990년대 초 영국

---

1 신자유주의는 경제활동에 대한 국가권력의 개입을 최소화하고 기업과 민간의 자유로운 활동을 강조한다. 이를 위해 자유시장, 정부의 규제완화, 재산권 보장, 개인이익의 극대화 등의 정책을 선호하면서 자유화와 세계화의 논리를 통한 자유방임경제를 지향한다.

의 어반빌리지(urban village)[2] 그리고 일본의 마을만들기가 대표적인 사례이며, 지역의 정체성과 가치의 재발견에 대한 주민욕구가 커지면서 지역공동체를 통해 사회 및 경제적 생활의 활력을 찾고자 하는 운동이 전 세계적으로 전개되기 시작하였다(문종화, 2012). 이러한 관점에서 마을만들기는 주민들이 마을이 보유하고 있는 유·무형의 인적·물적 자원을 활용하고 그 지역 특성에 맞는 시설과 환경을 구축하여 마을 및 주민소득 향상과 함께 마을의 지속가능한 발전을 이룩하는 것으로 규정할 수 있다.

과거 우리나라의 농촌지역개발사업은 물적 개발 위주의 하향식 접근에 의존하였다. 대표적인 것이 1970년대에 절정에 달했던 새마을운동으로서 살기 좋은 농촌마을을 만들기 위한 자연부락 단위의 환경개선사업에 초점을 두었다. 1980~90년대의 농촌지역개발사업은 자연부락 단위를 벗어나 면(面)정주권과 소도읍 공간단위로 그 사업범위가 확대되었다. 이는 농촌지역의 인구감소와 정주기반 붕괴로 말미암아 사업의 규모화를 통해 사업추진의 효율화를 기하기 위한 것이다. 당시 사업들은 주로 낙후지역을 중심으로 정부지원을 통해 이루어졌으며, 공급위주의 물리적 개발이라는 측면에서 여전히 관주도의 하향식 개발의 특징을 보여주었다(안상유, 2013; 방한영, 2005). 그러나 21세기에 들어와 기존의 지역개발 방식에 대한 회의가 일어나기 시작하였다. 주로 도시에서 시민운동과 그리고 매립장과 소각장 반대를 위한 환경운동의 성과에 영향을 받았고, 체험마을 성공과 같은 정부정책이 매개가 되었던 것이다(구자인 외, 2011). 이후 마을만들기 사업은 구도심지의 상권회복, 역사문화 지역의 재생, 주거지 개선 등 도시재생사업으로 확대해 갔고, 농촌의 경우 농촌지역개발사업의 일환으로서 2004년 농림식품부의 일반농산어촌개발사업과 함께 전국적으로 확산되었다.

---

2 영국에서 어번빌리지의 용어는 1990년대 초부터 사용되기 시작하였으며, 개념적으로 장소 및 공동체적 애착이 강조되면서 토지의 혼합용도와 지속가능한 지역의 철학과 원칙을 담고 있었다(Franklin and Tait 2002).

2. 개념과 목적

마을만들기는 주민역량을 바탕으로 주민 주도적으로 자기지역 발전을 선도하는 지역사회개발사업으로서 지역자원과 지역의 독창적 특성을 조화시켜 특색 있고 아름다운 마을을 조성하는 데 목적이 있다. 궁극적으로는 지역공동체 활성화와 정주생활 환경 개선을 통한 주민 삶의 질 향상에 있다.

여기서 '마을'은 주민들이 수동적으로 그저 세 들어 사는 모양으로 거주하는 주거지가 아니라 그 마을의 주인으로서 책임과 의무를 다하면서 마을을 주민 자발적으로 적극적으로 만들어 가는 공동의 장을 의미한다. 제도적 측면에서의 '마을'은 지리적으로 타 지역과 구분되는 경계를 가지면서 지역 내부에 상호 이해관계나 정서적 공감대가 형성되어 있는 곳으로, 지방자치법 제3조 제3항에 따른 동(洞), 리(里) 또는 동법 제4조의2 제4항에 따른 행정 동·리 및 자연마을, 마을연합(읍(邑), 면(面) 등 포함)을 의미하는 것으로 보고 있다. 그러나 마을만들기에서의 '마을'은 법률적 의미로 제한하기보다 주민이 일상생활을 영위하면서 경제·문화·환경 등을 공유하는 공간적·사회적 범위로 보는 것이 적절할 것이다. 비슷한 맥락에서 일본의 마을만들기 전문가인 다무라 아키라는 마을을 자신의 눈과 귀와 다리로 확인 할 수 있는 범위를 마을로 규정한다[3](장준호·김선직 역, 2008).

그리고 '만들기'란 시설과 같은 물질적인 것만을 대상으로 하는 것이 아니라 문화와 정서, 공동체, 주민참여, 사회적 신뢰 등의 인간적인 면도 포괄하며, 창조와 혁신이라는 적극적인 의미도 동시에 갖고 있는 용어다(정원식, 2017). 따라서 마을만들기는 종래의 관과 물리적 중심의 지역개발 패러다임의 근본적 변화를 의미한다. 그리고 이는 일본과 우리나라만이 아니라 20세기 후반에 미국과 영국, 프랑스 등의 유럽 국가들에서도 일어난 철학적 패러다임의 전환, 즉 획일주의적인 근대적 패러다임으로부터 탈주체·탈중심주의 그리고 탈근대적 패러다임으로의 전환을 의미하기도 한다(전동진·황정현, 2014).

---

3 그러나 일반적으로는 자치단체 또는 행정구역의 범위를 하나의 마을로 이해하면 쉬울 것이다.

우리나라에서는 2000년대에 시작된 농촌마을종합개발사업과 도시지역의 동 또는 아파트단지와 같은 소규모 단위의 지역사회개발 및 도시재생 사업들을 총칭하여 '마을만들기'로 불러지게 된 것이다. 마을만들기 용어는 일본에서 '마치쯔꾸리(まちづくり)'라는 이름으로 시작된 지역사회개발 사업에서 유래되었으며, 일본 학자 다무라 아끼라(田村 明)는 마을만들기란 '일정한 지역에 살고 있는 주민들이 자신들의 생활을 지탱하며 편리하고, 보다 인간답게 생활할 수 있도록 공동의 장을 만들어가는 방식'이라고 규정하였다(강혜정 역, 2005: 60).

마을만들기는 해당 지역의 주민들을 대상으로 공모를 통해 주민들의 욕구에 부응하는 사업을 선정, 정부의 지원 하에 주민의 손으로 살기 좋은 공동체를 구축하고 복원하며 주민활동 및 지역사회를 활성화시키기 위한 주민주도의 지역사회개발 사업이다. 이러한 개념규정은 마을만들기 사업이 지역사회개발의 전형적인 유형에 해당된다는 점을 강조하고 있는 것으로서, 특히 지역사회개발 운동의 발상지라 할 수 있는 영국에서 1948년 당시 영국 식민지 행정관회의에서 규정한 지역사회개발의 개념과 같은 맥락을 보여주고 있다. 그 개념규정에 따르면 "지역사회개발이란 지역사회 주민의 적극적인 참여와 최대한의 주도적인 노력을 통해 지역사회의 생활을 향상시키는 것"(Sanders, 1976: 24~25)이라고 정의하고 있다.

마을만들기에는 크게 주민역량강화, 주민생활 편의를 위한 공간기반조성, 그리고 마을경제 활성화를 목적으로 하고 있으며, 이들 사업들은 주민주도적 계획에 의해 수립되고 행정기관과 전문가 집단이 네트워크 내지 거버넌스 체제를 구축하여 지원하고 협력한다. 마을만들기가 주민주도 내지 자발적 사업으로 수행되어지는 이유는 마을이 주민들 공유영역으로서의 의미를 갖고 있기 때문이다. 아래 그림에서 보는 바와 같이 주민들은 이러한 마을을 통해 각 종 생활을 위한 공간을 공유하고 있으며 다양한 활동과 실천을 함께하고 또한 공동체적 사고로써 마을을 관리하고 있는 것이다.

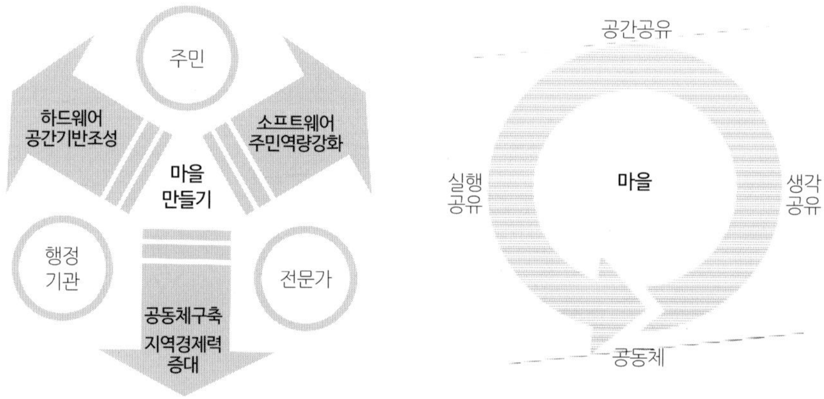

그림 5-1 마을만들기와 마을의 공유

3. 마을만들기의 기본원칙

마을만들기의 목적은 크게 지역주민의 역량강화를 통한 마을공동체의 활성화, 그리고 지역의 특색과 인적·물적의 유무형의 고유자원을 활용한 공간과 자립적 경제기반의 조성 그리고 궁극적으로는 지속가능한 마을발전을 이룩하는 데 있다.

표 5-1 마을만들기의 10가지 특성

특성	주요내용
1. 시민주도	시민의 자각과 책임 수반, 시민적 마을 지향
2. 종합적 사고	하드와 소프트를 포함한 생동감 있는 마을
3. 개성과 주체성	획일적 수직구조 탈피, 역사와 지역문화 풍토 중시
4. 인간존중	거주민의 질적 생활가치를 위한 윤택함과 편안함 추구
5. 사회적 네트워크	다양한 사람들의 가치 반영과 결합
6. 사람만들기	책임과 협동의 공동체 구성원의 발견과 육성, 사람 만들기
7. 친환경적 개발	한정된 자원의 효율적 활용, 지속가능한 마을가꾸기
8. 주변차원 중심	주변단위에서 출발, 자발적 참여와 관심
9. 세계화 연계	광역적 연계 활동과 지구적 협력 중시
10. 실천적 행동	이념과 겉치레에서 실천적 행동의 유도

자료: 장준호·김선직 역(2008) 46~49쪽에서 재정리.

또한 이러한 개념적 토대 위에서 마을만들기의 이론적 권위자인 일본 학자 다무라 아끼라(田村 明)는 마을만들기의 의미에 내포된 10가지의 특성을 제시하고 있다(장준호·김선직 역, 2008). [표 5-1]에서 나타난 마을만들기의 특성들을 종합하여 정리해 보면, 마을만들기는 주민 주도하에서 마을과 주민을 위하여 개성과 정체성을 가진 지속가능한 마을로 변화시키는 실천적 과정이라고 할 수 있을 것이다.

이상의 마을만들기 목적과 특성에 내포된 개념들을 보면 마을만들기가 어떠한 원칙과 방향으로 진행되어야 하는지가 분명하게 드러나 있다. 다음과 같은 원칙과 방향이 설정될 것이다.

① 주민참여를 기반으로 하고, 지역공동체 활성화를 추구한다.
② 주변 환경과 조화를 이루고 마을의 특색과 문화의 다양성을 존중한다.
③ 주민이 주체가 되어 계획수립과 사후관리를 책임진다.
④ 행정기관과 시민사회는 신뢰와 협력으로써 지원한다.
⑤ 지역 내 유·무형의 자원을 활용한다.

4. 마을만들기의 단계와 계획수립 절차

마을만들기에 반드시 정해진 절차와 단계가 있는 것은 아니다. 주민들의 합의만 있으면 언제든지 마을골목 청소와 같은 작은 것에서부터 시작할 수 있는 것이다. 여기서는 정부지원의 농촌마을만들기 사업을 중심으로 하여 예비단계인 마중물사업에서부터 계획수립과 실행시작단계까지의 단계를 기술해 본다.

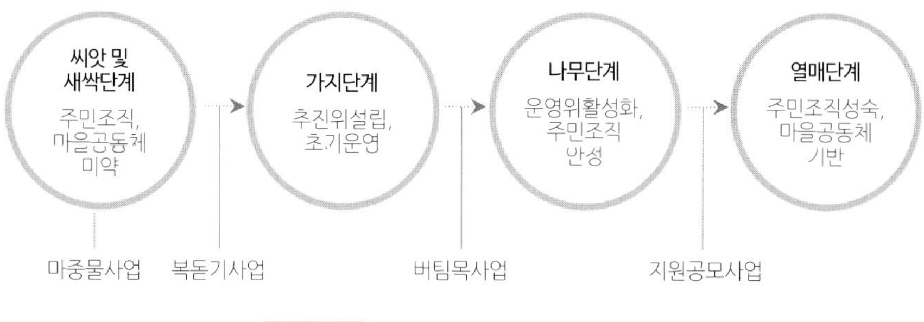

그림 5-2 마을만들기의 예비 및 시작단계

표 5-2 기본계획수립의 절차

(1) 계획수립·검토를 위한 조직구성

- 주민대표, 지역사회단체, 민간기업, 대학 및 연구소, 지방자치단체, 기타 전문가 등 다양한 참여자 구성의 거버넌스체계 구축
- 지자체 마을만들기 관련 민관전문가 협의회, 사업추진위원회, 협력업체 선정 등 지역상황과 사업에 적합한 조직의 구성

↓

(2) 지역(마을, 배후지역, 중심지, 시장 등)현황 파악

- 지역 인구, 지리, 산업 등의 통계, 역사문화 등 유무형의 자원현황 파악
- 마을지도 작성과 지역 SWOT분석

↓

(3) 지역수요 및 과제도출

- 지역주민 대상 면담, 앙케이트 실시 등 지역과 주민수요 파악, 주민중심 현장포럼 실시
- 공공기관, 학교, 시민단체, 기타 전문기관 등과의 협력을 통한 다양한 의견 수렴

↓

(4) 마을만들기 사업계획서 작성(Ⅰ)

- 마을만들의 사업목표와 비전 설정
- 사업 내용의 도출과 검토
- 사업집행의 시기, 장소 및 참여자 역할분담에 대한 검토
- 계획의 실제적인 활용방법에 대한 검토

↓

(5) 마을만들기사업 계획서 작성(Ⅱ)

- 계획서 집필: 대상지구의 현황 및 과제, 목표, 활동 내용·시기·역할분담, 활동보고 및 사업진행 일정 등 기재
- 계획수립 결과의 공개: 시군홈페이지, 지역신문, 공공게시판, 소책자 등

첫 번째 단계는 씨앗을 뿌리는 예비단계이다. 마을만들기 공모사업을 신청하기 전 마중물 사업을 통해 연습과 학습과정을 거치면서 준비해 가는 단계로서, 이 사업이 완료되면 새싹이 돋아나 공모사업 신청 가능성을 파악하게 된다. 대표적으로 함안군의 경우 매년 마을단위로 5천만 원의 군자체 예산을 투입하여 주민 스스로 사업과 예산을 기획하여 마을특성에 맞는 사업을 수행한다. '아라농촌재생사업'의 이름으로 수행하는 사업으로서 매년 20개 마을이 선정되어 이장을 중심으로 주민조직을 초기화하여 시행하고 있다. 이 사업이 잘 수행되

면 가지단계로서 사업추진위원회를 구성하여 마을자원을 조사하고 주민협의를 통해 예비타당성 조사를 수행하면서 기반을 다져간다. 추진운영위원회가 활성화되면서 주민조직이 안정화되는 나무단계로 진입하게 되고 성숙되는 열매단계로 발전하면 마을만들기 공모사업을 본격적으로 추진하게 된다.

마을만들기 공모사업이 선정되면 기본계획을 수립하고 실행에 들어간다. 기본계획은 개별 지방자치단체의 조례에 근거하며, 지방자치단체는 각 중앙부처별로 시행하는 각종 마을사업의 경우에는 해당 부처의 추진지침을 마을만들기 기본계획으로 준용하고 있다. 기본계획에는 ①마을만들기 정책 기본 방향 및 효율적 추진방안, ②마을공동체 활성화를 위한 주민역량강화 교육, ③마을만들기 추진위원회 또는 운영위원회 등의 구성·운영, ④거버넌스 체제로 구성된 전문가 집단의 협력 체계 구성·운영, ⑤마을만들기 사업에 대한 행정적, 재정적 지원 사항 등의 내용들을 담고 있다.

기본계획 수립의 절차는 [표 5-2]와 같이 진행된다.

[그림 5-3]은 이상의 절차를 통해 수립된 사업계획서 조감도이다. 사업의 비전, 목표, 주요사업내용과 자원현황을 담고 있으며, 이들은 상호 연계적으로 형성되어 기본계획수립에서부터 실행과 사후관리까지 이어져 나간다.

그림 5-3 함안군 군북면 평광 창조적마을만들기 사업계획(출처: 함안군 내부자료, 2016)

제2절 마을만들기 실제: 농촌마을종합개발사업

1. 농촌마을종합개발사업의 개요

1) 배경과 개념

1970년대의 새마을운동은 자연부락 단위의 환경개선사업이었고, 1980년과 1990년대의 농촌개발사업은 자연부락 단위에서 벗어나 면정주권 단위인 소도읍으로 사업범위가 확대되었다(허주열·이성근, 2009: 46). 그러나 공통적으로 이들 사업은 물적 개발 위주의 하향식(top-down) 개발이었다. 이러한 정부주도의 농촌지역개발 정책은 농촌공간의 고유성을 해체하고 획일적인 특색 없는, 즉 주민의 삶의 질 향상과는 유리된 공간개발로 일관해 왔었다.

표 5-3 농촌문제의 실태와 현황

주요 현상	비고
•농어가소득과 도시근로자 간 소득격차 증대	연 3,700만 원/5,300만 원 도시의 70% 수준
•농촌지역의 낙후된 생활여건	무편의점 29%, 무약국 50.6%
•농어촌지역 인구감소율	연평균 -1.76%, 전국평균 0.85%
•인구 2천명 미만 면 급속히 증대	10년간 170개▸470개로 증대
•고령화 비율 급속히 증대, 지난 10년간 도시에 비해 3배 이상 증대	2018년 현재 농촌 노인인구 약 40%, 전국 평균 14%

그러나 1990년대와 2000년대 지방자치의 발전과 농촌지역의 자발적 개발의식 증대와 함께 주민참여와 민관 파트너십을 강조하는 상향식(bottom-up) 지역개발을 정부 정책으로 주도하면서 지역사회개발에 대한 이념과 목적에 대한 새로운 관심이 일어나기 시작했다. 대표적인 사업이 2004년에 도입된 농촌마을종합개발사업으로서 [표 5-3]에서와 같이 농촌지역의 인구감소, 고령화, 농산물 가격하락 등에 의한 농촌지역의 침체가 더 이상 지속되지 않기 위해 시작되었다. 그리고 최근 국민소득 증가, 근무시간 축소, 건강관리 등으로 농촌공간에 대한 국민들의 의식 변화와 농촌다움에 대한 관심이 증대되면서 더욱 탄력을

받아 본격적으로 추진되기 시작하였다. 이는 지역여건 및 주민수요의 반영, 사업추진과정에서의 주민협조 확보 등에 있어 많은 장점을 가지면서 더욱 확산되어 갔다(김용근 외, 2008).

농촌을 되살리기 위한 농촌마을종합개발사업은 2004년 제정된「농림어업인 삶의 질 향상 및 농산어촌 지역개발 촉진에 관한 특별법」에 근거하여 추진되고 있다. 2005년 농촌마을종합개발사업 예비타당성조사를 통해 남해 신전권역 외 39개 권역이 선정되어 사업 진행에 들어갔으며, 2005년부터 최근까지 약 1,000여 개 지구의 농촌마을종합개발사업이 완료되었다. 2010년에는 포괄보조금제도[4] 시행에 따라 117개 시·군을 대상으로 하는 마을권역단위 종합정비 사업으로 통합되어 추진되고 있다. 특히 2013년부터는 H/W 사업을 지양하고 S/W 중심의 역량강화를 중점 추진하기 위해 사업비 규모를 확대·조정하여 내실화를 기하고 있다. 이러한 S/W 중심의 사업을 통해 지역의 자율성을 존중하고 주민의 참여를 중시하는 방향으로 추진되고 있으며, 또한 주민참여가 실질적으로 이루어질 수 있도록 하고 있다는 점에서 기존의 농촌지역개발 방식과 차이가 있다.

농촌마을종합개발사업은 정부지원을 받기는 하나 마을단위로 지역사회개발의 본질과 이념을 살려 주민참여를 통한 공모제 형식으로 시작하였다. 사업의 목적은 지역주민이 공동체적 삶을 영위하는데 필요한 기반시설, 지역자원 및 특산물을 활용한 소득증대 기반시설, 쾌적한 주거 공간 조성과 농촌다운 자연경관유지 시설의 구축 및 지역주민의 역량강화에 목적을 두고 있으며, 추진기간은 5년으로 시행되고 있다. 이러한 사업목적과 내용으로 볼 때 농촌마을종합개발사업은 농촌지역을 대상으로 중앙정부의 지원을 통해 지역주민, 지방자치단체 및 전문가 간 협력체계를 구축하여 지역주민이 원하는 마을을 주민 스스로 만드는 지역주민 주도의 지역개발사업으로 규정할 수 있다.

---

4 포괄보조사업은 사업간 유사 중복, 지자체 자율권 침해, 소규모 분산투자 등의 문제점 해소를 위해 도입된 것으로 200여 개 사업을 22개로 통합하여 운영되고 있다.

2) 농촌마을종합개발사업의 주요내용

농촌마을종합개발사업은 농촌의 쾌적한 생활공간으로서의 기능을 살려 농촌 지역 마을을 경제·사회적으로 삶의 질이 높은 지역공동체로 발전시켜 나가기 위해 추진되었다. 이를 통해 바람직한 농촌모델이 될 수 있는 농촌 정주공간을 조성하여 농촌에 희망과 활력을 불어넣는 데 목적을 두고 있다. 다음의 [표 5-4]는 주요 사업내용과 지원조건을 기술하고 있다.

표 5-4 농촌마을종합개발사업 세부내용과 지원조건

사업유형		내용 및 지원조건
기초생활 기반확충		•문화·복지·주거·교통·경제활성화 시설 등 주민공동이용시설 및 부지구입 •부지구입비율은 농촌중심지 활성화 사업 기준(30%), 배후마을은 5억 이하 자율개발 사업 기준(25%)을 초과하지 못함
소득증대	소득 기반	•권역 생산특산물의 부가가치 향상 위한 주민 공동 시설 설치 •행정리(동)를 단위 공동사업(10가구 이상 참여 법인)에 한하여 지원, 시설비 총액의 20%는 수익자 부담
	체험 관광	•권역 자원 및 어메니티 활용, 주민 공동 소득 창출 •시설 소요 토지구입비, 건물 임차비 등은 수익자(주민) 부담
경관개선		•권역의 정주여건 개선, 어메니티 증진 및 농촌다움의 유지 •사유시설물(간판, 담장, 지붕)은 시설비의 20%를 수혜자 부담
지역역량 강화		•권역 주민의 역량 강화 사업의 효율적 추진, 사업성과의 제고 및 권역의 자생력 증진, 공동체 의식 강화 •역량강화사업비는 총사업비의 10% 한도 내에서 편성

출처: 농축산식품부. 2017에서 재정리

농촌마을종합개발사업의 기본방향은 농산어촌지역 주민의 삶의 질 향상과 지역공동체 활성화에 목적을 두고 주요 추진 내용은 다음과 같다.

첫째, 동일한 생활권·영농권 등으로 동질성을 가지며 발전 잠재력이 있는 마을들을 상호 연계하여 소권역 단위[5]로 지역주민과 지자체, 지역 내 관련전문가 등이 주도적으로 참여하는 상향식으로 추진한다.

5 소권역은 동일한 생활권, 영농권, 수리권 등으로 같은 특성을 가지며, 주민 간 유대감을 갖는 인근 3~5개 마을로 구성되는 소규모 권역을 의미하며 소권역내 포함되는 마을 수는 지역여건에 따라 탄력적으로 설정하고 있다.

둘째, 농촌다움을 유지·보전하는 친환경적인 개발 농촌지역을 전원생활 여가휴양 자연환경보전공간으로서 역할을 할 수 있도록 다원적 기능을 확충하고, 지역의 잠재자원을 특성화하여 소득증대를 통한 자립기반을 구축하는 것 등을 제시하고 있다(농림수산식품부, 2010).

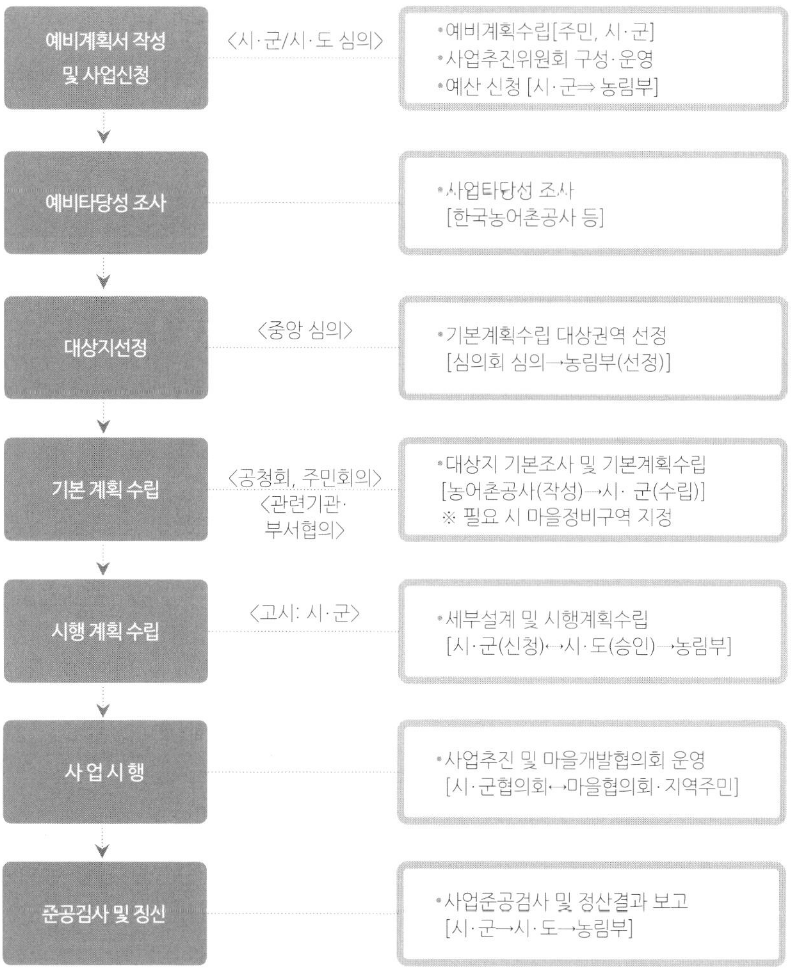

그림 5-4 농촌마을종합개발사업의 추진체계도

추진체계를 보면 시·군의 지원과 주민주도하에 예비계획이 수립되고 사업 추진 여건 등의 조사와 사업내용을 위해 사업추진위원회[6]가 구성·운영된다.

마을 개발협의회에서는 사업 추진을 위한 추진위원회 구성에 관한 사항 등을 협의한다. 시·도를 거쳐 신청된 예비계획서에 대하여 한국농어촌공사의 예비 타당성 조사에 이어 농림부가 기본계획수립 대상권역을 선정 및 확정한다. 확정된 사업에 대하여 시·군에서는 한국농어촌공사 각 시·군지사와 협조하여 권역별로 지역주민들을 대상으로 공청회를 실시하고 각종 의견들을 수렴하여 기본계획을 수립하고 시·도지사의 승인을 받은 후 사업시행에 들어간다. 사업 주관기관은 농림부와 시·도지사이며 사업시행자는 시장·군수가 맡게 되지만 예비계획수립에서부터 기본계획수립 및 시행이 모든 과정에 추진위원회와 같은 마을협의회 주민들이 사업구상 및 시행 방안에 대하여 직접 참여하는 상향식 지역개발 사업의 특성을 보여주고 있다. [그림 5-4]는 농촌마을종합개발사업의 구체적인 추진과정과 체계를 기술하고 있다.

2. 농촌마을종합개발사업의 추진과 특성

1) 신규사업의 타당성 검토와 준비사항

신규사업의 경우 먼저 지역과 주민편익 그리고 지속가능성의 관점에서 사업 타당성을 검토할 필요가 있다. 특히 마을지도자와 주민의 의지와 역량, 행정 및 전문가의 지원 등이 핵심적으로 검토되어야 사항이며 구체적으로는 [표 5-5]와 같이 체크리스트를 만들어 주민들 간 공유해서 숙의과정을 거쳐할 것이다.

사업 타당성을 검토한 후 주민들의 합의가 이루어지면 [표 5-6]과 같이 구체적으로 준비해야 할 실행사항들을 검토한다.

---

6 마을개발 협의회가 현재는 시군단위에는 시군발전협의회, 마을권역에는 권역발전협의회로 명명한다.

표 5-5 사업타당성 점검 체크리스트

점검사항	상	중	하
사업추진 의지와 사업계획에 대한 이해			
지역주민들의 역량강화 노력(선진지 견학, 워크숍, 설명회 등)			
사업계획: 상향식, 창의성, 지역특성 반영			
대상지역 내 타 사업과의 연계 및 시너지 효과			
지역과 주민들에게 구체적인 편익의 제공			
인허가 여부 및 사업대상 부지 확보 가능성			
세부사업간 연계성 및 사후 자발적 유지관리 의지와 계획			
지자체의 사업전담부서와 행재정적 지원의지와 역량			
사업추진을 위한 로컬거버넌스 구축 여부			

표 5-6 사업 타당성 구체적 점검 사항

분야	구체적 점검 사항
추진위원회 구성과 역할	•단일마을 10명 내외, 권역은 마을당 4인, 총 20인 내외가 적정 •여성 참여는 필수(부녀회장 등) •위원장은 유연한 리더십 소유자, 자질과 능력 우선 •체계적인 회의록 관리(대면평가 시 중요)
타 지역과의 경쟁력	•전국 다른 지역과의 경쟁력 비결 구축 •성공지역의 견학과 철저한 분석 •사업 협력업체와 유능 전문가의 선정
주민주도 사업의 이해	•주민참여 의지 확인 •무한 주민제안 수용, 숙의를 통한 집합적·합리적 결정 •지역역량 강화 위한 체계적인 주민교육 계획
독특한 사업 구상	•마을자원의 전수조사와 가치인정 •다수의 고령인구도 자원(노인복지과 일자리 창출) •다양한 분야 전문가 참여 유도

2) 농촌마을종합개발사업의 특성

현재의 농촌마을만들기사업은 정부지원을 받기는 하나 마을단위로 지역사회개발의 본질과 이념을 살려 주민참여를 통한 공모제 형식으로 이루어지고 있다. 종전의 관주도 정책과 차별화를 위해 사업의 기본계획 수립에서부터 주민의 자발적 참여가 강조되고 마을과 권역단위로 주민으로 구성된 추진위원회 중심으로 이루어지고 있다는 특징을 갖고 있다.

이 사업은 특히 1차 산업의 근간이 되는 농촌의 급속한 붕괴에 대한 대안으로 시작되었다. 특히 2010년대 들어 농촌의 지속가능성 확보에 비중을 두고 종래와는 다른 새로운 접근방법으로 추진되었고 현재 전국적으로 확산되고 있다. 현재는 농림축산부의 '일반농산어촌개발사업' 이름으로 시행되고 있으며, 현존하는 농촌의 제반 문제들을 해결하기 위하여 권역과 마을을 단위로 하는 유무형의 사업이다. 마을의 가치 있고 가능성 있는 잠재 자원의 보존 및 가공, 관리를 통해 마을 발전과 주민의 삶의 질 향상 위한 일련의 주민활동이라 할 수 있다.

농촌마을종합개발사업의 개념과 목적 그리고 추진방식과 체계를 통해 나타난 주요 특징들에 비추어 농촌마을종합개발사업은 마을만들기의 일종으로서 지역사회개발의 이념과 목적에 부합하는 지역사회개발사업이다. 농촌마을종합개발사업이 주민과 주민조직들의 적극적인 참여, 관과 민의 협력적 네트워크, 그리고 내생적 발전과 상향식 발전전략 등이 강조되고 있다는 점에서 지역사회개발의 전형을 보이고 있다. 이를 구체적으로 살펴보면 다음과 같다.

첫째, 농촌마을종합개발사업은 마을과 권역단위의 주민중심으로 계획되고 집행되어진다. 기존의 하향식 개발과는 달리 지역의 특성화된 자원을 최대한 활용하거나, 한정된 사업 메뉴에서 탈피하여 지역의 특성에 맞게 개발방향을 설정하고 투자재원도 사업 성격 및 규모에 따라 차등 지원하며, 관련 사업과의 연계성을 극대화시키고자 하는 것도 큰 특징으로 나타나고 있다. 기존의 농촌개발사업과는 달리 권역의 선정단계에서부터 시설투자사업 추진, 시설설치 이후 운영 등 전 과정에서 주민의 적극적 참여가 강조되며, 이는 이 사업의 성공과 운영 성과의 관건으로 작용하고 있다(조진상, 2009; 허주열·이성근, 2009).

둘째, 농촌마을종합개발사업은 로컬거버넌스를 중심으로 수행된다. 농촌마을종합개발사업에는 의사결정 및 계획수립단계에서부터 사업완료 이후 체험사업 관리와 운영에 있어 다양한 참여자와 기관이 관여하고 있다. 지역주민을 중심으로 관련 학계, 민간단체, 관련 전문가, 중앙정부 및 지방자치단체 등이 로컬거버넌스 체제의 특성과 효과를 거두기 위해 수평적인 네트워크 방식을 구축하고 있다. 사업수행을 위한 관련 기관과 참여자들의 주요 역할분담은 아래 [표 5-7]과 같다.

셋째, 농촌마을종합개발사업은 기존의 농촌개발 정책에서 추진했던 하드웨어 사업 위주에서 소프트웨어 사업을 포함한 종합개발사업의 특성을 갖고 있다. 여기에는 지역의 특성화된 자원 활용과 주민조직화, 주민교육을 통한 역량강화 및 지역공동체의식 함양 등이 포함되어 있다.

표 5-7 관련 기관과 참여자들의 주요 역할

기관	주요역할
농림축산식품부	기본방침 시달, 대상지 선정, 예산 지원, 추진상황 점검·평가, 보완대책 추진, 마을정비구역지정 승인
한국농어촌 공사	권역별 예비타당성 조사, 기본계획안 작성 및 기술지원(설계, 감리, 사후관리), 지역발전컨설팅, 사업시행(계획수립), 마을주민 교육
시·도지사	예산신청, 기본계획 및 시행계획 승인 마을정비구역지정 승인(신청), 시·군 사업시행의 지도·감독, 연차별 필요한 사업비 확보 지원, 시·군 공무원 및 주민대상 교육 및 워크숍 등 실시 사업추진상황 점검·평가, 보완대책 추진 및 건의
시장·군수	사업시행 주체, 사업 전반에 대한 책임, 계획수립, 사업추진 및 사후관리까지 종합적 관리, 예정지조사 및 예산신청, 마을개발협의회 구성·운영, 기본계획 수립, 권역사무장 채용·운영, 시행계획수립 및 사업시행, 유지관리, 마을정비구역 고시, 마을개발협의회 구성, 사업추진을 위한 의사결정 기구로 적극 활용, 사업대상권역 마을지도자 활동 지원
지역주민	권역별 추진위원회 구성·운영, 마을개발협의회 참여, 예비계획 수립 및 사업신청, 명예 공사감독 운영, 유지관리
권역 사무장	전문성과 경험이 부족한 지역주민 지원, 사업추진, 홍보, 기획, 유지관리, 주민역량 교육 등 권역발전을 위한 역할을 전담, 마을권역 추진위원회의 분야별 조직화 및 운영 보조

3. 지역공동체 마을만들기의 수단

1) 마을신문 만들기

"신문에 나왔어" 하면 신빙성과 정당성을 인정받을 수 있다. 신문의 기능으로서는 보도, 비판, 재미가 있어야 한다. 신문의 특성은 전문성, 정확성, 친밀성이며 이러한 신문의 특성이 가장 잘 반영될 수 있는 곳이 바로 마을이고 동네이다. 마을이 적당한 첫 번째 이유는 마을신문 '뉴스'에 대한 태도는 포지티브

(긍정적 사고)에서 출발한다. '마을공동체'에서 출발하여 '따뜻한'신문, '동네사람들'을 위한 신문, '마을소식'을 전달하는 신문, 그리고 '이웃을 이어주는' 신문으로서의 역할을 한다. 둘째는 비용 대비 효과가 크다는 점이다. 마지막으로 마을신문의 소재가 무궁무진하다는 점이다. 우리 동네 사람 이야기는 늘 감동스러운 톱기사로서 늘 보아오던 이웃사람을 더 잘 앎으로서 모두의 일원임을 자랑스럽게 생각할 필요가 있다. 단지 몇몇 주위 사람의 부정적 시각을 어떻게 극복하느냐가 관건이다.

이와 함께 좋은 마을신문이 되기 위해서는 다음과 같은 요건들을 갖출 필요가 있다.

첫째, '신문' 다와야 한다. 단순 소식지 수준을 넘어서는 것이 관건이다. 그러나 비판은 있어야 한다. 예컨대 미래를 위해 학교 운동장 인조 잔디 설치를 반대하거나 아파트인근 가스충전소 등의 문제를 지적하면서 공론화시킨다.

둘째, 주민친화적이어야 한다. 마을 '시장'에서 인정받도록 되어야 하고 지역민 본위와 지역밀착형으로 꾸미고 여기에 재미와 광고로써 영향력을 확보하는 것이다.

셋째는 본 대로 느낀 대로 작성하는 것이다. "떡볶이 집 아들 장가간다, 식당 하는 어머니의 칠순 잔치, 군대 휴가 나온 아들 이야기" 등 보통사람들의 생활을 다룬다. 그러나 마을신문 나름의 전문성은 확보되어야 한다.

칠보산 마을신문 사례

칠보산 마을신문은 지역 내 여러 단체들이 함께 한 정월 대보름 축제의 평가과정에서 그 필요성을 처음 알게 되었다고 한다. 함께한 사람들은 평가회를 통해 마을만들기 활동을 지속적으로 해 나가기에는 한계가 있고, 개별 구성원들이 처한 구체적인 상황과 어려움들을 공유하고 서로에 대해 알려고 하는 관심과 노력이 축적 되었을 때 비로소 마을만들기도 힘 있게 진행될 수 있다는 것을 공감하게 되었다. 그 첫 번째 대안으로서 마을에 존재하는 다양한 공동체들 간에 서로의 소식을 나누고, 공동체에 속하지 않는 마을주민들에게도 지역 소식을 전함으로써 관심과 참여를 높여가는 것임을 인식하게 되었다.

이후 칠보산 지역을 중심으로 마을신문 제작에 대한 고민이 구체화되었는데, 이와 동시에 자력으로 신문을 발간할 수 있는 방법과 많은 사람들이 접할 수 있는 방안도 모색하게 되었다. 마을신문은 마을 안에 존재하는 여러 공동체들의 소식을 공유하고 주민들에게 마을 안 공동체들의 소식을 전하며, 단오축제, 한가위 강강술래 등 마을 전체가 함께 할 수 있는 행사를 알려 보다 많은 주민들의 관심과 참여를 이끌어내는 역할을 하게 되었다.

칠보산 마을신문은 마을만들기 활동이 촉발되는 가장 기초적인 고민, "어떻게 하면 마을행사·마을활동에 공동체 식구들을 비롯한 다른 주민들까지 함께할 수 있을까"라는 작은 고민에 기초하고 있다. 아는 그들만의 교육, 그들만의 마을만들기라는 외부의 시선을 극복하고, 스스로 그 대안을 찾아가는 '마을만들기'의 시작이다. 칠보산 마을 사람들은 자신들의 것들 속에서 고민하면서 자기들만의 속도로 마을을 만들고 있는 것이다.

2) 마을기업

마을기업은 마을주민 주도적으로 지역의 각종 자원을 활용, 수익사업을 통해 지역공동체를 활성화하고 지역주민에게 소득 및 일자리를 제공, 지역발전에 기여하는 마을단위의 기업으로서 사회경제적 기업의 일종이다. 우리나라에서 마을기업은 ⅰ)외환위기 이후 계속된 고용 없는 성장의 구조화, 재정건전화 기조 속에서 새로운 대안 및 블루오션을 전략적으로 발굴·육성, ⅱ)주민주도로 내실 있는 경영을 통해 지역문제와 과제의 해결 유도, ⅲ)지역거버넌스를 통해 지역특성에 맞는 사업발굴과 육성 등에 대한 관심이 고조되면서 발전하게 되었다.

마을기업의 설립요건은 지역주민으로 구성된 법인(주식회사, 영농조합, 협동조합 등)으로 지역주민의 비율이 70% 이상, 특정 1인과 그 특수 관계인의 지분의 합이

50%를 넘지 않아야 하며, 신청 전에 출자자 모두 24시간 이상의 교육을 반드시 이수해야 한다. 마을기업으로 선정되면 1년차는 최대 5,000만 원, 2년차는 최대 3,000만 원을 지원받아 안정된 일자리 및 정기적 소득 창출을 위한 기업으로 활동한다.

신청대상사업으로는 ①지역자원 활용형 마을기업: 지역특산물, 자연자원 활용사업, 전통시장 및 상가 활성화사업, 공공부문 위탁사업, ②친환경 녹색에너지 마을기업: 쓰레기. 폐기물 처리 및 자원재활용 사업, 자연생태관광, 자전거 활용 등 녹색에너지 실천사업 등이 해당된다. 신청은 연 초에 시·군·구별 공개모집 절차를 통해 신청하며 절차는 ①마을주민이 사업계획을 수립과 신청, ②시군구에서 1차 심사 후 추천, ③시도의 적격여부 최종 판단, ④행정안전부 보고, 마을기업 지정의 순으로 진행된다.

3) 마을박물관

마을 그 자체가 하나의 박물관이며, 마을박물관은 마을의 각 종 모습을 생활도구와 기록 그리고 사진으로 보관하는 지역문화의 보고이다. 사람들의 생활방식은 마을단위로 세대로 이어지는 문화인 동시에 끊임없이 변하는 속성을 갖고 있다. 마을 형성시기의 문화, 할아버지·할머니 시절의 문화, 아버지·어머니 때의 문화, 그리고 우리 세대의 마을문화를 연계·지속해 나가는 것은 지속가능한 발전이며 마을만들기의 중요한 부분이다.

마을박물관의 특징으로서는 주민의 뜻과 정성으로 만든 공간(박물관, 자료관, 전시관), 마을주민의 삶을 보존 및 기억하는 공간, 엘리티즘적 귀족주의적 전시의 미학에서 탈피, 자식들조차 생각하지 못한 부모의 기념 공간, 주민에 의한 주민 위한 자료관, 주민밀착형, 동네박물관으로서 신마을공동체운동의 실천 공간, 지속가능한 역사문화 자료관, 주민들 스스로 만들고 스스로 운영에 참여, 일상생활 속에서 애착을 중시, 그리고 공동체학습의 장으로 역할을 한다. 단순히 구경시켜주기 위한 시설이 아니라 마을 주민의 주도적 참여로 그들의 실제 생활에 유익하게 활용될 수 있는 지속가능한 시설이다. 관광용이나 영리추구가 아닌 오로지 마을 주민들과 그들의 후손들에게 뜻이 있고 필요한 시설로 거듭나야 하며 지역공동체의 구심점으로서의 특성을 갖는다.

4) 커뮤니티기반 농업

최근 미국 등 선진국에서도 한국의 제철꾸러미 사업과 비슷한 지역공동체지원농업(CSA: Community Supported Agriculture)이 유행하고 있다. 공동체지원 농업은 제철꾸러미처럼 지역주민들이 지역농민에게 일정한 회비를 납부하고 지역에서 생산된 농산물을 소비하는 시스템이다. 따라서 생산자와 소비자 모두 농산물 생산·유통에 참여하는 시스템이라는 점에서 커뮤니티기반의 공유농업이라고도 한다.

CSA 농업의 시작은 일본의 테이케이농업(제휴농업)을 원조로 보고 있다. 일본에서 시작된 테이케이농업이 유럽을 거쳐 1985년 반 엔 로빈(Van En Robyn) 박사에 의해 미국에서도 시작됐다. 공동체지원농업(CSA)을 적극적으로 미국에 소개한 반 엔 로빈 연구소의 홈페이지에 따르면 CSA는 지역 회원이 매년 농산물 생산비를 보장하는 회비를 내고 매주 제철에 생산된 농산물을 받을 수 있다고 소개하고 있다. 또한 농부의 재정을 안정적으로 보장해 소규모 유기농업을 지속가능하게 하도록 하고 있다(Robyn Van Center, 2018).

궁극적으로 CSA 농업의 목표는 지속가능한 농업 시스템을 지원하는 것으로 농산물에 대한 직거래를 통해 농민에게 공정한 보상을 보장하는 것이다(Henderson, E and Robyn Van En, 2007). 최근 유기농산물의 수요가 불특정다수로 확대되면서 이 과정에서 유기농산물 유통형태도 '생소제휴' 중심에서 점차 생산지 직거래, 유통업체를 통한 판매, 시장 출하 등의 형태로 다변화되기 시작했다. 우리 지방에서 생산된 농산물을 우리 지방민이 앞장서 소비하자는 이른바 '지산시소'(地山地消) 운동의 일환으로 확산되고 있다.

반 엔 로빈 연구소에 등록돼 있는 CSA농장은 1천1백40여 개이며, 약 10만 명의 회원이 가입돼 있다. CSA는 다양한 방법으로 운영되고 있다. 전체 회원을 대상으로 생산비 등의 예산을 수립해 이를 서로 나누는 방법이 있다. 또 다른 방법은 농민이 생산한 농산물의 가치와 무게에 따라 생산비를 직접 결정한다. 회원들은 회비 또는 노동 참여의 대가로 CSA 농장에서 생산된 농산물을 분배받는다. 농산물 분배는 회원이 직접 농장이나 농민시장, 마을 등에 와서 가져가거나 농민들이 직접 배달을 한다. CSA 농장은 농장 생산물 이외에 인근 농장에서 생산한 농산물을 구입해 회원들에게 제공하기도 한다. 각각의 CSA는 지역주민과 농업에 맞게 설계돼 운영되고 있으며 아직까지 CSA들은 지속가능한 운영과 경제적이고 친환경적인 시스템을 유지하기 위해 노력하고 있다.

미국의 사례를 중심으로 보면 CSA는 크게 4개의 유형으로 나누어진다(김종덕, 2009). 농민 주도로 조직하고 경영과 관련한 대부분을 결정하는 농민주도형이 있다. 농민주도형에서 소비자들은 매주 배달되는 농산물을 받는 수동적 형태이다. 소비자주도형 CSA는 소비자들이 토지를 찾고 농민을 고용하며 재배할 품목을 결정하고 경영과 노동에 실질적으로 참여하는 형태이다. 농민들이 협동조합을 결성해 운영하는 농민협동조합형 CSA가 있다. 농민협동조합형은 여러 농가가 합쳐서 농산물을 공급하기 때문에 개별농가의 한계를 해결할 수 있는 장점이 있다. 농민과 소비자가 협동조합을 꾸려서 하는 농민소비자협동조합 CSA는 토지와 자원을 공유하고 농산물을 농민과 소비자가 공동으로 생산하는 형태이다.

CSA로 인해 얻을 수 있는 것은 소비자들은 당일 수확한 채소 등 제철 유기농산물을 일반가격으로 받을 수 있으며, 시장에서 구매하는 것보다 다양한 종류의 과일과 채소를 받는다. 또한 농업에 직접 참여함으로서 지역농업을 통한 환경보전을 할 수 있으며 농사를 배울 수 있다. 농민들은 중간상인의 유통마진을 없애기 때문에 더 많은 이익을 창출할 수 있다. 또한 사전 계약재배 형식이므로 체계적인 생산을 통해 과잉생산이나 저장비용 등을 줄일 수 있으며 안정된 판로를 확보하게 된다.

미국의 CSA는 생산자인 농민과 소비자가 함께하는 전형적인 공유농업의 방식을 취한다. 즉 회원 소비자들이 생산자에게 영농과 생계에 필요한 현금과 노동력을 제공하고, 그 대가로 수확물을 분배 몫으로 받는다. 소비자가 영농에 대한 위험을 생산자와 함께 나눈다. CSA는 농민, 회원소비자, 농업 및 농장, 지역사회에 많은 이점을 제공한다. 농민은 안정적으로 농사에 전념할 수 있고 회원소비자는 저렴한 비용으로 신선한 농산물을 구입할 수 있다. 지역농업을 친환경적인 방식으로 발전하도록 이끌고, 농장의 보전을 가져온다. 지역사회의 활성화에도 기여한다. 하지만 CSA는 산업형 농업으로부터 도전을 받으며, 토지가격이 비싼 곳에서 시작이 쉽지 않으며, 규모가 커지면서 그 이념이나 정신이 퇴색하고 있다. 또 회원들을 계속해서 유지하고 충원해야 하는 과제를 안고 있다.

우리나라의 경우 전국적으로 물류시설이 발전해 있고 도시에는 신선하고 안전한 농산물을 찾는 다수의 소비자들이 있다. 즉 CSA의 발전에 유리한 조건을 갖추고 있다. 최근 전국 각 지역에서 확산되고 있는 도시와 농촌의 교류 형태인 팜시티(farm city) 등이 그런 맥락의 사례다. 이런 커뮤니티기반의 공유농업이 전체 농업에서 차지하는 비중은 아직 미미하다. 미래 농업의 비전으로서 그리고 FTA 이후 어려움에 직면하고 있는 우리 농업을 살릴 수 있는 방법으로서 커뮤니티기반의 공유농업은 많은 가능성을 줄 것이다.

제3절 마을만들기의 성공요건

1. 마을만들기의 성공사례

1) 도시사례: 성북구 동행(同幸) 활성화 사업

성북구는 주민 주도로 관내 아파트 경비원의 임금인상과 고용보장을 추진하며 '동행성북'을 지향하는 각 종의 지역공동체 사업을 추진하고 있다. 이를 기반으로 상생과 공존의 가치 '동행 경제공동체'를 구축하여 지역 전반으로 확산시켜 '함께하면 함께 행복하다'는 성북구만의 독창적인 상생공동체 문화를 이루어내고 있다. 동행은 사회적 경제를 만나 더욱 확산되었다. 2010년부터 지역문제를 지역에서 해결하기 위해 사회적경제와 마을만들기를 연계한 지역재생 전략을 추진했다. 사회적 경제 지원체계와 마을공동체 활성화 사업을 통합해 2015년에는 성북구 마을사회적 경제센터를 개관하여 전문화를 도모하였다.

주요 사업으로는 전국최초 간접고용까지 포함하는 생활임금제, 1인 청년기업인과 창업준비생을 위한 공공임대주택 도전숙, 갑을관계 개선을 위한 동행계약서 도입, 전국최초 사회투자기금·사회적 경제제품 의무구매 공시제 시행 등 경제적·재산적 가치가 아닌 사람과 공동체 중심의 동행 선순환 경제가 이어질 수 있도록 지속적인 노력을 기울여 왔다. 주민 스스로 이룬 경비원 고용안정은 함께 행복하다는 뜻의 동행(同幸)의 대표적인 사례이다. 동행의 싹은 계속해서 성장했다. 2015년 성북 동아에코빌은 기존 갑을계약서를 동행계약으로 변경했다. 성북구청도 이에 화답해 11월부터 동행계약서를 적용하기 시작했다. 이 계약서는 다른 지역으로 전파되었고, 2016년 11월 성북구 동행 활성화 조례를 제정하였다.

조례의 목적은 성북구 주민들의 이웃 간 상생하는 문화 조성을 위해 공동주택 내 동행(同幸) 활성화 사업과 동행계약서 확산에 두고 ①공동주택의 상생 공동체 문화조성, ②공동주택 내 사회적 약자 고용안정, ③주민참여 기반 주민이 주도, ④주민과 행정기관의 상호신뢰와 협력 추진 등을 기본원칙으로 하고 있다(새성북신문. 2016. 9. 11).

또한 공동주택 동행 활성화 사업 추진을 위해 자유공모사업·문화프로그램·주민리더교육 등 다양한 사업을 발굴·추진하고, 성북형 공동체 모델 사업을 별도로 정해 주민주도사업 참여 당사자와 단체에 대해 행·재정적 지원을 지속적으로 수행하고 있다. 그 결과 '제2회 대한민국 지역경제혁신대상'에서 '더불어 행복한 동행 경제공동체'로 상생협력추진분야 산업통상자원부 장관상을 받았다(아시아경제, 2018. 4. 12).

성북구의 새로운 가치로 자리매김한 동행을 만든 것은 주민자치와 동네민주주의였다. 민관협치를 바탕으로 주민들이 마을계획을 수립했고, 교육아동,

안전, 여성, 복지, 인권, 생활체육, 건강을 포함한 8대 생활의제 열린 토론회에도 적극적으로 참여했다. 서울시 주민참여 예산 누적액이 200억 원으로, 성북구가 서울시 자치구 중 1위를 차지하였다.

2) 농촌사례: 함안군 강주마을 해바라기 축제

함안군의 급격한 산업화로 인해 주변 마을이 온통 공장지대로 둘러싸여 황폐화 하였지만, 강주 마을만은 공장이 들어서지 않은 청정지역이라는 점을 착안하여 몇 종류 원예식물을 시범 재배한 끝에 해바라기 식재를 기획하였다. 마을 뒷산과 들판에 해바라기를 심어 경관을 조성하여 사진콘테스트를 개최하여 SNS를 통해 전국으로 확산시켰다. 강주마을은 산업화에 따라 잃어버린 마을 공동체와 농촌의 아름다움을 되찾기 시작하였다.

동네 골목길 담벼락 벽화 그리기를 통해 시골다움의 경관을 조성하였다. 2013년도에 시작된 이 사업에는 마을주민들의 성금으로 예산을 확보하였고, 경남자원봉사센터, 창원대학교, 한화그룹 벽화단 등의 자원봉사자들이 참여하였다.

2014년 제1회 농식품부 주관 행복마을만들기 전국 콘테스트에서는 마을분야에 강주 해바라기마을이 국무총리상, 2015년 제2회에서는 시군 마을만들기 분야에서 함안군 마을만들기사업이 국무총리상을 수상하였다. 강주마을 해바라기 축제는 150만 송이 해바라기 단지를 조성하여 해바라기 축제 3회와 청보리 축제를 개최하여 220,000명의 탐방객을 유치함으로서 국내·외적으로 호평을 받았으며, 축제와 함께 해바라기 6차산업화를 이룩하여 해바라기 기름과

강주 해바라기 축제 현장

마을 담벼락 벽화그리기

에너지바, 막걸리 등을 생산·판매함으로써 도농교류 촉진과 마을주민 소득향상에 기여하고 있다. 이러한 성과로 인해 KBS 2부작 「행복바이러스」가 8월에, MBN 8부작 「新부자 수업」으로 2016년 10월에 해바라기 마을만들기가 방영되기도 하였다. 뿐만 아니라 국내외에서 벤치마킹 방문이 쇄도하고 있으며, 중국상해 통지대학교, 태국, 네덜란드 등에서도 방문하고 있는 등 마을만들기 우수사례들이 지속적으로 확산되고 있다(정원식, 2017).

2. 마을만들기의 성공요건

1) 지역의 가치 인정

마을만들기는 내생적 지역발전사업으로서 우리 지역의 가치를 인정하고 산재해 있는 유·무형의 자원들을 발견하는 데서부터 시작된다. 사람이 사는 곳 어디에나 가치는 있기 마련이다. 그러나 지역의 가치를 인정하면서 사람이 살아왔음에도 불구하고, 가치를 잊는다거나 보지 못하고 살아가는 경우도 허다하다. 마을만들기의 실천은 지역의 가치를 발견하고, 올바르게 평가하는 것에서부터 시작된다. 따라서 지역의 가치발견은 먼저 그 지역에 사는 사람들이 가치가 있다는 것을 인정하는 일이다.

빙하와 화산의 나라인 아이슬란드에는 게오(gyahoo)라고 하는 지구의 균열 점이 있다. 섬 전체는 용암과 빙하로 뒤덮힌 황폐한 땅으로 커다란 나무는 자라지 않지만, 자신들 국토의 혹독하면서도 아름다움을 사가라고 하는 독특하고 간결한 표현으로 이야기를 만들었다. 자신들에게 있어서 자긍심이 높은 토지인 것이다(장준호·김선직 역. 2008).

사회적 동물인 사람은 마을공동체에서 사람들 간 관계를 통해 안착하고 변화한다. 마을이라는 공간에서 주민들은 국민으로서 의사결정권을 실현할 수 있다. 그래서 '동네 안에 국가'가 있으며, '가장 지역적인 것이 가장 세계적인 것'이라고 할 수 있다. 따라서 마을이 혁신이고 지역이 미래로서의 가치를 갖고 있다는 점을 인식하는 것이다.

2) 지역공동체와 로컬거버넌스의 구축

마을만들기는 기본계획 수립 시부터 주민 자발적으로 이루어지는 것이 원칙이며, 따라서 사업 추진체계는 지역공동체와 이를 바탕으로 형성된 협력적 거버넌스를 기반으로 집행과 운영 시스템이 갖추어 지는 것이 바람직하다. 예컨대 함안군 마을만들기를 위한 거버넌스 체계의 경우, 먼저 독립부서인 함안군 미래전략기획단이 마을만들기를 총괄 운영하고 있으며, 함안군 민관발전협의회는 환류체제 구축 및 협의회 전문가의 마을만들기 자문역할을 수행하고, 한국농어촌공사 함안지사는 농촌마을종합개발사업의 시설사업의 실시기관으로서 마을만들기 우수사례 전파 및 추천사업의 권장 등을 담당하면서 기관 간 협력체계 구축을 중재한다.

메티시(P. Mattessich, 1997)는 이러한 체계 구축의 가장 근본적인 요소로서 참여기관들과 마을주민들 간 신뢰를 강조한다. '마을 내 의사소통이 원활하게 이루어지고 있는가? 마을내 갈등과 다툼의 소지는 없는가?'를 질문하고 점검하는 일이다. 그 답은 마을지도자(활동가)와 주민 사이 의사소통 체계를 확립하여 공통의 문제의식, 동기부여, 참여확대를 통해 문제해결 능력을 높이는 것이다. 또한 사업 비전과 목표를 공유하고, 투명한 의사결정, 주민들 간 비공식 활동을 확대함으로써 신뢰는 두터워지는 것이다.

3) 주민을 위한 직접적인 이익의 창출

농산어촌개발 사업을 통해 일자리 창출과 소득향상에 대한 주민들의 기대감이 매우 높은 것은 사실이다. 그러나 그동안의 사업 경험으로 볼 때 환경 및 경관개선을 통한 마을 이미지 개선과 마을공동체 회복은 큰 성과로 간주되고 있으나 소득창출과 같은 직접적인 경제적 효과는 다소 미흡하였다. 사업이 주민들에게 피부로 느낄 정도로 분명한 혜택이 주어질 것이라는 인식을 심어줘야 하며, 이 길만이 주민들의 지속적 참여와 협력을 유도할 수 있다.

마을만들기 사업을 통해 주민소득을 창출하기 위해서는 지역특성에 맞는 다양한 소득사업을 발굴하여 이를 6차산업화[7]로 발전시키는 일이다. 6차산업화의 핵심은 각 산업 간 연계·융합을 통해 발생한 부가가치의 소득이 다시 농업 및 농촌으로 환원되는 선순환의 구조 속에서 지역경제를 활성화를 도모하는데 있다. 예컨대 농업분야의 발효산업 경우 식품, 대사물질, 건강소재, 에너지 등 다양한 분야로 확대되고 있는 거대 산업군으로서 6차산업화를 위한 자원으로 충분히 활용 가능하며, 농촌관광 역시 지역문화 및 역사자원, 지역축제, 지역명소, 자연자원 등을 활용하여 타산업과의 연계를 통하여 6차산업화를 진행할 수 있을 것이다(정원식 외, 2017). 또한 축제 때나 평상시 현지 농특산물 마켓 활성화를 위해 '지역화폐'[8]를 발행하는 것도 같은 맥락이다.

이를 위해서 우선적으로는 정기 및 수시회의를 통해 지역주민의 정확한 수요와 의견을 수렴하여 적극적으로 반영하고, 전문가 집단의 자문을 거쳐 종합적 계획을 수립한다. 메티시는 이와 관련하여 마을사업 내용들은 주민이 원하는 것들인가? 사업성과들을 주민들이 이해하는가? 의 질문에 대해 충분한 답변이 준비되어야 할 것을 주문하고 있다(장수찬 역, 2015). 따라서 축제의 경우 '돈을 쓰는 축제'에서 '돈을 버는 축제' 개념으로 혁신하는 것이다.

4) 마을만들기 지속관리체계의 구축과 계획수립

마을만들기를 통해 만들어진 시설 등에 대한 유지관리는 이 사업이 단편적인 생활 및 환경개선의 차원을 넘어 지속적으로 마을주민들이 자발적인 주체로 참여한다는 점에서 중요성이 매우 크다. 그러나 그동안 마을만들기 사업이 완료되고 나면 소득 증대나 문화·체육·건강 등 생활복지의 질적 개선을 목적으로 설립한 공공시설의 운영과 관리에 대해 누가 책임져야 하는 지에 대해 많은 논란이 있어 왔다. 책임의 소재가 불분명하다보니 관리 부실과 운영의 효율성

---

7 6차 산업화는 1차(농업의 생산), 2차(가공), 3차 산업(서비스)의 단순한 집합이 아닌 각 산업 간의 융합(1차×2차×3차)을 의미한다.

8 지역화폐의 농분위제를 채택하는 방안이다. 농분위제는 지역통화를 언제라도 그 지역농산물이나 가공품으로 교환할 수가 있어 교환에 필요한 양의 상품이 항상 파머스마켓에 갖추어져 있는 것으로 통화가치를 보증하는 것이다(충남발전연구원 역, 2006).

문제로 인해 가동이 중단되거나 방치됨으로써 애물단지로 전락되는 사례가 빈번하였다. 이러한 문제를 해결하기 위해서는 사업의 기본계획에 사후관리와 운영에 대한 체계적인 계획이 확립돼 있어야 한다. 중요한 것은 기본계획 수립 단계에서부터 사후유지관리를 고려하여 주민의 역량에 맞는 사업을 선정하는 일이 우선이고, 유지관리의 비용이나 예산확보 방법에 있어서도 주민들이 쉽게 참여할 수 있도록 계획되어야 할 것이다(신중진·신효진, 2010).

사후 유지·관리와 운영이 잘 되지 않는 현실적인 원인으로서는 마을공동체와 주민간 협력체계의 미흡, 행정지원 및 예산의 부족, 전문성 결여 등이 지적되고 있는데, 이들 문제를 해결할 수 있는 장치들이 마련되어야 할 것이다. 우선적으로는 지방자치단체의 책임 있는 역할이 선행되어야 할 것이며, 행정을 중심으로 주민참여를 활성화시키거나 전문기관과의 파트너십 확립이 요구되고 있다. 또는 마을만들기 지원센터와 같은 중간지원조직을 활성화시켜 그 역할을 담당하도록 하는 방법이 강구되어야 할 것이다. 일본의 마을만들기 사업에 있어 대표적인 성공사례로 소개되고 있는 도쿄의 세타가야구와 네리마구 지역의 경우 중간지원조직으로서 마을만들기 지원센터를 설립하여 시작부문과 지속부문으로 사업을 구분하여 사업 종료 후에도 지속적인 관리가 이루어지도록 하고 있다(신중진·신효진, 2010). 이렇게 함으로써 주민중심의 마을만들기에서 한계점으로 지적되어 온 주민들의 전문성과 역량의 문제가 주민지향형 중간지원조직을 통해 보완되고 있다.

제6장

마을기업과 지역사회 개발

제1절 마을기업의 개요

제2절 마을기업의 설립요건과 운영

제3절 6차산업화와 마을기업

제4절 마을기업의 육성 및 활성화 방안

제 6 장 마을기업과 지역사회개발

제 1 절 마을기업의 개요

1. 등장배경 및 개념

1) 배경과 시작

(1) 외국의 정책적 배경

마을기업은 마을이나 동네 단위로 경영수익사업을 하는 커뮤니티 비즈니스(community business)에서 유래되었는데, 1970년대 중반 영국 스코틀랜드에서 주민들에 의해 커뮤니티 재생사업과 함께 지역밀착형 비즈니스 형태로 시작되었다. 이후 1990년대 중반 일본에서 '커뮤니티 비즈니스'란 말을 사용하였고 우리나라에서는 이를 마을기업이라고 부르게 되었다. 커뮤니티 비즈니스는 이름 그대로 커뮤니티와 비즈니스의 두 용어가 결합된 복합어로서 지역과 주민생활에 밀접하게 관련된 사회·경제적 문제를 해결하기 위하여 주민들이 공동체를 구축하여 사업적으로 접근하는 것이다.

영국의 경우 1980년대에 대처 수상이 작은 정부를 지향하면서 공무원 수 감축과 민영화 정책에 따라 일부 행정서비스들을 커뮤니티 비즈니스로 아웃소싱을 하였고, 이러한 영국의 모델을 NPO(non-profit organization)가 중심이 된 일본에서 벤치마킹 하게 되었다(김창규, 2010: 23). 일본은 영국의 지역사업과 사회사업을 내재화하여 마을기업으로 발전시켰고, 우리나라는 일본에서 사용하고 있는 커뮤니티 비즈니스 용어와 개념을 그대로 적용하였다.

일본에서는 버블경제 붕괴 후, 구도심을 중심으로 지역경제가 무너지면서 지역 재활성화 방안으로 도입되어 1990년대 중반부터 커뮤니티 비즈니스라는 용어를 사용하기 시작하였다. 호소우치 노부타카(2007)는 커뮤니티 비즈니스를 자신이 살고 있는 지역을 건강하게 만드는 주민주체의 지역사업이라는 전제하에서, 주민 스스로 지역의 어려움을 해결하고 삶의 질을 높이기 위한 활동을 비즈니스 형태로 운영하는 것으로 설명하고 있다. 한마디로 일본에서의 커뮤니티 비즈니스란 마을만들기의 사업경험 축적이 비즈니스 차원으로 발전된 것이다(양세훈, 2012).

일본에서 커뮤니티 비즈니스가 확산 된 배경은 지역문제 해결에 대해 정부와 시장 모두 실패했던 경험에서 비롯되었다. 이후 일본이 커뮤니티 비즈니스를 주목하기 시작한 데는 두 가지의 정책적 배경이 있었다(농촌진흥청, 2013). 하나는 일본 경제의 장기 침체에 따른 지방자치단체의 재정악화였다. 지방자치단체의 재정위기 하에서 지역주민에게 제공하던 공공서비스를 줄일 수 없는 상황에서 커뮤니티 비즈니스를 지역문제 해결의 새로운 대안으로 주목하게 되었다. 두 번째는 지역단위에서 다양하게 펼쳐진 풀뿌리 시민운동의 활성화였다. 일본은 경제 활력을 가져올 수 있는 방법으로 새로운 사회적 가치를 창출할 수 있는 소셜 비즈니스(social business)란 개념을 도입하고, 이 범주 안에서 커뮤니티 비즈니스 정책을 추진하였다. 특히 사회 인프라가 부족한 농촌주민들의 삶의 질과 관련한 다양한 수요 충족을 위해 커뮤니티 비즈니스와 같이 시민사회가 중심이 되어 자신들이 원하는 것들을 직접 공급하거나 제공하는 방식을 택하게 되었고, 이를 통해 정부는 행정비용을 절감하고 지역주민은 삶의 만족을 높이는 이중 효과를 얻었다.

표 6-1 영국과 일본의 마을기업 도입 배경

영국	일본
•정부실패에 대한 보완	•국가 및 지역경제의 쇠퇴
•기업의 사회적 책임의식 증대	•풀뿌리 지역공동체 운동
•신자유주의 한계, 글로벌 경영환경 대응, 시장경제 실패	•신자유주의 한계, 글로벌 경영환경 대응

(2) 신자유주의 한계

마을기업은 자유시장경제의 경쟁적 원리보다 상생과 공존을 강조하는 사회적 경제 원리의 기반 위에서 탄생하였다. 사회적 경제는 획기적이고 급속한 성장과 발전은 아니지만 상생을 지향하고, 더디지만 지속가능한 영속적인 발전을 추구한다. 또한 마을기업은 그 성격상 이러한 사회적 경제에서 강조하는 결사체주의와 연계된 '연대경제'(정관영, 2013)의 한 축으로 발전하고 있다고 보여 진다.

오늘날의 글로벌 자본주의는 신자유주의 이름하에 지역적 여건과 의식 또는 문화적 현실과는 무관하게 거시적 차원에서 시장공식 위에서 작동되고 있다. 특히 신자유주의는 정부의 과도한 시장개입을 거부하고 자유로운 시장체제를 적극적으로 수용하면서 궁극적으로는 개인의 자유를 앞세워 자신에게 유리한 것(이익)만 선택하는 경쟁적 경제이념이다. 이러한 이념이 팽배해 지면 협력과 상생의 경제는 무너지기 쉽고 심각한 사회적 불평등과 갈등문제를 양산하게 된다. 사회적 경제는 이러한 신자유주의 한계를 극복하는 대안 경제로 나타났고, 경제의 비민주화의 문제를 치유하기 위해 사회적 가치와 책임 그리고 연대성의 원리를 중시하는 사회적 경제가 등장하게 된 것이다. 따라서 사회적 경제 원리를 바탕으로 하는 마을기업은 신자유주의와는 대척점에서 작동하고 있다고 볼 수 있다. 그러나 후술하는바와 같이 마을기업도 기업성과 이윤창출이라는 가치를 져버릴 수 없다는 점에서 신자유주의를 전면 부정한다기보다는 보완과 대안의 관점에서 이해되어야 할 것이다.

2) 개념과 특성

(1) 개념

마을기업은 마을이나 동네가 주체가 되어 주민들의 참여에 의해 마을의 문제를 해결하기 위해 만들어진 기업을 총칭하고 있다. 다시 말해 마을이나 동네와 같은 소규모 지역을 단위로 주민의, 주민에 의한, 주민을 위한 기업이라고 할 수 있다. 초기에는 지역주민에게 기쁨을 주면서 자신의 생계도 유지할 수 있는 생업의 관점에서 시작하였고, 점차 지역문제 해결 및 그 이익을 지역사회에 환원하는 사업으로 발전하고 있다. 이러한 맥락에서 정부는 마을기업의 개념을 '마을 주민이 주도적으로 각종 지역자원을 활용한 수익사업을 통해 지역공동체를 활성화하고 지역주민에게 소득 및 일자리를 제공하여 지역발전에 기여하는 마을단위의 기업'이라 정의하고 있다(행정안전부, 2015: 1).

지역 내에 존재하는 전통의 유·무형 자원이나 주민들에 의해 직접 생산된 특산품을 활용하여 지역의 숙원사업이나 소득 창출을 목적으로 지역사회 전체의 이익을 도모함으로써 지역과 주민의 삶의 질 개선에 기여하는 기업형 공공사업이라고 할 수 있다. [그림 6-1]은 이를 도식화 한 것이다.

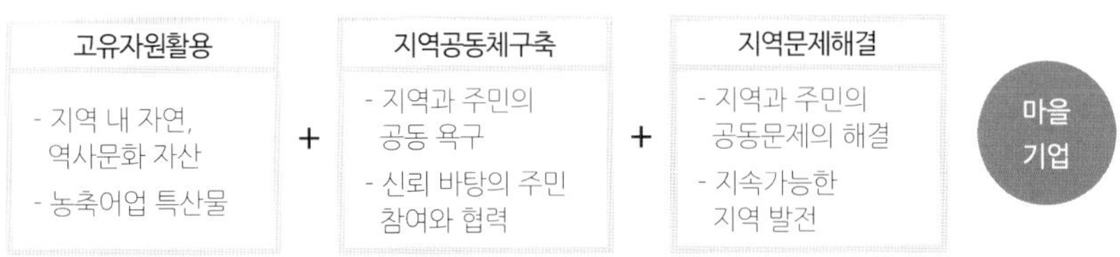

그림 6-1 마을기업의 설립목적

마을기업 개념에서 주민 '주도적'의 의미는 마을주민 출자가 총 사업비의 10% 이상이며, 출자한 주민이 참여하는 의사결정 구조를 이루어야 한다는 것이며, '지역자원'이란 지역의 특성화된 자연 인적자원, 가공제품, 축제 등 유무형의 자원을 말하는 것이다.

[그림 6-2]에서 보는 바와 같이 마을기업의 활동영역은 사업성을 중시하는 사회적 벤처에서 공익성에 초점을 둔 비영리활동 및 자원봉사에 이르기까지 다양하다. 공익과 사업성을 동시에 추구하는 지역공동체 소유 기업으로서 협동적 소유방식을 취하고 있다. 봉사단체, 가게, 농장, 식당, 생산공장 등 다양한 형태로 운영되고 있으며 공통적인 것은 구성원들 중심의 지역공동체가 책임을 진다는 점과 그들이 창출한 수익은 지역경제 활성화에 기여한다는 점이다. 이러한 점에서 마을기업은 지역사회를 중심으로 결성된 커뮤니티기반 협동조합이라고도 할 수 있다.

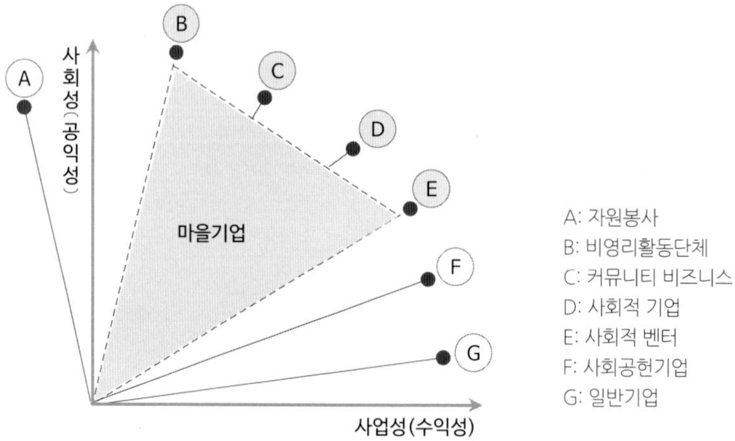

그림 6-2 마을기업의 활동영역

현재 전국적으로 1,300여 개의 마을기업이 운영되고 있는데, 마을기업 용어는 중앙정부 부처별 사업목표와 방향에 따라 다양한 명칭으로 사용되고 있다([표 6-2 참조]).

표 6-2 부처별 마을기업 명칭과 주요 사업

부처	명칭	사업목적 및 내용
지식경제부	커뮤니티 비즈니스	•커뮤니티 비즈니스 센터를 거점으로 지역연고산업육성사업으로 선정된 커뮤니티 비즈니스 시범사업 추진 •지식경제부 주도적 사업의 발굴과 지원
행정안전부	자립형 지역공동체 사업	•커뮤니티 비즈니스 개념 도입, 지역자원 활용한 일자리 창출과 지역경제 활성화 도모 •주민주도의 자립형 지역공동체 사업의 육성
	마을기업	•최초 커뮤니티 비즈니스 이름 사용, 2010년 '자립형 지역공동체 사업', 2011년 '마을기업'으로 변경 •사업지침 제시와 사업예산 지원, 사업지정과 운영관리는 지자체 담당
고용노동부	사회적 기업	•취약계층의 정부지원 일자리 창출, '사회적기업육성법' 시행을 통해 제도적 기반 마련 •지자체 '지역형 예비사회적 기업지정제'를 도입, 지역특성에 맞는 사회적기업 육성
농림축산식품부	농어촌 공동체 회사	•농어촌 활성화를 위해 커뮤니티 비즈니스 개념 도입, •마을단위 법인으로 운영 •지역의 인적·물적 자원활용, 주민의 자발적인 참여 유도

(2) 목적 및 필요성

마을기업은 지역의 다양한 자원을 활용해 지역문제를 해결함으로써 지역의 가치를 재발견하고, 지역주민의 의사결정 참여를 통해 공동체를 회복하는 것을 목적으로 설립된다. 지역주민의 욕구를 명확히 파악해 적절한 서비스를 제공하기 위해 기업적 방식을 적용하여 사업의 수익을 활동주체인 주민에게 노동의 대가로 지불함으로써 고용창출의 효과를 추구하는 데 있다.

우리나라의 마을기업은 2010년 이후 본격적으로 시행된 행정안전부의 사업으로서 마을주민이 주도적으로 지역의 특성화된 유·무형의 각종 자원을 활용하여 안정적 수득 및 일자리를 창출하는 것을 목적으로 하고 있다. 따라서 마을기업의 소재는 마을 내지 동네공동체이며 자원은 마을 내에 존재하는 자원을 활용하며, 지역공동체 회복에 목적을 두고 공익성과 수익성을 동시에 추구하는 사업방식으로서 주민의 자발적인 참여와 협동적 관계망에 기초하여 주민의 욕구와 지역문제를 해결하는 데 있다.

마을기업이 이러한 목적과 가치를 추구하는 데에는 다음과 같은 사회·경제적 배경이 존재하고 있다.

첫째, 경제의 글로벌화에 따른 자본의 지역편중을 들 수 있다. 자본의 지역편중이 심해지면서 투자효율이 낮은 지역은 산업공동화와 고용악화 현상이 갈수록 심화되었고, 실업과 빈곤의 만성화는 주거환경 악화를 초래해 도시발전을 저해하는 주요 요인이 되고 있다. 이에 따른 막대한 사회적 비용이 발생하면서 마을기업은 창업지원 등 지역산업의 활성화를 통해 실업자와 조기 퇴직자 등에게 일자리를 제공할 수 있다.

둘째, 인구감소와 고령화 사회로 진입한 시대적 변화이다. 농촌의 경우 마을기업은 건강하고 참여의식이 높은 고령자를 중심으로 이들의 사회적 경험과 지식을 활용해 소득창출과 함께 사회적 약자를 지원하는 사례가 많다. 특히 농산어촌 지역과 소도시의 경우 지역경제 쇠퇴, 인구감소 및 고령화, 도시적 생활기반 미정비 등의 문제가 심각해지면서 역사문화 보존, 생활지원 및 복지·정보서비스, 생태관광, 마을만들기 등을 통해 지역의 지속성을 유지하고 활성화하는 데 마을기업이 그 구심적 역할을 하고 있다.

셋째, 지방정부의 재정악화 해소 차원이다. 국가발전의 패러다임 전환에 따라 지방분권이 가속화되는 반면 고령화, 실업증가, 도심지 쇠퇴 등으로 재정수요는 지속적으로 늘어나는 상황에서 지방정부의 재정확충 필요성이 급속하게 증대하고 있다. 이에 따라 마을기업은 민관 파트너십 구축을 통해 공동생산 내지 위탁판매 등 지역여건과 상황 그리고 다양한 가치관과 욕구에 적절히 대응하면서 지역경제 활성화와 공공서비스의 효율성 향상에 기여할 수 있다.

넷째, 환경, 실업, 보육, 교육문제 그리고 공익시설관리 등에 있어 공공서비스나 시장 활동으로 충분한 서비스가 제공되지 않는 경우에 대해 마을기업의 역할이 주어지고 있다. 지역거점 중소도시의 경우 일정 수준의 도시형 산업이 형성돼 있지만 대도시에 비해서는 도시기능이 약하다. 따라서 부족한 도시행정 서비스 기능을 보완하기 위해 고용·교육·문화예술 등 영역에 마을기업형 방식이 활용될 수 있다.

(3) 마을기업의 지역발전 효과

대부분의 마을기업은 규모의 기업방식으로 운영되지 않으며, 따라서 작은 사업규모로서 생산량은 한계가 있어 지역경제를 견인하거나 주도할 정도의 발전효과를 거두기는 어렵다. 그러나 농촌재생이나 도시재생사업과 연계하거나 마을기업간 연합을 통해 지역과 주민에 대한 사회·경제적 편익을 제공하고 있다. 특히 주민소득 증대, 고용창출, 마을공동체 구축 등을 통해 지역발전에 기여하고 있다(김종민 외, 2012: 2~3; 양세훈, 2012: 49~51).

첫째, 마을기업은 주민 다수가 출자한 공동체 기업이므로 출자한 주민 모두에게 혜택이 돌아간다. 마을기업은 지역주민이 기업의 주인이면서 생산 활동에 참여하므로 출자한 주민 모두에게 혜택이 고루 주어진다. 또한 출자하지 않은 주민들에게도 일자리를 제공하여 생산 활동에 참여할 수 있도록 하고, 노약자나 장애인 등 일자리 참여가 쉽지 않은 주민들도 마을 발전기금 조성을 통해 복지, 문화, 교육 등의 혜택을 받을 수 있는 역할을 한다. 따라서 마을기업은 주민들에게 실질적 소득과 일자리 창출 및 공동체 활성화의 기능을 동시에 도모하는 것을 가능하게 한다.

둘째, 마을기업은 지역의 생산기반을 중심으로 기업 활동에 참여하므로 지역의 인적자원 활용과 지역기반 상품화가 용이하다. 마을기업은 마을에게 생산한 농산물을 기반으로 기업 활동에 참여할 수 있으며, 이 경우 외부 의존성이 낮으므로 창업에 따른 리스크를 줄일 수 있다. 또한 조상 대대로 내려온 다양한 형태의 전통 가공기술(김치, 효소, 떡, 한과, 전통술 등)을 보유하고 있으므로 마을의 인적자원 활용뿐만 아니라 생명과 건강을 중시하는 최근의 트렌드에 맞는 상품화에 있어서 우위를 점할 수 있다. 따라서 마을기업은 지역성에 기반을 둔 인적·물적 자원의 활용을 통해 지역자원을 최대로 활용하는 것이 가능하다.

셋째, 1차 생산, 2차 가공, 3차 서비스 등 다양한 형태의 신규 마을기업으로 확대가 가능하며, '마을기업 연합'을 통한 지속가능한 농촌발전 모델제시가 가능하다. 마을기업은 마을 내 생산물을 기반으로 활동하는 기업으로서 1차생산물의 유통과 판매, 2차 가공상품의 생산과 유통, 판매, 농촌관광 등 3차서비스의 생산과 판매 등 다양한 형태의 소득사업이 가능하다. 특히 이러한 사업들에 대해 마을 또는 마을기업들 간 연계와 협력을 통한 '마을기업 연합'으로 확대 발전시켜 마을기업 군(클러스터)을 형성하여 지속가능한 마을기업 발전모델이 될 수도 있다. 따라서 '마을기업연합'을 통한 지역순환형 지속가능한 경제토대가 마련될 수 있는 것이다.

넷째, 시민사회 역량증진과 지역활성화를 촉진시킨다. 마을기업 공동체를 통해 오늘날 우리 사회의 고질병인 환경파괴, 빈곤의 악순환, 집단이기주의와 갈등 등과 같은 난제들을 부분적이나마 개선할 수 있다. 공동체 의식 함양에 있어 단순한 교육홍보만으로는 한계가 있기 때문에 마을기업을 통하여 지역문제들을 해결 할 수 있도록 유도하는 것이다. 예컨대 기업형 마을공동체를 통한 일자리 창출은 주민뿐만 아니라 취약계층까지 노동시장으로 유도하면서 사회통합의 효과를 기대할 수 있다. 주민 스스로 협동하여 운영하는 마을공동체 조직이 많을수록 지역의 경제뿐만 아니라 사회, 문화, 복지 등 다양한 분야의 활

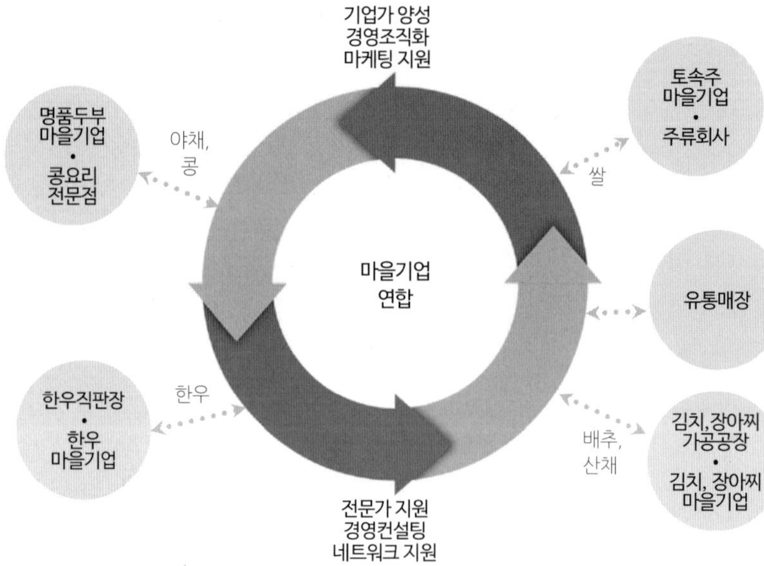

그림 6-3 마을기업 연합을 통한 농촌발전 모델(자료: 김종민 외, 2012.)

성화 효과를 기대할 수 있다. 특히 주민이 공동으로 출자하고 사업하는 활동 자체가 풀뿌리 민주주의 발전 및 지역공동체 형성에 기여함으로써 커뮤니티기반의 지역발전을 촉진시킬 수 있다.

다섯째, 기업의 사회참여가 확대될 수 있다. 기업이 자체적으로 마을기업을 설립하여 운영할 수도 있지만, 지역의 마을기업들과 연계하여 공생할 수도 있다. 예컨대 '1사 1마을기업' 운동이나 마을기업 공동투자, 기업의 전문성 지원, 마을기업 제품의 구매 등을 통해 지역사회발전에 참여할 수 있다. 이것은 기존의 일회성 기부나 홍보차원의 활동과 달리 실질적인 사회적 책임을 다하는 것이며, 기업의 윤리경영 문화를 확산시키는 데도 기여할 수 있다.

여섯째, 공공행정의 탄력성을 가져올 수 있다. 다양해지는 복지욕구 등으로 지방정부가 감당해야하는 재정문제는 점점 악화될 수밖에 없다. 오늘날과 같이 급변하는 사회에서 행정수요의 다양화와 신속한 대응을 위해 공공기관만으로는 한계가 있다. 따라서 민간영역의 역할이 증대해 가면서 공동생산, 민간위탁 및 계약 등의 방식으로 마을기업을 활용할 수 있다. 특히 준공익적 서비스를 지역주민에게 위탁했을 경우에 효과가 더 크게 나타날 수도 있으며, 정부는 행정서비스의 탄력성을 높일 수 있는 것이다.

2. 마을기업과 사회적기업

1) 마을기업의 특성

커뮤니티 비즈니스가 추구하는 가치의 핵심은 '지역성'과 '지속가능성'이다. 지역성(locality)이란 지역의 정체성과 특수성을 살려 지역문제들을 주민 스스로 주체가 되어 해결하는 이념이며, 지속가능성(sustainability)이란 이러한 지역성을 바탕으로 일자리와 소득을 창출하여 계속적인 사업 유지는 물론 지역보존과 발전을 가능하게 하는 것이다. 지역성과 지속가능성을 위해서는 정부와 기업 및 지역대학 등 지역공동체 구성원들의 네트워크와 협력적 거버넌스가 잘 구축되어야 할 것이다.

마을기업은 지역성과 수익성을 근간으로 하고 '주민공동의 참여와 분배'를 중시하며 영리기업과 비영리기업을 포괄하는 기업형태이다. 마을기업과 비교해 볼 때 영리기업은 소득분배와 지역공동체성에 한계가 있고, 시민단체는 수익성에 한계가 있으며, 사회적기업은 지역성과 주민공동체 참여에 한계가 있다(김종민 외, 2012: 1~2). 마을기업의 경우 농촌형과 도시형 그리고 도농융합형 등, 사업방식과 유형에 따라 상이하지만 일반적으로 다음과 같은 특징을 보여주고 있다(정원식·김석호, 2017; 임경수·하태영, 2014: 243~244).

첫째, 지역자산을 활용하여 재화 및 서비스를 생산한다. 여기에서 지역 자산이라 함은 물적 자산 이외에도 인적·정신적 자원을 포함하며, 이를 바탕으로 수익을 발생시키는 재화 또는 서비스를 생산한다. 이렇게 생산된 것들이 바로 지역화를 이룩하게 되고 나아가서는 지역주권을 회복시키는 토대를 제공하게 된다. 농촌 자원을 활용한 마을기업으로서 영농법인 형태로 운영하는 파머스 마켓, 체재형 시민농원, 팬션, 농촌투어 및 생태관광, 그리고 각 종 농산물

가공공장, 그리고 도시형 액세서리 공방 등이 운영되고 있다.

둘째, 지역공동체의 이익을 추구한다. 지역의 자산을 기반으로 하므로 그 지역의 이익을 대변하고 그 지역의 이익을 위해 수익을 창출한다. 이러한 공동체 이익은 지역주민들의 상생과 공존을 가져오고 나아가서는 획기적이지는 않지만 지속가능한 지역발전을 견인하게 된다.

셋째, 지역을 중심으로 형성된 거버넌스를 기반으로 한다. 지역 실정을 잘 아는 지역주민과 지자체가 중심이 되어 민관협력 체제를 구축하여 사업을 시행한다. 이러한 민관협력의 거버넌스 체제에서는 지역주민에게 어떠한 서비스를 공급할 것인지도 중요하지만 지역주민의 복지를 어떻게 극대화시킬 것인지에 보다 관심을 두게 된다(Stoker, 1997). 지역 또는 지역복지 극대화의 방법으로서 가장 보편적인 대답은 지역주민이 원하는 정책을 결정하고 집행하는 것이다. 이는 지역문제에 있어 다양한 계층의 의견이 반영되는 참여의 중요성을 강조하는 것으로서 로컬 거버넌스의 특성이기도 하다[1](정원식, 2012).

넷째, 자발성과 자구노력에 바탕을 둔 활동을 기반으로 한다. 마을기업은 자신들의 지역에서 일어난 사회 및 경제적 문제를 자신들 스스로 사업적 수단으로 해결하고자 하므로 지역주민의 자발적인 참여는 필수적이다.

끝으로, 혁신성과 위험을 감수하는 기업적 정신을 가지고 있다. 비즈니스로서 마을기업이 오랫동안 지속되기 위해서는 과감한 투자와 새로운 제품 개발에 노력을 기울여야 하고 동시에 그에 맞는 혁신과 위험을 감수해야 한다.

2) 마을기업과 사회적기업의 비교

(1) 사회적기업의 개념과 목적

사회적기업(social enterprise)은 사회 취약계층의 고용과 사회서비스의 제공 및 지역사회에 대한 공헌 등 사회적 목적과 가치를 우선적으로 추구하면서 기업활동

1 로컬거버넌스의 가장 중요한 장점으로서 개방성(openness), 참여(participation) 그리고 상호협력(co-operation)이 제시되고 있다(Stoker, 1997b: 11-16).

을 통한 이윤추구를 수행하는 기업이다. 2007년도에 시행된 「사회적기업육성법」 제7조에 따르면 사회적기업은 인적 및 환경적 복지 개선을 극대화하기 위해 상업적 전략을 통해 재화 및 서비스의 생산·판매 등 영업활동을 수행하는 기업형 조직체로서 수익창출에 따라 사회적 영향을 극대화시키는 것을 목적으로 하는 개인 또는 기관을 말한다. 영리 또는 비영리 조직으로서 주식회사, 자선단체, 커뮤니티 및 마을기업, 협동조합 등 다양한 형태로 운영되고 있다. 일반기업과의 차이는 사회적 책무(social mission) 수행으로서, 이는 수익창출만큼이나 중요한 가치로 여기고 있다.

이러한 광의의 사회적기업은 [그림 6-4]와 같이 농촌과 도시의 다양한 분야에서 운영되고 있다. 공익적인 사업으로서는 생활지원에 초점을 두는 의료, 건강, 육아 등의 복지사업이 있으며 주로 농촌이나 도시의 취약지역을 중심으로 전개되고 있다. 개인자립 형태로서는 평생교육사업이 그리고 수익사업으로서

그림 6-4 사회적기업의 사업영역

는 지역자원을 활용한 마을기업 운영 그리고 지역복원사업으로서 문화예술진흥, 지역금융, 정보서비스 등에 관심을 두고 있다. 수익사업의 경우 지역자원 활용의 마을기업은 대부분 농촌지역발전과 도시의 취약지역 재생을 중심으로 그리고 문화, 금융, 정보 등의 지역복원사업은 시·군 도시재생사업과 연계해서 추진되고 있다.

고용노동부의 「사회적기업육성기본계획」(2008~2012)에 의하면, 사회적 기업은 사회적 목적의 종류와 몰입도에 따라 네 가지 유형으로 구분한다. 첫 번째 유형은 '일자리 제공형'으로 취약계층 일자리 제공이 주된 목적이며, 취약계층에 대한 사회서비스를 부수적으로 제공한다. 두 번째 유형은 '사회서비스 제공형'으로 취약계층에 대한 사회서비스 제공이 주된 목적이며, 취약계층 에 대한 일자리를 부수적으로 제공한다. 세 번째 유형은 '혼합형'으로 취약계층에게 일자리와 사회서비스를 함께 제공하나, 상대적으로 시장성이 높은 유형이다. 네 번째 유형은 '지역사회 공헌형'으로, 취약계층에게 일자리나 사회서비스를 제공하는 것이 주된 목적이 아니라, 환경·문화·지역개발 등 지역사회 내 일반주민을 수혜자로 하는 공익사업 수행을 주목적으로 하고 있다(김해란, 2010).

어떤 형태든 가장 중요한 핵심은 사회적 임무에 있을 것이다. 이는 천재지변과 같은 사회적 위기상황에서 더욱 분명하게 드러난다. 최근 일본에서 구마모토 지진(2016년 4월), 동일본 대지진(2011년 3월) 등 자연재해가 발생하면서 시장의 기능은 멈추고, 공공기관의 기능도 극도로 저하되었다. 이 상황에서 요구되는 것이 '사회적 복원력(resilience)'이다. 사회적 복원력은 자연 재해를 극복하는 커뮤니티의 힘이다. 구마모토 지진 발생 직후인 결성된 '재해지역 장애인센터 구마모토 연대체'의 역할이었다. 이들 단체는 유급직원을 두고 지속적으로 재해지원 활동을 펼치고 있다. 이재민 구호 활동에서 공적 자금이 차지하는 비중이 20%에 불과할 정도로 지원이 충분하지 않은 가운데 이들의 활동은 큰 힘이 되었다. 재해 복구는 공학적인 발상만으로 충분하지 않다. 재해 복구 과정에서 사회의 모습과 방향성을 고민할 필요가 있다. 여기서 신뢰, 소통, 네트워크, 상호성의 규범 등으로 구축되어진 사회적자본이 결정적인 역할을 했으며, 이를 통해 취약계층의 역량 향상과 지역네트워크 구축에 기여하고 있다.

(2) 사회적기업의 특성: 마을기업과의 비교

사회적기업과 마을기업은 이윤을 추구하는 '기업의 특성'과 공공성을 강조하는 '사회적 특성'을 모두 포함한다는 점에서는 공통점을 갖고 있다. 특히 사회적기업은 이윤극대화를 추구하는 기업개념과 사회서비스를 창출하는 사회적·공익적 목적을 동시에 추구하는 제3의 경제주체 역할을 하고 있다. 사회적기업은 '공익을 위한 민간기업'(Hines, 2005), '영리 목적의 사회사업'(Brown, 2002), '사회적 목적을 가진 기업'(Borzaga, 2006) 등으로 통칭되며 통일된 개념정의는 없지만, 사회적 목표 달성을 위한 사회·경제적 목적을 가지고 있으면서 비즈니스 형태의 거래를 통해 이윤을 추구하는 사회경제 복지형 기업조직의 성격을 갖고 있다. 한 마디로 사회적기업은 지역경제성장과 지역 및 주민의 자립에 목적을 두고 있다. 이 점에서 사회적 기업은 지역을 중심으로 성장·발전하고 있는 중소기업 또는 소상공업의 성격을 갖고 있다고도 볼 수 있다.

사회적기업은 사회적 경제의 주체라는 점에서 마을기업이나 협동조합과 유사하다. 이러한 사회적 경제 조직은 이윤보다는 지역사회에 대한 공헌을 목적으로 한다는 점에서도 동일하다. 단지 사회적 기업은 2007년 「사회적기업육성법」 제정과 함께 활발히 성장하기 시작하였으며, 마을기업은 2010년 자립형지역공동체 사업'을 거쳐 2011년 '마을기업육성사업'으로 시행되고 있다. 또한 마을기업과 사회적기업 모두 전문 중간지원조직으로부터 교육과 컨설팅 등의 지원을 받고 있으며, 중앙과 지방정부로부터 재정적인 지원도 받고 있다.

마을기업과 사회적기업은 사회적 경제라는 우산아래 공유영역을 가지고 있고, 정부지원형 사업이라는 공통점이 있으나 사회적기업은 근거법령이 존재하나 마을기업은 근거법이 부재한 상태에서 행안부의 육성정책에 따라 시행되고 있다는 데에서 약간의 차이점을 보이고 있다. 또한 마을기업이 지역공동체 활성화와 지역사회 발전에 초점을 맞추고 있다면, 사회적기업은 취약계층에 대한 일자리 제공과 사회서비스 지원 그리고 사회문제의 해결에 초점을 맞추고 있다. 이처럼 마을기업과 사회적기업의 목적과 지향에는 차이가 있으며, 양자를 구분 짓는 몇 가지 특징을 살펴보면 다음과 같다(양세훈, 2012: 72~78).

첫째, 사업목적에 따라 마을기업은 지역사회의 문제해결을 위한다는 관점에서 출발하여 지역의 활력과 발전을 위한 정책적 수단으로 존재한다. 반면, 사회적 기업은 지역 경계를 초월하여 사회적 과제의 해결을 중심으로 하고 있다.

둘째, 마을기업은 운영주체와 수익자가 동일하다. 이는 공동추진의 협동정신을 근간으로 하고 있으며 출자금을 공동으로 지출하여 설립되는 형태가 주를 이루어 운영과 수익배분이 동일하게 이루어지기 때문이다. 반면, 사회적기업은 취업 중심으로 인해 운영주체와 수익자가 분리되어 있다. 따라서 1인 고용인과 다수의 피고용인의 조직형태를 보이고 있어 공동수익의 분배가 이루어지지 않는다.

셋째, 마을기업은 지역주민의 자립성 육성 및 지역공동체 복원을 지향하고 있는 반면, 사회적기업은 취약계층 고용창출이 주 사업 목표로 되어 있다.

넷째, 기업의 지속가능한 방법에서 마을기업은 공동으로 출자하고 공동으로 운영하여 공동마케팅을 통하여 공동수익 창출을 목적으로 지속가능성을 담보한다. 사회적기업은 정부보조금 등 지속적인 인건비 지원이 이루어져야 하는 취약점을 가지고 있다. 즉, 취약계층을 고용하여 운영하기 때문에 인건비 지원이 이루어지지 않을 경우 피고용인들의 고용보장과 기업의 지속적 경영이 어려워 질 수 있다.

표 6-3 마을기업과 사회적기업의 비교

구분	마을기업	사회적기업
사업목적	일자리 창출, 소득향상과 지역경제 활성화, 공동체 구축 등 지역문제 해결	취약계층 서비스 및 일자리 제공 등 사회적 과제 해결
조직형태	민법상 법인, 상법상 회사, 마을공동체	민법상 법인, 상법상 회사, 비영리단체
설립이념	지역성과 수익성, 공공사업	공익성과 수익성
사업주체	지역주민	사회적사업가 중심 취약계층
사업운영	운영과 수익 동일	운영과 수익 분리

제2절 마을기업의 설립요건과 운영

1. 추진절차

마을기업은 각 지역의 특성에 맞는 사업 활동을 통하여 수익을 추구하되 기업성과와 조직구성원 개개인의 이익을 넘어 마을기업 전체의 이익을 실현하는 것을 목적으로 [표 6-4]와 같이 광역 및 기초자치단체와 함께 주민들이 주체가 되어 설립을 추진한다.

표 6-4 마을기업 설립 추진체계

추진절차	지원기관 선정	마을기업 교육	마을기업 공모	현지조사 및 적격 검토
추진주체	광역	•공모: 광역/기초 •교육: 지원기관 등	광역	기초

심사	사업추진	점검·평가
•광역: 선정단체 행안부 추천 •행정안전부: 추천 법인 현지실사 및 심사	•기초·마을기업: 약정 체결 및 사업수행 •기초·광역: 모니터링	•기초→광역: 분기별 점검결과 제출 •마을기업→기초: 실적보고서, 정산보고서, 재무제표 제출

자료: 한국지방행정연구원(2016: 45)

2. 설립요건

마을기업이 되기 위해서는 기업성, 공공성, 공동체성, 지속성, 그리고 지역성의 제 요건들을 갖추어야 한다.

1) 기업성

마을기업은 각종 사업을 통해 수익을 추구할 수 있는 경제조직이어야 한다. 단순히 공익을 추구하는 비영리 사회단체나 조직은 마을기업으로 부적합하다. 그리고 마을기업의 사업은 시장경쟁력이 있어야 하고, 장기적으로 주수입이 그 사업에서 나와야 하지만 순수 민간기업과의 경쟁이 치열한 사업은 마을기업으로 적합하지 않을 것이다. 또한 기업으로서 지속가능해야 하는데, 마을기업은 순이익의 10% 이상을 사업추진에 대한 손실금 충당을 위해 적립하여야 하고(단, 보조금을 지원받은 해에는 30% 이상을 적립함), 순이익의 50% 이상은 재투자를 위한 유보금으로 적립되어야 한다. 마을기업은 법적으로 회사, 협동조합, 영농조합 등 법인의 형태를 갖추게 함으로써 기업적 특성을 부여하고 있다.

2) 공동체성

마을기업은 출자자 개인의 이익과 함께 마을기업 전체의 이익을 실현할 수 있는 지역공동체 기업이 될 것을 요구한다. 따라서 마을기업의 모든 회원은 마을기업(법인)에 출자하는 것을 원칙으로 하며, 공동체 일원으로서 마을기업의 계획과 운영에 참여하여야 한다. 마을기업의 출자자는 5인 이상을 원칙으로 하고, 마을규모, 지역범위, 사업내용 등에 비추어 공동체성을 보장할 만큼의 충분한 수의 출자자를 갖추도록 노력할 것을 요구하고 있다. 가능한 10인 이상이 출자할 것을 권장하고 있으며 기업에 소속된 회원 외에도 구매자, 소비자, 고용자 등 다양한 지역주민 및 지역 내 이해당자사의 의견을 중요하게 반영해야 하며, 지역순환경제 구축을 위해 노력해야 한다.

3) 공공성

마을기업은 경제적 이익과 함께 지역사회 전체의 이익을 실현할 수 있어야 한다. 최대 출자자 1인의 지분은 30% 미만이어야 하며, 특정 1인과 그 특수 관계자 지분의 합이 50% 미만이어야 한다. 특수 관계인은 ①배우자 및 직계 존비속, ②배우자 및 직계 존비속이 50% 이상을 출자하고 있는 법인, ③배우자 및 직계 존비속이 이사의 과반수이거나 출연금의 50% 이상을 출연하고 그 중 1인이 설립자로 되어 있는 비영리법인이 해당된다. 마을기업은 법인 전체를 지정하는 것을 원칙으로 하며 법인의 한 사업형태로 운영하는 것은 별도의 중앙정부의 승인을 받아야 한다. 마을기업은 사업계획서 상의 지역사회공헌활동(또는 이에 상응하는 공헌)을 반드시 이행해야 하고, 사업계획 및 운영 방침을 민주적 절차에 의해 스스로 결정하고 일자리 및 소득창출을 위해 노력해야 한다.

4) 지역성

마을기업은 지역에 뿌리를 두고 설립·운영 되어야 하며, 지역에 소재하는 자원을 활용한 사업추진을 우선으로 해야 한다. 따라서 지역 간 유동이 쉬운 자원은 마을기업 사업으로 부적합할 것이다. 또한 지역주민이 주도하는 기업이어야 하며 마을기업 사업비의 일정부분(보조금의 20%이상을 자부담)을 구성원들이 자발적으로 출자하여야 한다. 마을기업 출자자(회원)의 70% 이상, 고용인력의 70% 이상은 지역주민을 원칙으로 하고 있다. 단 출자자가 5인인 경우는 5인 모두 주민이어야 한다.

3. 정부지원

이상의 제 요건을 갖추고 선정이 되면 행정안전부로부터 마을기업에 대한 세부적인 지원을 받게 된다. 마을기업에 대한 재정적 지원은 마을기업에 지정된 해부터 최장 2년간(1+1) 사업비를 연차별 차등지원을 하며(1차년도: 5,000만 원 한도, 2차년도: 3,000만 원 한도), 최소 2회에 나누어 자치단체에서 지급한다. 지원기간은 약정서에 정한 사업개시일 부터 해당연도 12월 31일까지이며, 마을기업에서 총 사업비의 10% 이상을 공동출자하는 방식으로 이루어진다. 2차년도 지원은 1차년도 성과 및 2차년도 사업계획 등 당해 마을기업의 지속적인 수입 및 일자리 창출 가능성을 종합적으로 감안하여 결정하게 된다. 우수 마을기업으로 선정 시에는 순위에 따라 최대 5,000만 원의 사업비를 지원 받을 수도 있다. 정부는 마을기업의 자립을 지원하기 위하여 마을기업 종사자, 창업 희망자, 일반인을 대상으로 무상교육을 실시하고 있으며, 마을기업의 경영상황을 파악하여 일상적 경영자문 서비스를 제공하기도 한다. 또한 연 1회 이상 전국단위 마을기업 박람회에 참여하도록 하며, 백화점, 지역 유통점, 온라인 판매처 등과 연계하여 판로 개척·확대를 지원하고, 우수기업과 신규기업을 멘토-멘티로 연결하여 경영노하우를 전수하는 기회를 마련하고 있다. [표 6-5]는 현행 정부지원으로 마을기업 설립 가능한 분야를 부처별 마을만들기 사업 중심으로 정리한 것이다.

표 6-5 정부지원 마을기업 참여 분야

마을기업 참여가능 분야	마을만들기 사업명	주관 부처
농어촌관광 개발, 특산품 개발, 식품가공, 도농교류(귀농) 컨설팅 및 교육, 숲가꾸기, 산림서비스 등	•녹색농촌체험마을사업 •산촌생태마을조성사업 •농촌마을종합개발사업 •어촌체험관광마을사업 •도농교류협력사업 •도시민유치지원사업	농림축산식품부
녹색에너지 보급, 자원 재활용, 폐기물 관리, 공공디자인, 친환경 농법 보급 등	•자연생태우수마을지원사업 •저탄소 녹색마을 조성사업 (4개 부처 공동)	환경부
인터넷 유통, 인터넷 정보 및 기술 서비스, 마을만들기 컨설팅 등	•정보화마을조성사업 •살기 좋은 지역 만들기 •소도읍육성종합계획	행정안전부
문화예술이벤트 기획 및 운영, 마을디자인 및 마을축제 컨설팅 등	•문화 •역사마을 가꾸기	문화관광부
식품가공, 특산품 개발, 전통공예, 전통시장 활성화 등	•지역산업진흥사업 (지역연고산업분야)	지식경제부

제3절 6차산업화와 마을기업

1. 개념

6차산업화는 1차(농업의 생산), 2차(가공), 3차산업(서비스)의 단순한 집합이 아닌 각 산업 간의 융합(1차×2차×3차)을 의미한다. 대부분 마을기업의 법인형태로 운영되면서 지역사회 발전에 기여하고 있다. 6차산업화의 핵심은 각 산업 간 연계·융합을 통해 발생한 부가가치의 소득이 다시 농업 및 농촌으로 환원되는 선순환의 구조 속에서 지역경제가 활성화 되는 것을 핵심으로 하고 있다.

[그림 6-5]에서 보는 바와 같이 지역 전통문화와 유적지 등의 무형자원이나 농어촌에 생산된 농산어업 특산물을 자원으로 식품이나 기타 공산품을 생산하여 전문가의 컨설팅과 교육을 통해 유통 물류체계를 구축하거나 개선하는 과정을 융·복합적으로 체계화시켜 IT, BT 및 CT 분야의 첨단 고부가가치산업으

로 거듭나게 하는 것이다. 예컨대 우윳값 폭락으로 젖소를 처분할 위기에 놓이자 유가공과 목장관광이라는 참신한 아이디어를 접목해 활력을 되찾은 '여주 은아목장', 지역청년층이 주도해 지역특산물인 머루로 산촌녹색관광센터를 설립하는 등 마을 브랜드화에 성공한 '파주 산촌생태관광마을', 그리고 유휴농지와 들판에 해바라기를 심어 경관축제와 해바라기 씨앗을 원료로 강정공장을 운영하는 함안 '강주 해바라기마을' 등이 대표적인 사례이다.

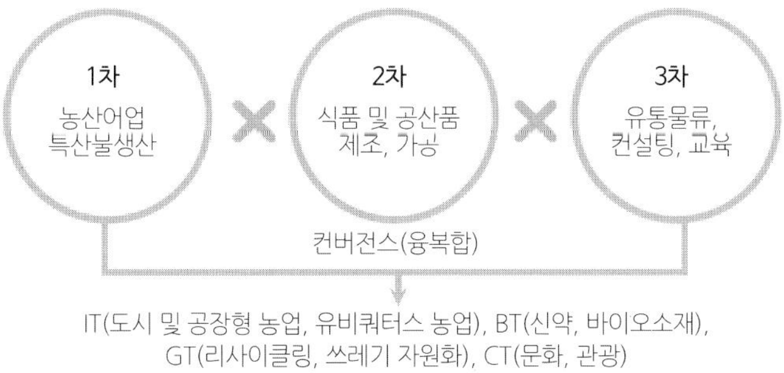

그림 6-5 6차산업의 과정

2. 6차산업화의 추진단계

마을 또는 지역 단위로 6차산업화를 시행하기 위해서는 다음과 같은 6단계 로드맵을 기초로 권역이나 마을에 적절한 산업화를 추진할 필요가 있다. [표 6-6]에서와 같이 사업 아이템 선정의 단계에서부터 6차산업화를 통한 생산품의 판매와 유통까지의 전 단계를 포괄한다.

3. 6차산업화의 발전방향

마을만들기 사업이 6차산업화를 통해 활성화되기 위해서는 우선적으로 6차산업화 인프라를 갖춘 지역들을 발굴하고 활용할 필요가 있다. 이를 위해서는 무엇보다도 6차산업화의 주체인 주민들에 대한 인식의 확산이 요구되고 있다. 구체적으로 다음과 같은 방안이 제기되고 있다.

표 6-6 6차산업화의 추진단계

구분	내용	비고
1단계	어떠한 사업 아이템을 선정하고 사업할 것인가	•너무 독특해도, 너무 평범해도 안 된다 •5년 이내 사업성이 없으면 사업을 추진하지 않는 것이 좋다
2단계	어떻게, 누가 사업을 추진할 것인가	•법인화를 할 것인가, 하지 않을 것인가를 결정할 것 •조직구성을 어떻게 해야 할 것인지, 각자의 역할과 의무를 명확히 할 것
3단계	선정된 사업 아이템의 장점은 무엇이며, 어떻게 부각시킬 것인가	•고객 유인 관점에서 선정된 사업 아이템이 다른 지역의 사업과는 무엇이 독특한지를 명확히 할 것
4단계	어떻게 가공, 또는 프로그램을 개발할 것인가	•마을 내 가공공장을 지을 것인가, 아니면 인근지역의 공장과 연대할 것인가를 결정할 것 •메뉴개발, 체험프로그램개발은 마을주민 역량을 고려할 것
5단계	어떻게 판매, 또는 프로그램을 운용할 것인가	•생산-가공-체험관광-치유농업-유통 등의 중심마을이 상품판매를 위한 유통경로를 명확히 설정할 것 •역량 강화 후 단계별로 유통경로를 확대할 것
6단계	어떻게 알릴 것인가	•커뮤니케이션 예산이 없다고 답답해 하지 말 것 •소위 보도거리가 되는 아이템을 선정해서 사회적 이슈가 되게 하는 것이 가장 효율적임

출처: 정원식·김석호. 「함안군 마을만들기 지속발전체계 구축」. 2017: 173.

첫째, 각 지역의 특성을 고려한 6차산업화 추진이다. 지방정부와 전문가 집단은 지역특성에 맞는 다양한 사례의 발굴을 통해 실현가능한 다양한 모델을 제시할 필요가 있을 것이다. 특히 지역의 특수 및 고유자원을 발굴하고, 이러한 자원들이 사업에 적절히 활용될 수 있도록 중장기 계획이 구축되어야 한다. 이를 위해 지방정부, 발전협의회, 중간지원센터, 지역주민 등 사업주체간 거버넌스 구축과 협력적 네트워크 구축이 반드시 필요하다. 예컨대 농촌관광분야는 지역 문화 및 역사자원, 지역축제, 지역명소, 자연자원을 활용하여 각 산업과의 연계를 통하여 6차산업화를 진행할 수 있을 것이다.

둘째, 분야와 자원들 간 연계와 융합에 의한 시너지 효과를 창출할 수 있는 사업의 발굴이다. 예컨대 농촌관광분야는 지역문화 및 역사자원, 지역축제, 지역명소, 자연자원을 활용하여 각 산업과의 연계를 통하여 6차산업화를 진행할 수 있을 것이다. 또한 예술과 농업의 밀접한 관계를 활용하는 것이다. 최근에는 이종 산업 간의 융합이 활발하게 진행되고 있다. ICT기반의 사회에서 농사도 스마트 농업의 형태로 변해감에 따라 친환경수경재배의 연구로 실제로 많이 보급되고 있다. 따라서 수경재배시스템과 문화 예술 공연의 융복합사업도 가능할 것이다. 이러한 융합은 농촌의 새로운 전기를 마련할 뿐만 아니라 재배 및 가공 과정에 스토리를 접목함으로써 부가가치를 높일 수 있다.

셋째, 6차산업화에 필요한 교육과 함께 코디네이터 등과 같이 전문적 역할을 할 수 있는 시스템을 도입하는 것이다. 성공사례를 보면 6차산업화 관련 교육을 받은 기업과 법인주도형 기업이 6차산업화를 위한 준비와 역량이 높은 것으로 나타났다. 따라서 6차산업화를 활용한 지방 중소도시의 활성화를 위해서는 6차산업화 확대를 위한 교육 및 코디네이터 관련 지원 강화와 체계적 운영·관리를 위한 법인화 확대방안이 필요하고, 이들이 지역발전에 기여할 수 있도록 하는 법·제도적 기반이 조성되어야 한다. 또한 장기적으로는 사회적 기업이나 마을기업 등과 같이 지역사회 활성화에 기여하는 다른 형태의 기업과의 협력·연계 체계 구축, 시너지 확대를 위한 노력도 필요하다(정오락 외, 2015).

넷째, 기존 지역기업의 참여와 활용이다. 지역 내 기업들이 지역자원을 활용하여 적절한 사업구상을 통해 기업의 안정성과 역량을 확보할 수 있도록 다각적인 지원 노력이 필요하다. 6차산업화 참여기업들은 지역이 가진 자원(지역주민, 지역농산물, 지역문화·시설)의 활용을 가장 중요시하고 있으며, 그 외에도 사업의 적절성, 기업의 안정성, 그리고 기업 역량 등을 고려하고 있다.

끝으로 지방정부의 역할 제고로서 행·재정적 지원정책과 함께 특히 유통·마케팅 등 전문적인 분야에 대한 지원이 요구되고 있다. 예컨대 그림과 같이 지방자치단체에서 적극적인 사업 발굴을 위해 교육을 통한 농가들의 인식개선과 특산물 브랜드화와 관광서비스 상품을 실행할 수 있는 One-stop 지원책이 요구된다. 대부분의 농가들은 부가가치를 높이기 위해 가공을 통해 직접 쇼핑몰을 운영하기를 원하고 있다. 하지만 농가들이 이를 효과적으로 운영하기에는 많은 어려움을 겪고 있다. 따라서 농가는 좋은 제품을 생산하고 이를 효과적으로 홍보 및 유통 관리 할 수 있는 있는 외부 위탁관리 기관이 필요하다는 것을 절실히 느끼고 있다. 하지만 이러한 구조적 문제를 해결하기 위해서는 담당부서간의 협조가 중요시 된다.

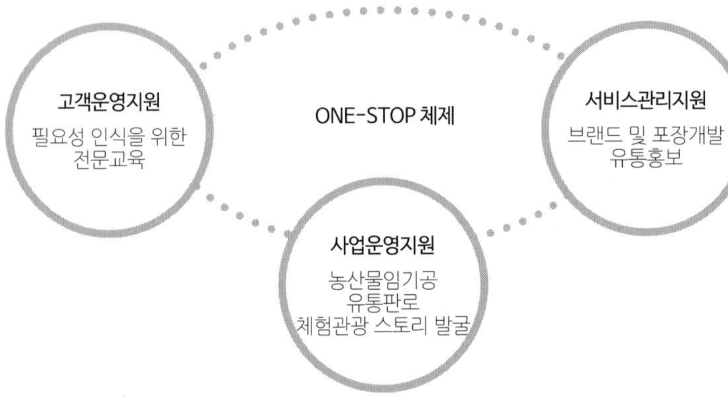

그림 6-6 One-stop 행정지원체제

제4절 마을기업의 육성 및 활성화 방안

1. 정책 및 제도적 개선

마을기업은 설립 때 일정한 요건을 갖추면 정부의 지원을 받는다. 문제는 선정 때 형식적으로 자료만 확인함으로써 설립 이후 발생하는 문제들을 어떻게 개선할 것인가이다. 먼저 마을기업으로서 적절하지 않는 업체들이 선정되고 있어 철저한 검증체제를 갖출 필요가 있다. 또한 법인 이사를 이·삼중으로 다른 마을기업 참여 허용을 규제함으로써 관심과 노력을 집중할 수 있도록 하여야 하며, 한 동네 유사 마을기업 설립을 제한함으로써 경쟁과 갈등을 최소화하여 마을공동체 기업으로서의 취지를 살려야 할 것이다.

지원하는 중앙정부와 지방자치단체 역시 예산만 지원하면 된다는 안이한 생각을 버려야 한다. 마을기업 구성원은 이익배당 없이는 제대로 활동하지 않는다는 점을 인지하고 마을공동체 구성원으로서의 주민역량강화 교육에 보다 많은 시간과 예산을 투입해야 한다. 특히 2년간의 마을기업 정부지원이 종료되면 사후관리를 위한 제도적 장치가 없다는 점이다. 사회적기업으로 전환신청을 하든지 아니면 또 다른 곳을 찾아가 지원을 받아야 하는 문제가 관행처럼 반복되고 있다.

뿐만 아니라 중앙 각 부처에서 추진하고 있는 마을만들기 사업에 마을기업이 참여할 수 있는 다양한 분야를 만들 필요가 있다. 연계방식도 단일사업에 대한 재원투입(input)방식에서 벗어나 유사 사업들 간 연계를 통한 사업성과(outcome) 향상에 주력해야 한다. 중앙 부처(고용부, 복지부, 행안부, 농림부, 중소기업청 등)에서 시행 중인 유사 사업들과 지역 및 마을별 자체사업을 엮어서 집적이익을 극대화하는 융합형 마을기업 모델의 개발이 요구되고 있다.

이상의 문제들을 해소하기 위해서는 우선적으로 마을기업 육성을 뒷받침할 근거법 제정이 시급하다. 마을기업은 지역과 주민생활경제에 직접적인 영향을 미치는 사업으로서 지방정부의 역할이 강화되어야 한다. 예컨대 지방정부를 중심으로 공공계약이나 위탁 등을 활성화하도록 해야 한다. 나아가 지역 사회적기업, NGO, 사회단체, 전문가 등과의 연계관계를 강화하여 마을기업 육성을 위한 제도적으로 장치를 모색해야 할 것이다. 그리고 마을기업의 지속가능한 유지와 관리에 대한 자발적 활동이 가능하도록 체계적인 평가시스템의 법제화도 함께 이루어져야 한다.

2. 사회·경제적 방안

1) 지역공동체 회복과 주민의식의 개선

마을기업의 이념과 목표 그리고 운영 및 활동을 통해 '두레' 정신을 되살려 도시에서는 사라져가는 지역공동체를 회복할 필요가 있다.[2] 과거 우리 농촌에서 주민들의 민주적이고 자발적인 참여를 통해 지역공동체를 운영했던 두레의 정

2 두레는 전통 생활문화 공간이었던 마을단위의 생활공동체로서 고급 지식인의 특권적인 모임이 아닌 생산주체인 농민들이 결성한 노동조직으로 성인 남자 10~50명으로 구성되어 있다. 신분이 아닌 나이로 서열을 결정하고 임원은 성원 전체 회의에서 민주적으로 선출되었으며 리더 격인 총각대방은 힘이 세고 영리하며, 유머가 있고 통솔력이 있는 사람이 맡았다.

신을 계승·발전할 필요가 있다. 마을기업은 '기업' 보다 '마을'을 우선해야 지역 공동체 회복이 용이하다. 지역 공통의 문제를 우선적으로 해결하면서 지역공동체를 회복하는 것을 목적으로 하는 일본 마을기업의 성공사례는 많은 것을 시사해 주고 있다. '기업'을 지나치게 강조하면 오히려 지역 내 갈등을 유발할 수 있다. 따라서 우선적으로 참여 주민들의 공동체 의식이 개선되어야 한다.

마을기업 구성원은 적극 참여하는 대표와 집행부, 인건비가 주어지면 참여하는 조합원, 그 외는 뒷짐만 지고 있는 대다수의 조합원으로 나뉜다. 설립 전 현장포럼, 퍼실리테이션 활동, 선진지 견학 등 지속적인 교육과 체험학습을 하지만 교육에는 별 관심 없고 배당에만 눈을 돌리는 경우가 많다. 이런 문제는 초기 법인 구성원의 수를 최소한으로 한정하여 진정성이 있는 주민들로 구성함으로써 해결할 수 있다. 아울러 대표자의 기업가적 역량과 리더십 그리고 조합원의 사업적 경험 등도 함께 고려되어야 할 부분이다.

2) 마을기업과 마을만들기 사업의 연계 강화

마을기업과 마을만들기 사업을 연계해 물리적 환경개선과 공동체 회복을 동시에 추진하여 지역 및 주민소득 창출에 기여해야 할 것이다. 마을기업과 지역기업 간의 연계강화 방안으로 '1사 1마을기업' 운동을 활성화 시켜 단순교류 차원을 넘어 판로를 확보하거나 경영 노하우를 제공하는 등 마을기업이 자립할 수 있도록 직접 지원하는 방안이 필요하다. 특히 행정지원을 할 경우에는 예산규모가 크거나 고도의 경영 노하우가 필요한 사업분야의 연계를 강화해 나가야 할 것이다. 예컨대 중고 장난감을 활용하는 사업의 경우 지역백화점과 연계해 백화점 입점을 지원해 마을기업 상품의 판로를 확보하고 마을기업에 대한 사회적 인식 변화를 유도할 수 있다. 야구장이나 농구장 관중을 대상으로 마을기업에서 만든 도시락을 판매할 수 있도록 하고 그 수익금으로 저소득층 자녀들에게 운동용품을 기부하게 하는 것도 좋은 방안이 될 것이다.

3) 지역적 마을기업 모델의 차별화

현재 마을기업의 생산품은 대부분 가정 생필품이나 식품제조와 관련된 것으로, 이와 유산한 영리기업과의 경쟁에서 지속적으로 성장하고 활성화되기 위해서는 사업 분야의 다각화가 요구된다. 마을기업이 당면한 지역문제를 해결하면서 사업을 하기 위해서 어떤 지역자원을 활용하여 비즈니스 모델을 만들 것인지에 대한 심도 있는 고민이 필요하며, 이것은 다른 지역과의 차별화를 내세워 경쟁력을 높일 수 있는 중요한 요인이다.

지역성에 맞는 마을기업의 실현을 위해서는 지역의 당면과제에 대해 심도 깊은 고민을 바탕으로 접근할 필요가 있다. 이를 위해서는 지역사회에 꼭 필요한 사업의 영역과 차별적인 모델의 정립이 요구되며, 사업의 목표와 대상, 수혜자의 명확화를 통한 지역 내 사업의 당위성을 확보해야 한다. 또한 마을기업은 충분한 자본이 확보되지 않은 상태에서 시작하기 때문에 한정된 자원을 효율적으로 활용하고 참여자의 관심과 기여를 이끌기 위해서는 구체적이고 명확한 사업목적과 계획이 정립되어야 한다.

이러한 차별적 모델의 확립은 전통과 장기적인 관점에서 가족경영의 대를 이어온 백년의 장수 마을기업 성공사례에서 잘 나타나 있다. 일본 교토의 작은 마을에서 546년 동안 변하지 않는 오와리야 소바의 맛의 비밀 첫 번째가 교토의 청정 지하수, 두 번째는 일본 내에서도 산소와 오존량이 가장 풍부한 홋카이도의 메밀만을 계약재배해서 사용하는 최고 품질 의 재료 사용이다. 이 두 가지는 546년 동안 지켜져 온 오와리야 소바 경영의 대원칙이다. 오와리야의 역대 사장들은 계승되는 순간 호적까지 바꾸면서 원칙과 오와리야의 정신을 이어온 것이다(KBS, 2011).

4) 파트너십의 확립

파트너십이란 호혜와 상생, 상호연계, 연대와 협력 등 다양한 용어로 표현되고 있다. 특히 이러한 파트너십은 기업경영에 대한 경험과 역량이 부족한 사람들이 일자리 창출, 조직 운영과 판로 개척, 지역사회 발전과 이익 공유 등의 전문

활동을 하는데 있어서 역량을 향상시킬 수 있는 중요한 수단이 될 수 있다. 평범한 주민들이 합의된 목표를 만들기도 쉽지 않고, 외부의 자원 동원이나 판로 개척을 위한 연계와 협력도 간단하지 않기에 파트너십이 더욱 중요한 요인으로 부상되고 있다.

최근 들어 마을기업의 수는 지속적으로 증가하고 있다. 이러한 양적 증가는 시민들의 자발적이고 자조적인 것이 아니라 정부가 일자리 창출의 수단으로 이루어진 정부정책의 산물이다. 따라서 지역과 주민의 필요와 지역사회 변화를 어떻게 만들어 갈 것인가에 대한 진지한 고민과 전략의 부재가 제기되고 있다. 마을기업을 단순히 제품과 서비스만 생산하는 단순 기업으로 전락시킴으로써 지역공동체 구축과 주민중심의 능동적 사회변화에는 소극적이다. 지역사회의 변화는 각 개별 단위 조직의 노력만으로 이루기 어려우며 연대와 협력을 통한 파트너십이 착근되어야 한다. 또한 우리나라의 경우 마을기업 대부분이 정부 주도적이라는 점을 감안할 때 정부의 지원과 보호 그리고 협력관계 안에서 성장하고 발전하고 있다. 따라서 정부는 각 기업의 자율성이 보장되는 범위 내에서 마을기업을 지역문제 해결을 위한 파트너로 인정하고 대화하고 소통하면서 지속적으로 협력하는 자세가 필요하다. 무엇보다 중요한 것은 이상의 제 요인들이 제도적으로 정착되어 지속가능성을 담보할 수 있는 법률의 제정이다. 마을기업이 지역공동체 복원을 위한 적합한 정책수단으로 증명되고 있지만 마을기업 육성을 뒷받침할 근거법이 부재한 상태에 있다(이현주, 2015).

5) 네트워크 구축 및 활동 강화

마을기업 활성화와 지속가능성을 위해 파트너십에 기반을 둔 네트워크 활동은 필수적이다. 경제력이 취약한 지역사회의 발전을 위한 요인 중 가장 중요하게 거론되는 것이 외부자원이나 정보를 연결시킬 수 있는 네트워크의 확보에 있다. 이러한 네트워크는 주민의 참여를 이끌어 낼 수 있는 효과적인 방법으로서 주민참여 의지와 지역사회에 대한 책임감을 갖도록 고무시키기도 한다(Bates, 1997). 주민의 자발적 참여는 지역주민의 사업 참여가 본인에게 경제적 이익을 가져다준다는 점을 인식시킬 뿐만 아니라 사업의 참여가 남을 돕는 것이 아니라 사업의 운영 및 결과에 대한 책임을 지는 과정이라는 점을 인식시킬 수 있는 장점을 가지고 있다.

예컨대 지역을 중심으로 마을기업의 운영자들이 참여하는 네트워크로서 마을기업 연합체와 컨소시엄이 있을 것이다. 이들 네트워크는 다양한 정보와 자원을 공유하고 동원할 수 있는 공간이며, 내부적으로는 스스로의 가치와 정체성을 규정하게 될 것이다(반기민·우장명, 2012: 33). 사업과 관련된 각종 교육과 자금조달을 비롯하여 경영지원, 판로확보 등 다양한 영역에서 도움을 주고받을 수 있기 때문이다. 마을기업의 활성화를 위해서는 다양한 기관과의 협력과 네트워크 구축을 통하여 조직의 성과와 지속가능성을 높여 마을기업을 활성화 시킬 수 있다. 성과가 좋은 마을기업의 경우 마을주민이 가지고 있는 네트워크, 전문기관이 보유한 네트워크, 지자체가 보유한 네트워크 등 다양한 방법들을 활용하고 있다(임경수·하태영, 2014: 256).

6) 마을기업의 설립 본질과 이념에 접근

마을기업의 본질은 큰 시각에서는 사회적 경제 이념을 구현하는 것이다. 사회적경제의 핵심 기능은 단순히 시장경제의 보완재가 아니라 산업구조를 혁신하고 지역사회를 변화시키고, 양극화 문제 등 지역공동체 문제를 지속적으로 해결하는 데 있다. 또한 마을기업은 지역주민이 각종 지역자원을 활용한 수익사업을 통해 공동의 지역문제를 해결하고, 소득 및 일자리를 창출하여 지역공동체 이익을 우선적으로 실현하는 사회연대경제의 핵심이라고 할 수 있다. 따라서 경제적 소득만이 마을기업의 근본적이고 본질적인 목적이 될 수는 없다. 마을단위의 공동체적 책임의식이 우선됨으로써 기업운영을 통해 발생하는 경제적 수익은 개인 및 조합원의 사적 소득만으로 치부될 것이 아니라 지역공동체 전체의 사회경제적 이익으로 환원될 수 있는 환경과 시스템 구축이 필요하다. 이를 기반으로 하는 공동체적 마을기업 문화를 정착시킴으로써 지속가능한 지역사회개발의 본질에 부응하게 될 것이다.

제7장

커뮤니티 기반의 도시재생

제1절 도시성장과 도시재생
제2절 도시재생과 도시발전
제3절 우리나라의 도시재생 정책

제7장 커뮤니티기반의 도시재생

제1절 도시성장과 도시재생

1. 도시의 변천

전 세계인구의 반 이상은 도시에 살고 있으며 우리나라는 열 명 중 여덟 명 이상이 도시에 산다. 사람들은 왜 도시에 모여 살까. 농어촌이나 시골과는 다르게 도시의 많은 매력 때문에 도시로 그리고 대도시로 인구이동이 지속적으로 진행되고 있다. 그 매력은 한 마디로 생활하기 좋은 편리성 그리고 기회의 장소라는 데 있을 것이며, 또한 이를 바탕으로 더욱 발전을 거듭해 갈수 있다는 점에 있을 것이다. 최초의 고대도시들이 인류 문명의 발상지를 중심으로 발전했다는 사실에서도 이를 뒷받침 해 주고 있다.

도시를 어떻게 정의하느냐에 따라 다르기 때문에 최초의 도시를 정확히 규명하기는 어렵다. 기원전 3500년경 '비옥한 땅'(The Fertile Crescent) 메소포타미아 지역 도시일 수도 있고, 기원전 3000년경 나일강 유역의 도시들이나 1980년대 발굴된 인더스강 유역 모헨조다로(Mohenjo-Daro)와 하라파(Harppa) 역시 초기의 도시들이다. 기원전 1500년 전 그리스나 로마제국 당시에도 광활한 지역을 중심으로 도시가 발달하였으며, 중국의 고대도시 역시 황하강을 끼고 발달하였다. 이런 도시들은 공통적으로 기름진 땅을 중심으로 농산물의 잉여 자원을 형성할 수 있었다는 점이며, 이는 생활의 편리함과 경제적 발전에 기인하고 있다.

도시라는 용어는 라틴어 'civitas'에서 유래되었고 문명 및 문화적인 생활을 의미하고 있다. 따라서 도시역사학자 멈포드(L. Mumford)는 도시를 '의식을 위한 회합의 장소'라고 규정하였다. 도시는 사회, 경제 및 정치적 의식을 치루기 위한 집합소이며 사회, 경제, 정치적 기능의 총합으라고 볼 수 있다. 이를 가리켜 멈포드는 도시를 인류문명의 용기(container)라고 하였다(Mumford, 1966).

한자어 도(都)는 국왕이 거주하는 도읍(首都), 마을, 동네, 나라, 성(城)의 뜻으로 사용되었고, 여기에는 많은 사람이 모여 사는 곳이란 의미를 함축하고 있다. 시(市)는 물건을 사고파는 곳, 즉 시장(市場, market)으로서 생산과 소비의 경제활동을 하는 장소의 의미를 갖고 있다. 도시의 이러한 시장 기능은 산업혁명 이후 자본주의의 급속한 발전으로 더욱 확대되었다. 따라서 도시의 발달과 시장 및 자본주의의 발전은 불가분의 관계를 갖고 있다고 볼 수 있다. 이러한 관점에서 대부분의 국가에서는 도시를 집적된 인구규모와 비농업 분야를 중심으로 규정하고 있으며, 우리나라의 경우 인구 5만 이상 비농업 분야, 그리스는 인구 1만 명을 그리고 미국은 2,500명을 도시 내지 도시화된 지역의 기준으로 삼고 있다.

도시생태학자 워스(L. Wirth)의 생활양식으로서의 '도시성'(urbanism as a way of life, 1983)은 자본주의 도시의 발전과 특성을 잘 보여주고 있다. 도시성의 개념적 구성 요소의 첫 번째는 인구규모이다. 인구의 수가 많아지면 개체적 변위와 잠재적 분화가 일어난다. 즉 수가 많아지면 개체적 변위의 범위는 커지게 된다. 더구나 상호작용에 참여하는 개체의 수가 많으면 많을수록 그들 간의 잠재적 분화도 커지게 된다. 따라서 도시지역사회 구성원의 개인적 기질, 직업, 문화생활, 정보통신 발달 등 어느 농촌 주민의 그것들보다 더 넓은 범위를 가질 것으로 예상할 수 있다. 또한 인구가 많아지면 분절적인 역할관계와 이차적인 관계가 형성되고 발전한다. 한 개인이 다수의 사람들과 일차적인 관계를 맺기가 불가능하기 때문에 개인 간의 접촉은 대부분 비인간적 피상적 일시적 분절적으로 될 수밖에 없다. 대부분의 도시인들이 타인과의 관계를 타산적이고 합리적으로 하려는 것도 바로 그러한 이유에 기인하고 있다.

둘째는 인구밀도이다. 도시의 높은 인구밀도는 여러 가지 사회 및 심리학적 측면에서 도시생활과 성장에 영향을 미친다. 물리적 접촉은 긴밀하지만 사회적 접촉은 오히려 소홀해지고 이질성이 높아지면서 경쟁과 갈등이 심화되지만, 다른 한편으로는 이성적·합리적인 연대와 협력이 용이할 수도 있다. 대도시 정치의 분절화(fragmentation)와 다원주의화로 인해 도시발전의 다양한 정책방향이 제안되기도 한다.

2. 도시화와 도시성장

도시는 끊임없이 변하는 유기체로서 생명체와 같아 성장과 쇠퇴를 반복하면서 발전해 간다. 이러한 도시성장과 쇠퇴의 가장 중요한 요소는 인구이며, 따라서 도시성장은 도시로의 유입인구가 증가해가는 현상인 도시화(urbanization)를 통해 가장 잘 설명되어지고 있다. 도시로의 유입인구의 증대를 도시화 흡인요인(pulling factors)이라고 하며, 그 요인에는 ①산업화와 생산규모의 확대에 다른 노동력 증대, ②산업발전에 상응한 기타 비농업 분야의 노동력 증대, ③도시의 높은 임금수준, 교육 및 문화 환경, 사회적 지위 등이 포함되어 있다.

이러한 유입인구의 변화와 정도에 따라 다양한 도시화 형태를 보이게 되는데, 이를 도시화 과정으로 설명하면 다음의 [그림 7-1]과 같으며 그 유형을 제시해 본다.

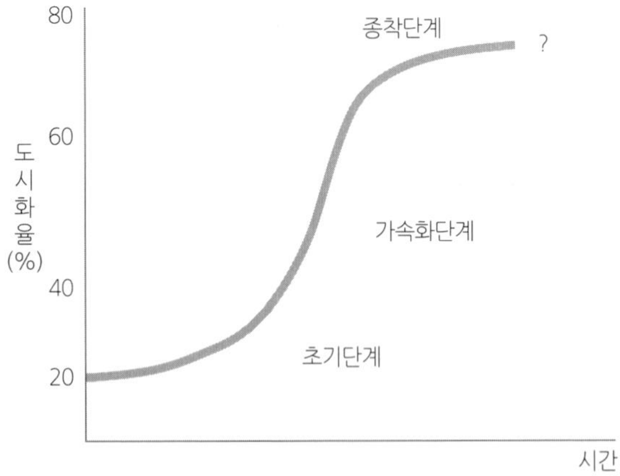

그림 7-1 도시화 곡선

(1) 저도시화

저도시화(under-urbanization)는 1차산업의 농업경제 중심의 도시산업 구조를 보이고 있으며, 2차산업 중심으로 진행되고 있는 상태라고 할 수 있다. 그러나 산업발전에도 불구하고 도시인구가 급격(속)히 증대하지 않는 현상을 보이고 있다. 민주화 이전 동구권 사회주의 국가의 도시화 유형이며 국가의 계획경제체제 하에서 이루어지고 있는 반(反)도시화 정책(anti-urban policy)의 산물이라 할 수 있다.

(2) 과잉도시화

산업화와 도시화 과정에서 도시의 인구성장이 산업 또는 경제성장의 수준을 초월하는 현상을 과잉도시화(over-urbanization)라고 한다. 특히 도시 내의 산업 및 경제기반이 미약한 상태에서 맹목적으로 농촌인구가 유입하여 도시인구가 급증하는 현상을 가(假)도시화(pseudo-urbanization)라고 하기도 한다. 도시의 노동시장은 포화상태에 이르고 있어 대량 실업의 원인이 되며, 이를 해결하기 위해 공공 서비스와 지출을 증대시킨다. 국가경제의 영역적 균형발전을 왜곡시키고 도시발전의 높은 비용으로 인해 경제성장을 둔화시키기도 한다.

과잉도시화 과정에서 특정의 한 도시에 정치, 경제, 사회적 집적현상이 두드러지게 나타나는 현상을 종주화(primacy)라고 부른다. 이는 국가의 도시체계에서 하나 또는 소수의 도시가 정상적인 인구규모 분포를 왜곡시키는 상태에서 나머지 도시들을 지배하는 도시화 현상이다. 종주화 지수는 제1의 도시가 제2의 도시인구의 2배 이상을 차지하는 비율(수위도), 또는 네 개의 가장 큰 도시들 중 제2, 3, 4위의 도시인구 총합에 대한 제1의 도시인구의 비율로써 나타내는데, 이를 데이비드 지수(Davis Index)라고 부르기도 한다(Davis, 1976). 종주화 현상은 한 국가 내에서 지역 간 불균형 발전을 가중시키며 정치·경제·사회적 통합을 어렵게 하는 요인이 되기도 한다. 우리나라 서울이 도시종주화로 인해 수도권과 비수도권 간 극심한 불균형을 나타내는 것이 좋은 예이다.

(3) 교외화

교외화(suburbanization)는 중심도시로의 인구와 기능이 중심도시 주변의 비도시지역으로 이동하여 새로운 소도시가 형성되는 대도시 주변 농촌지역의 신도시화 현상을 일컫는다. 도시의 외연적 확산(urban sprawl)으로 발전하게 되며, 분산적 도시화 현상, 도심지 공동화 현상이 시작되기도 한다. 교외화의 원인으로는 광역 교통체계의 발달, 교외 지역의 저렴한 지가와 쾌적한 환경, 대도시의 과밀화로 인한 교통체증, 지가상승, 빈곤과 계급갈등 등의 도시문제 등이 있다.

우리의 경우 서구 대도시에서와 같이 고소득층의 교외지역으로의 이동으로 나타나는 교외화 현상은 아니지만, 도시외곽 지역으로 새로운 교통인프라가 건설되고 대중교통 노선이 연장되면서 중심 도시로의 이동이 편리해져 대도시 주변 지역으로 거주지가 확대해 가는 거주지 교외화 현상이 나타나고 있다. 이와 함께 더불어 정부가 대도시의 과밀화에 따른 주택 문제를 해결하기 위해 대도시 주변에 대규모 택지 지구인 신도시를 개발하게 되면서 거주지의 교외화가 더욱 확대되기도 하였다.[1]

(4) 탈도시화

교외화가 지속적으로 이어지거나 가속화되어 가는 과정에서 중심도시가 쇠퇴하면서 도시인구가 감소하는 것을 탈도시화(ex-urbanization)라고 하며, 도시로 몰려온 유입 인구가 다시 교외 또는 농촌지역으로 되돌아가는 일명 유턴(U-turn) 현상이 발생한다. 그 이유로서는 대도시 생활비용 증대, 산업의 지방분산, 교통과 통신기술의 발달, 쾌적한 환경을 선호하는 생활양식의 변화 등이 해당되며 대도시권 전체의 인구와 주요 기능들이 감소하는 일종의 역도시화(de-urbanization) 또는 반도시화(counter-urbanization)가 나타난다. 특히 중산층들이 도시를 빠져나가면서 도심지 공동화가 발생하고, 이로 인해 저소득층 복지예산은 지속적으로 증대하는 반면 도시 총생산은 감소하면서 도시의 재정위기 현상이 나타난다. 도시재개발이나 고용재집중의 정책 등을 통해 도시를 재건하는 방식이 필요하다.

---

1 이러한 거주 교외화로 인해 서울의 과밀화된 인구가 서울 주변 지역의 신도시나 위성도시로 이주하여, 서울의 인구는 감소하는 반면 인천과 경기도의 인구가 꾸준히 증가하고 있다.

(5) 재도시화

교외화와 역도시화가 진행되고 있는 과정에서, 다른 한편에서는 도시 중심부로 중·상류층의 인구유입이 일어나는 현상을 재도시화(re-urbanization)라고 한다. 도심의 부활 또는 재활성화가 나타나는 현상으로서 도시재개발 및 재생사업의 결과로서 젠트리피케이션(gentrification)[2]이 도시 곳곳에서 발생하기도 한다. 도시정부는 침체된 도심지역 재생을 위해 공공 및 민간투자를 증대시켜 지역의 중산층화를 통해 도시재정수입을 증대시키는 전략이다. 즉 중심도시의 쇠퇴를 중지 혹은 반전시키는 특성을 갖는다.

3. 도시문제로서 도심의 공동화

1) 도시문제

도시로 인구가 집중되고 과도한 성장 위주의 도시변화가 일어나면 도시의 수요도 증대하지만 빈곤, 범죄, 주택부족, 교통체증, 환경오염 등 각 종의 문제가 발생하게 된다. 문제(problem)는 기대치와 현실 간에 괴리가 있을 때 발생하며, 이를 달리 규정하면 어떤 부족한 상태를 의미할 것이다. 도시의 문제는 정치, 사회, 경제 등 다양한 분야에서 발생하고 있다. 인구부족과 과잉문제, 빈곤과 빈부격차 문제, 범죄문제, 환경오염문제, 도시쇠퇴와 주택문제 등 다양한 문제들이 다양한 원인에 의해서 발생하고 있다. 이들 문제를 해결하기 위해 정부정책은 물론 민간분야에서도 다양한 노력을 펼치고 있다.

이 장에서 도시재생은 다양한 유형의 도시문제 중 낡고 오래된 도시지역 주민들의 일상생활에 직접적으로 영향을 미치는 사회·경제적 문제들을 해결하기 위한 정부 정책의 차원에서 다루고 있다.

2) 도심공동화 현상

도심공동화 현상은 도시재생 정책의 직접적인 배경으로서 도시 중심지역, 즉

---

2 젠트리피케이션의 자세한 내용은 이 책 제7장 도시재생 편에서 다루고 있다.

중심업무지역(CBD: central business district)이 급속하게 쇠퇴하면서 도시 중심지로서의 제 기능을 하지 못하는 현상을 의미한다. 여기에는 크게 급격한 인구감소의 '인구 공동화'와 도심의 중추기능이 약화되는 '도심기능의 공동화'로 나누어진다.

전자는 도심을 중심으로 주요 관공서나 중심업무시설, 고급 전문점 등 중추관리기능이 고도로 집적되어 주간에는 유동인구가 많으나 야간에는 외곽의 주거지역으로 썰물처럼 빠져나는 현상이다(노춘희·김일태, 2006). 다양한 원인이 있겠지만 전술한 도시화 과정에서 나타나고 있는 교외화와 탈도시화 현상이 가장 적절한 설명이 될 것이다. 선진국 대도시의 경우 도심지의 많은 중산층이 교외로 이주해 가면서 주간의 번잡한 도시거리와는 반대로 야간에 썰렁하고 텅 빈 지역으로 급변하는 모습을 보이게 된다. 이들 중산층은 대부분 그 도시의 성장과 발전을 견인한 백인들로서 과잉도시화로 인해 나타나는 교통체증, 공해, 범죄, 인종갈등 등의 도시문제를 피해 교외에 새로운 중산층 주거지역을 만들어 간다. 도시발전과 함께 도시로 이주해 오는 많은 저소득층과 소수인종들이 이들 중산층의 자리를 대신하게 되지만 도심지 중산층 공동화는 도시재정 위기에도 한 몫을 하게 된다.

우리나라의 경우 또 다른 형태의 인구 공동화가 나타나고 있는 데, 인근 지역의 급속한 발전으로 인해 상대적으로 도시 인구가 급속하고 급격하게 감소하는 현상을 보이게 되는 현상이다. 대표적으로 1980년대 이후 도시 인구 공동화로 인해 심각한 도시쇠퇴 문제를 경험한 구 마산의 경우이다. 마산은 1970년대까지만 해도 전국 6대도시에 들어갈 정도의 시세를 자랑했으나 인근 창원의 대규모 산업단지와 신도시 건설은 마산의 급속한 인구 붕괴를 가져오게 하였다. 설상가상으로 당시 우리나라 섬유산업 사양에 대응한 즉각적인 도시 산업구조 재편은 실패하였고 결과적으로 인구감소는 물론 도시의 전반적 쇠퇴를 가속화시켰던 것이다(정원식, 1998).

두 번째는 '도심기능의 공동화'로서 주요 도심기능들이 부도심이나 지구중심으로 분산되어 가는 현상을 의미한다. 즉, 상주인구뿐만 아니라 각종 도심기능과 일자리가 빠져나감으로써 주간의 유동(활동)인구도 줄어드는 현상이다.

“인구의 공동화”와는 달리 도심지 기능의 공동화 현상은 도심의 쇠퇴를 초래한다는 점에서 문제가 심각하다. 거대도시화 과정에서 발생하는 도시구조의 다핵화 현상은 도심기능의 공동화를 유발하기도 한다. 물론 이러한 도심쇠퇴 현상은 개별 도시의 역사적 발전과정이나 토지이용(교통) 구조, 개별 도시의 노력 여하에 따라 차이를 보인다(김혜천, 2003).

제2절 도시재생과 도시발전

1. 도시재생의 배경

1960년대 등장한 도시재생 사업은 당시 미국과 영국의 급속한 도시화와 산업화에 힘입은 도시성장 과정에서 뒤쳐진 소외지역의 문제를 해결하려는 차원에서 등장하였다. 급속한 도시성장에도 불구하고 낙후지역 주민들의 빈곤을 해결하기 위해 주로 비영리 집단의 자발적 노력으로 시작되었다. 따라서 저개발 도시지역의 빈곤문제를 해결하는 차원에서 물리적 장소의 개선보다 빈곤계층의 개인 및 가족 등을 대상으로 주택, 교육, 의료사업 등 사람 복지 향상에 초점을 두었다.

도시재생의 또 다른 배경으로는 산업화와 함께 도시화된 중산층 지역이 고임금, 고지가 및 산업재편 등으로 인해 인구(특히 중산층)와 산업체 및 도시 중추기관들이 이주해가면서 나타난 도시 및 도심공동화(urban cavity) 현상에 기인하고 있다.[3] 도심지의 공동화가 지속되면 종래의 도시기능과 도심 상업중심지(CBD)는 급격하게 쇠퇴해지는 데 그 결과 지역경제가 전반적으로 불황으로 치닫게

3 도시공동화 현상으로서 ‘인구의 공동화’와 도심 ‘기능의 공동화’는 각각 별개로 발생되는 것이 아니라 상호연계 내지 인과적으로 일어난다.

된다. 이렇게 쇠퇴와 침체가 거듭된 도시지역을 본래의 모습으로 되돌리기 위한 도시정부의 정책적 노력을 도시재생사업이라고 불리어진다.

선진국의 경우 도시재생이 도시발전의 새로운 패러다임으로 정착되었다. 도시재생은 오래되고 낡은 건물을 허물고 새로운 건물을 짓는 데에 익숙했던 도시재개발사업과는 다르다. 즉 사업지연과 원거주민의 낮은 재정착율 그리고 그 지역의 장소성과 정체성이 소실되었던 재개발정책과는 달리 지역특성과 주민역량에 따라 차별화된 도시개발 및 관리방식이 필요했던 것이다. 부동산 경기가 호황이던 시대에 큰 투자 없이 헌 집이 새집으로 바뀔 수 있었던 것은 급속한 인구증가에 따른 지속적인 주택수요, 용적률 상향으로 최대한의 개발 수익이 보장되었기 때문이다. 그러나 오늘날처럼 인구 정체기에 접어들게 되면 주택수요는 감소되고, 용적률도 더 이상 올릴 수 없는 상황이라 재개발과 재건축이 종전만큼 쉽게 이루어지지 않는다. 언젠가는 도시개발의 시대에서 도시재생의 시대로 바뀔 것이라는 사실은 이미 오래 전에 예견되었다. 유럽과 일본의 사례에서 보듯 부동산 개발의 광풍이 휩쓸고 지나간 뒤에는 성장보다 관리에 초점을 두는 도시재생의 시대가 온다는 것을 많은 도시계획 전문가들에 의해 예견되었다.

2. 도시재생의 개념과 특성

1) 개념규정

도시재생은 광의로 보면 쇠퇴지역이라는 특별한 지역에서 발생하는 문제들을 대상으로 이를 개선하는 데 초점을 두는 도시개발과 도시재개발의 한 유형이라 할 수 있다. 특히 도시재개발은 쇠퇴하는 지역에서 보편적으로 발생하고 있는 문제들, 예컨대 인구 감소, 고령화, 빈곤층의 집중, 지역경제 및 산업의 쇠퇴, 서비스 기능의 축소, 일자리 감소 그리고 물리적 환경의 노후화 등과 같은 문제를 해결하는 것에 특별한 관심을 갖는 개발이라 할 수 있다. 이러한 쇠퇴도시지역에서 발생하는 문제들은 도시재개발 정책에서 관심을 갖는 핵심 과제들로서 넓은 의미의 도시개발에 해당되며 도시를 재건해서 활성화시킨다는 측면에서 도시재생의 의미를 담고 있다. 이에 따라 정부는 도시재생을 산업구조의 변화와 신도시와 신시가지 위주의 도시 확장으로 인해 상대적으로 낙후되고 있는 기존 도시에 대해 새로운 기능을 도입 창출함으로써 경제적, 사회적, 물리적으로 부흥시키는 것으로 규정하고 있다.

도시재생을 보다 명확하게 이해하기 위해 도시재개발과 마을만들기 개념과 구별하여 기술하면 다음과 같다.

첫째, 도시재개발(urban redevelopment) 개념과의 차이점이다. 도시재개발이 노후화 내지 불량한 기존의 도시건조물(공원, 도로, 건물, 주택 등)이나 환경을 완전히 철거하고 새로운 시설과 기능으로 대체해가는 것을 의미한다. 이에 반해 도시재생은 기존의 것들을 철수하는 경우도 있겠지만 수리나 개를 통해서 복구와 재생에 목적을 두고 본래의 모습과 가치를 존속·유지시키거나 시대와 문화의 흐름에 맞게 보다 더 나은 상태로 변화해 간다는 점에서 큰 차이를 보이고 있다. 다시 말해 도시재개발은 기존의 쇠퇴 지역을 상전벽해(桑田碧海)로 만들어 신도시로 완전 변모를 꾀하는 반면, 도시재생은 기존의 도시환경을 그대로 살려둔 채 '리모델링'하는 수준이라고 할 수 있다.

따라서 도시재생을 도시건조물과 환경의 유지·개선에 초점을 둔다면 수복재개발(rehabilitation)이나 보전재개발(conservation)과 같은 도시재개발 유형에 해당될 수도 있다.

둘째, 마을만들기 개념과의 차이점이다. 광의로 보면 도시재생도 마을만들기의 한 유형에 속한다. 그러나 도시재생은 사회·경제 및 물리적으로 낙후된 지역을 대상으로 한다는 점에서 일반적인 마을만들기와 개념과 차이가 있다. 마을만들기는 특정 마을이나 동네(행정구역 단위)와 같은 주거지역을 중심으로 진행되는 마을공동체 사업이며, 도시재생은 낙후된 도시의 주거지역과 상공업지역을 포함한 모든 지역을 대상으로 하는 사업이라는 점에서 차이가 있다. 이러한 공간 대상의 차이는 형식적이며 농촌과 도시를 불문하고 지역재생에 기반을 두고 사회경제적으로 활성화에 초점을 두는 마을만들기는 도시재생을 포함하는 개념이라고 볼 수 있다.

종합해 보면 도시재생사업은 물리적 방법에 편향된 도시정비에서 탈피하여 적극적 주민참여와 커뮤니티 보호를 지향하면서 지역발전과 문화생활을 토대로 하는 도시재개발을 지향하는 포괄적인 개념이라고 보게 된다. 즉 도시재생사업은 물리적 환경의 개선만을 동반하던 기존의 도시정비와 다른 목적과 지향점을 갖는다는 점을 알 수 있다.

2) 도시재생사업의 특징

도시재생 사업은 주민들의 자발적 참여를 통해 지역의 사회경제적 활성화를 이룩하는 커뮤니티 기반의 지역개발 사업으로서 다음과 같은 특징을 보여준다.

(1) 주민중심의 사업

도시재생사업은 주민지향의 사업이다. 쇠퇴·낙후된 도시에 대한 기존의 재개발 방식은 하향식 의사결정, 경제적 효과(개발이익) 극대화를 지향함으로써 지역주민이 배제되는 문제를 야기했다. 그러나 도시재생은 특정의 지역과 공간을 중심으로 그 지역주민들에 의한 자조적인 사업(self-help projects)이며 동시에 풀뿌리 민주주의 가치를 추구한다. 자발적 참여를 중시하며 그 사상적 기반은 풀뿌리 민주주의와 주민자치 이념에서 비롯된 것이다. 따라서 외부 의존적인 자원이나 개입을 최소한으로 제한하면서 내생적 지속가능한 발전에 초점을 두고 있다.

(2) 지역공동체 사업

도시재생사업은 공동체적 사업으로서 공동의 이익을 추구하면서 해당 지역 전체의 발전을 지향한다. 따라서 지역공동체 복원을 통해 지역거버넌스를 구축하며, 이를 통해 이루어지는 의사결정을 바탕으로, 지역주민의 삶의 질을 향상시키고, 사회·경제·문화·환경적인 측면을 총체적으로 고려하는 사회통합형 도시정비라는 기본 방향을 추구한다(최현선 외, 2012).

우리나라 「도시재생특별법」 제1조에서도 “도시의 경제적·사회적·문화적 활력과 회복을 위하여 공공의 역할과 지원을 강화함으로써 도시의 자생적 성장기반을 확충하고 도시의 경쟁력을 제고시키며 지역공동체를 회복하는 등 국민의 삶의 질 향상에 이바지하는 것을 목적으로 한다"고 입법목적을 제시하고 있다.

(3) 도시거버넌스 체계

도시재생 사업의 핵심 주체가 정부이든 민간이든 계획에서부터 사후관리에 이르기까지 정부, 주민, 기업, 지역사회단체 등 다양한 집단들의 협력적 네트워크를 중시한다. 다음의 사례는 이를 잘 반영해 주고 있다.

피츠버그 도시정부는 근린 생활시설, 지역사회 인프라 및 지역사회 활성화와 같은 지역사회 안정화 정책에 집중적인 관심을 두었다. 도시발전 자본의 80%가 근린 지역사회개발조합(community development corporations: CDCs) 사업에 투자되었다는 사실이 이를 뒷받침해 주고 있다. 근린지역사회 중심의 도시발전 사업에는 지역사회 조직들이 중요한 역할을 수행하고 있으며, 특히 정부, 지역사회 자생조직, 민간부문간 공·사 협력 지원체계는 지역사회 활성화와 안정화에 효과적으로 기여하였다.

피츠버그 도시의 지역공동체 중심의 관·민 파트너십 형성의 기원은 1945년 당시 민주당 정치기제(political machine)[4]의 보스였던 Lawrence 시장의 노력에 의해 시작되었다. 지역사회개발조합과 도시재개발청의 적극적인 공동노력은 1990년대까지 피츠버그 도시발전의 르네상스 시대를 전개하는 데 일익을 담당하게 되었다. 특히, 10개의 지역사회조직으로 구성된 지역발전 네트워크 형태로서 동네개발을 위한 피츠버그 파트너십(Pittsburgh Partnership for Neighborhood Development:

---

4 정치기제(political machine)는 미국의 초기 산업화시대 도시의 강력한 정치보스 중심으로 구축된 피라미드식 정당조직으로서 일사분란하게 작동되는 기계에 비유한 데서 유래되었다. 지역정당은 주민들을 위해 주택과 일자리를, 지역기업에는 세제 혜택 등의 물질적 유인물을 제공하는 등 지역공동체 정당으로서 발전적인 역할을 하기도 했다. 그러나 물질적 유인으로써 투표용지를 교환하거나 선거 기여도에 따른 엽관주의 인사(spoils system)를 만연시킴으로써 도시정치 부패의 온상이 되었던 제도였다(정원식, 2006).

PPND)의 결성을 통해 지역공동체 중심의 지역발전은 더욱 활성화 되었다(정원식, 2002: 56~57).

(4) 성장관리의 종합사업

도시재생사업은 종합적 접근방식으로 진행된다. 도시재생사업은 지속가능한 도시 커뮤니티의 구축 및 발전을 위한 과정적 산물을 중시하기 때문에 이해관계자 간의 합의, 사업 전 권리자의 생활지속성 확보 등과 같은 도시성장관리, 주택정책 및 사회경제적 관점 등을 동시에 통합적으로 접근한다(Roberts & Hugh, 2000). 「도시재생특별법」 제2조에서도 "'도시재생'이란 인구의 감소, 산업구조의 변화, 도시의 무분별한 확장, 주거환경의 노후화 등으로 쇠퇴하는 도시를 지역역량의 강화, 새로운 기능의 도입·창출 및 지역자원의 활용을 통하여 경제적·사회적·물리적·환경적으로 활성화시키는 것"이라고 규정하였다. 따라서 도시재생 사업은 형식적으로는 포괄적이고 통합적인 도시(재)개발사업을 의미하되, 과거와 같이 도시의 부분적, 공간적, 가시적, 정량적, 물리적, 자산주도적 접근으로 그치는 개념이 아니다. 2000년대 이후 고려되기 시작한 무형적, 정성적, 사회적, 문화적으로 접근하는 개념이다(이승우, 2013).

도시재생은 전통과 현대의 균형과 조화를 중시하며 지역보존과 사람 중심의 개발에 초점을 둔다. 정책적으로는 사회·경제적 및 환경적 침체 및 쇠퇴로부터 어려움을 받고 있는 지역을 대상으로 최대한 원래의 모습을 유지하면서 현대화·고급화를 통해 지역 활성화를 도모하는 성장과 관리의 동시적 사업이라 할 수 있다.

다시 말해 도시재생은 성장과 함께 지속성을 강조하는 성장관리 중심의 도시발전 패러다임이라 할 수 있다. 성장관리(growth management)는 개발의 위치, 규모, 유형, 수준과 정도 및 시기를 통제하여 성장을 지역특성에 맞는 방향으로 유도하고 그 영향을 관리하는 공공지향의 정책이다. 성장이데올로기의 중요성을 인정하면서 토지이용의 규제보다 활성화에 초점을 두고 지방정부의 재량과 주민의사를 중심으로 '성장을 만들어 가는 것'(shape growth)이라고 할 수 있다

(정원식, 2009; Pallagst, 2007; Ben-Zadok, E. 2005).

3. 도시재생과 젠트리피케이션

1) 젠트리피케이션이란?

젠트리피케이션(gentrification)은 지주계급 또는 신사계급을 뜻하는 젠트리(gentry)에서 파생된 용어로, 1964년 영국의 사회학자 루스 글래스(Ruth Glass)가 처음 사용하였다. 글래스는 런던 서부에 위치한 첼시와 햄프스테드 등 하층계급 주거지역이 중산층 이상의 계층 유입으로 인하여 고급 주거지역으로 탈바꿈하고, 이에 따라 기존의 하층계급 주민은 치솟은 주거비용을 감당하지 못하여 결과적으로 살던 곳에서 쫓겨남으로써 지역 전체의 구성과 성격이 변한 현상을 설명하기 위하여 이 용어를 사용하였다(Smith, 1996). 글래스의 연구에서와 같이 젠트리피케이션은 주거지역의 중산층화 또는 하층계급의 내몰림으로 인한 도시공간의 변화 등 내포하고 있는 개념들도 다양하다.[5] Hamnett(1991), Bourne(1993), 그리고 Atkinson(2000) 등의 학자는 근린에서 중산층의 침입과 기존 저소득층 주민의 퇴거, 즉 계층 간 거주지 이동(displacement)에 초점을 맞춘 반면에 Ley(1993)와 Millard-Ball(2000) 등은 근린의 물리적 향상과 근린 인구의 사회적 지위 향상에 초점을 맞추어 젠트리피케이션을 정의하였다. 그러나 젠트리피케이션을 용어 그 자체의 개념으로 이해한다면 저소득 계층의 내몰림은 젠트리피케이션의 부정적 파급효과로 나타나는 현상일 뿐이지 개념 자체로 이해하는 것은 그 본래의 의미를 왜곡시킬 수 있다. 따라서 그 어원에 바탕을 둔다면 젠트리피케이션은 지역공동체를 중심으로 침체된 도시지역을 중산층 지역(주거 또는 상업지역)으로 개발하는 과정을 의미한다(Smith, 1996; Eisenschitz, 2010).

---

5 젠트리피케이션 현상과 관련하여 신규 개발에 의한 중산층 고급지역화도 젠트리피케이션으로 볼 것인지에 대해서 논란이 있지만, 아시아 도시의 젠트리피케이션 논의에서는 대규모의 신축 고급 주택 단지 건설이 일정 부분을 차지한다(신현준·김지윤, 2015). 그러나 이 책에서는 지역재생의 관점에서 재개발에 의한 젠트리피케이션에 한정하고자 한다.

젠트리피케이션이 일어나는 과정은 대도시의 교외화 현상과 관련이 있다. 도시의 발전에 따라 대도시일수록 중심 시가지에서 도시 주변으로 거주 인구가 확산하는 교외화 과정이 진행되고, 이 과정에서 교외 지역은 자본이 집중 투여되면서 발전하는 반면, 도심에 가까운 지역은 교외로 이주할 여력이 없는 저소득층이 거주하는 낙후지역으로 전락한다. 이에 따라 중앙정부나 지방자치단체가 낙후된 지역을 활성화하기 위하여 재개발을 주도하는 경우도 있고, 저렴해진 지대(地代)에 주목한 개발업자들이 지주와 연대하여 개발하는 경우도 있으며, 값싼 작업공간을 찾아 낙후지역에 모여든 예술가들이 다양한 활동을 펼침으로써 활성화되는 경우도 있다.

2) 젠트리피케이션의 지역개발 효과

젠트리피케이션은 쇠퇴 또는 낙후된 도시 내부의 근린지역을 재활성화하여 도시발전의 활력을 불어넣음으로써 해당 지역의 상업 및 주거 환경이 향상되고 부동산 가격 등 전반적인 자산 가치가 상승하게 된다. 반면에 그에 따라 상가와 주거비용도 높아져서 원래의 저소득층과 소상인들은 이를 감당하지 못하고 그 지역에서 밀려나기도 한다. 따라서 적절한 젠트리피케이션은 도시 내부 낙후지역을 재활성화 시킬 수 있다는 측면에서 부동산과 도시 기능 활성화를 위한 정책적인 대안이 될 수 있지만, 기존의 많은 사례에서 볼 수 있듯이 정책이 제대로 시행되지 못하고 표류할 경우 부동산 가격의 폭등과 원거주민의 퇴거 등 역효과가 나타날 수도 있다.

예컨대 특정 장소에 친기업적 도시재생사업을 전개하면 그 장소의 물리적, 사회경제적 수준은 향상될 것이나 불가피하게 해당 지역에 거주하던 주민과 사업체들의 재입주를 어렵게 만들어 저소득층의 반 강제적 퇴출을 초래하게 된다. 이러한 현상은 새롭게 그 장소에 정착한 계층의 입장으로는 도시재생이라고 할 수 있더라도, 그 장소에서 퇴출된 사람의 입장으로는 '재생'으로 보기 어려울 것이다. 특히 글로벌 도시의 퇴락한 중심부가 고소득 계층을 위한 주거지 및 근무지로 '개조'되면서 생겨나는 젠트리피케이션이 광범위하게 나타나고 있다. 젠트리피케이션이 장소의 계층상향 변화로 인해 하위계층의 도시공간을 박탈함으로써 양극화를 공간적으로 고착화하고 심화시키는 부작용을 낳고 있다(Smith, 1999). 많은 선진국 대도시에서 도시재생이 지방의 불균형성장 문제는 보지 않고 있으며, 대도시나 대형 건설 회사를 지원하는 정책이라는 비판 역시 제기되고 있다. 따라서 젠트리피케이션의 이러한 역기능을 해소할 수 있는 다양한 계층이 공존할 수 있는 대안적인 개발방식, 즉 해당 지역주민 중심의 공동체적 개발정책이 요구되고 있다.

제3절 우리나라의 도시재생 정책

1. 도시재개발 정책의 변천

형식적으로 보면 우리나라 최초의 도시재개발사업은 1962년 제정된 도시계획법에 근거하여 실시된 토지구획정리사업이라고 할 수 있다(Jeong, 1995). 이후 1976년 도시재개발법이 제정되면서 도시재개발사업이 정부정책의 일환으로 시작되면서 본격화되었다. 1982년 도심지개발·주택개량재개발·공장재개발을 내용으로 하는 통합법으로 바뀌었다. 또한 1989년 도시 저소득주민의 주거환경개선을 위한 임시조치법이 제정되어 주거환경 개선사업이 시작되었고(2004년까지 유지), 1997년 「주택건설촉진법」에 따라 노후·불량 공동주택에 대한 재건축사업이 가능하게 되었다. 그러나 이와 같이 개별적으로 운영되던 도시정비와 관련된 개발 사업을 통합하여 종합적으로 관리할 필요성이 요구되어 2003년 「도시 및 주거환경조정법」이 제정되었다. 이 법은 종래 다른 법령에서 규정하고 있던 도시재개발사업, 주거환경개선사업, 주택재건축사업 등을 통합하여 도시재개발과 관련된 일반 법률로 사실상 기능하고 있다. 2013년에는 종합적이고 포괄적인 도시문제의 해결책이 요구되면서 현대인의 생활감각에 맞는 도시기능을 토대로 「도시재생 활성화 및 지원에 관한 특별법」(이하 도시재생특별법)이 제정되었다.

생태론적인 관점에서 보면 도시의 쇠퇴와 성장은 지극히 자연스러운 현상으로 간주된다. 그렇다고 쇠퇴하고 있는 도시를 보면서 언젠가는 회복되어 성장해 가겠지 하는 막연한 기대만 가지고 수수방관할 수만 없다. 도시의 성장은 국가적으로나 지역적으로 도시민들의 생활터전은 물론 경제부문에서 발전의 핵심 축이기 때문이며, 따라서 정부는 그동안 이미 쇠퇴했거나 쇠퇴해 가는 도시에 대해 각 종의 개발정책 수단을 통해 성장 지향적으로 대처해 왔던 것이다. 대표적인 것이 도시재개발 정책이었다. 이 방법은 세계 곳곳의 구 도시에서 인기리에 활용되었고 성공한 사례도 많다.

구 도시의 정비를 위한 기존의 법적 장치의 문제로서 「도시및주거환경정비법」이나 「도시재정비촉진을위한특별법」은 물리적 환경의 개선에만 치중되어 있어, 사회·문화·경제 등 포괄적이고 종합적으로 나타나는 현대 도시의 문제를 개선하기에는 한계를 드러냈다. 사업성에 의존한 도시재개발 및 재건축 정책은 서민용 주거지 해체의 결과를 초래하였고, 민간개발에 의존하면서 사업성을 중시한 나머지 다양한 주거수요 충족은 한계가 있었고 이해관계자(stake-holders)의 난립과 갈등 유발, 사업성 저하에 따른 재산권 행사의 제약, 민원 발생 등의 문제점이 발생하게 되었다. 더구나 주택경기가 침체되어 있거나 토지이용의 어려움이 많은 구 도심지에서는 더 많은 문제를 안고 있다. 특히 부동산 경기 침체로 집값이 떨어질 때는 재개발·재건축 사업 자체가 힘들어진다.

그렇다고 낡아가는 구도심을 그대로 놔둘 수는 없다. 그래서 정부가 정책적으로 접근하자는 것이 도시재생사업이다. 이 사업은 기본적으로 도시를 새롭게 정비한다는 차원에서 일반적인 재개발·재건축과 비슷하다고 볼 수 있다. 이에 대한 법적 기반이 도시재생특별법이고 정부주도하에 도시재생 정책이 본격적으로 시작되었다.

2. 도시재생 정책의 주요 내용과 특징

도시재생특별법의 의의와 목적으로서는 경제적·사회적·물리적으로 쇠퇴한 지역에 대해 정부지원을 확대하여 새롭게 되살리고 도시경쟁력을 제고하는 것이 목적이며, 핵심은 현재 무너져 내린 지역공동체 회복에 두고 있다.

도시재생사업은 2017년 문재인 정부의 도시재생 뉴딜정책을 통해 확산되었고 다섯 가지로 유형으로 분류하였다. 즉 ①우리동네살리기(소규모 주거), ②주거지 지원형(주거), ③일반근린형(준주거), ④중심시가지형(상업), ⑤경제기반형(산업) 유형이다. 기존의 '경제기반형'과 '중심시가지형', '일반근린형'의 3가지 유형에, 동네 단위의 주민생활 밀착형 공공시설을 신속히 공급하고 저층 노후주거지 주거환경 개선 등을 중점 추진하기 위해 소규모 주거정비 유형인 '우리동네살리기'와 '주거지지원형'이 추가되었다.

이 정책에 따르면 구 도시의 활성화를 위해 계획적 종합적인 도시재생 추진 및 지원체계를 구축함으로써 현재 개별법에 근거하여 추진 중인 다양한 도시정비 관련 사업 간의 연계를 강화하고 지역의 특수성과 정체성을 강조하는 새로운 도시재생 개념을 도입하고 있다. 도시 쇠퇴의 주요한 원인을 도시외곽 개발 위주의 도시정책과 도시경제기반의 상실 등으로 규정하고, 그 해소 방안으로 도시정책을 기성 시가지 위주로 전환하고, 국가 차원의 도시재생지원 체계의 마련을 강조하고 있다. 따라서 도시재생 뉴딜은 단순 주거정비사업이 아니라 쇠퇴한 도시를 재활성화 시켜 도시의 경쟁력을 높이고자 하는 '도시혁신사업'이라 할 수 있다.

과거에 도시재생사업의 주체는 사실상 민간이 주도하고 있었다는 점에서 문제가 제기되기도 했다. 과거와 같이 주택경기가 상승세에 있을 때에는 재개발·재건축의 민간주체들로 하여금 기반시설 설치 의무를 부담하게 하면서 국가나 지방자치단체가 추진할 수 있었다. 즉 민간이 사실상 공공의 역할에 해당하는 도시기반시설의 확충을 의무적으로 떠맡으면서 도시재생사업을 진행했다는 것이다. 그러나 부동산 경기가 좋지 않은 경우 도시기반시설의 확충을 전제로 하는 도시재생사업은 민간에 의존할 수 없는 상황에 다다르고 있다. 따라서 도시재생사업은 원칙적으로 국가나 지방자치단체가 담당해야 할 기능이요 역할이라는 점을 다시금 인식하게 된 것이다.

「도시재생특별법」 제3조 제1항은, 도시재생사업이 가지는 도시기반시설의 확충에 따른 기능과 역할을 고려하여, 국가와 지방자치단체로 하여금 도시재생사업을 추진하는 데 필요한 예산을 확보하고 관련 시책을 수립·추진하도록 하고 있는데, 그것은 위와 같은 추이를 반영한 당연한 조치이다. 도시재생사업에서 도시기반시설의 확충은 원칙적으로 국가와 지방자치단체의 몫이라는 점을 분명히 한 점에서 '도시재생특별법'의 제정 취지를 살펴볼 수 있다. 그러나 중앙정부가 주도하는 일방적인 도시재생 방식에서 벗어나 지자체, 마을활동가, 시민단체, 사회적 경제조직, 도시재생 관련 학계 등과 폭넓은 소통을 통한 커뮤니티기반의 지속가능한 도시기능 회복에 중점을 두고 있다는 것이 특징이다.

3. 도시재생사업의 추진주체와 체계

「도시재생특별법」은 도시재생과 관련하여 다음과 같은 규정을 두고 있다. 동법 제4조는 국토기본법 제6조 2항 1호에 따른 국토종합계획의 내용에 부합하는 국가도시재생기본방침을 10년마다 수립하도록 국토교통부장관에게 의무를 부과하고 있다. 그리고 동법 제5조는 중앙행정기관의 장과 지방자치단체의 장으로 하여금 국가 도시재생 기본방침을 고려하여 도시재생 관련 계획을 수립하도록 의무를 부과하고 있다. 동법 제7조는 국무총리 소속의 '도시재생특별위원회'를 두도록 하였고, 제8조는 지방자치단체마다 지방도시재생위원회를 둘 수 있도록 하였으며, 제9조 내지 제11조는 도시재생 관련 전담조직의 설치, 도시재생지원기구의 설치, 도시재생지원센터의 설치를 규정하고 있다.

또한 동법 제14조는 전략계획수립권자로 하여금 도시재생전략계획의 수립·변경을 위한 기초 조사를 하도록 의무를 부과하였고, 제15조는 전략계획수립권자로 하여금 도시재생 전략계획을 수립·변경하고자 할 경우에 미리 공청회를 개최하여 주민과 관계 전문가 등의 의견을 수렴하고 해당 지방의회의 의견을 들어야 하며, 공청회 또는 지방의회에서 제시된 의견이 타당하다고 인정하면 도시재생전략계획에 반영하여야 한다고 하였다. 그리고 동법 제16조는 특별시장·광역시장·특별자치시장 또는 특별자치도지사는 도시재생전략계획을 수립·변경하려면 관계 행정기관의 장과 협의한 후 지방위원회의 심의를 거쳐야 하고, 협의 요청을 받은 관계 행정기관의 장은 특별한 사유가 없는 한 30일 이내에 의견을 제시해야 하며, 협의 요청이 없는 상태로 30일의 기간이 경과되면 도시재생전략계획의 수립·변경이 확정된다고 하였다. 한편 동법 제17조에 따르면 시장 또는 군수가 도시재생전략계획을 수립·변경하려면 대통령령이 정하는 바에 따라 도지사의 승인을 받아야 하고, 도지사가 이를 승인하려면 관계 행정기관의 장과 협의한 후 지방위원회의 심의를 거쳐야 하며, 서로 다른 도에 속한 둘 이상의 시장 또는 군수가 공동으로 이를 수립·변경하려면 해당 지방위원회의 심의를 거친 후 국토부장관의 승인을 받아야 한다고 하였다.

도시재생사업의 시행주체는 지방자치단체, 대통령령이 정하는 공공기관, 지방공기업, 도시재생 활성화지역내의 토지소유자, 마을기업·사회적 기업·사회적 협동조합 등 지역주민단체로 규정하고 있다. 그런데 '도시재생특별법'의 시행자에 관한 규정은 지방자치단체를 포함하는 공공기관(이하라 함)이 원칙적으로 시행자가 되고 민간이 예외적으로 시행자가 되도록 규정하고 있는 점에서 특징을 찾을 수 있다. 특히 동법은 제1조의 입법목적에서 "도시의 경제적·사회적·문화적 활력회복을 위하여 공공의 역할과 지원을 강화함으로써 도시의 자생적 성장기반을 확충하고 도시의 경쟁력을 높이며 지역공동체를 회복하는 등 국민의 삶의 질 향상에 이바지함을 목적으로 한다"고 하여, '공공의 역할과 지원의 강화'가 동법의 입법목적에 있어서 핵심임을 명시하고 있다.

민간투자가 주도하던 과거의 재개발·재건축사업과 달리 도시재생사업은 공공이 시행자가 되어 주도하며, 예외적으로 도시재생활성화지역 내의 토지소유자나 지역주민단체가 사업시행자로 지정될 수 있다. 결국 과거의 주거환경개선사업 또는 주택재개발사업 등에서 볼 수 있었던 부분적 도시개발사업과 달리, 도시재생사업은 포괄적인 도시개발사업에 해당하기 때문에 민간이 주도하기에는 한계가 있을 수밖에 없다는 것을 전제하고 있다. 특히 도시재생사업의 기능과 역할을 고려할 때, 도시재생사업의 시행자를 원칙적으로 공공으로 하는 것이 타당하다는 것을 의미한다.

도시재생사업은 지역주민의 이해관계에 중대한 영향을 미치는 점에서 시행절차가 매우 중요함은 말할 필요가 없다. 즉 도시재생사업은 지역주민의 이해관계에 미치는 영향이 크기 때문에 지역주민과 관계 전문가의 의견을 수렴하고 해당 지방의회의 의견을 들은 이후 확정·승인이 이루어지도록 하는 것이 필수적이다.

4. 도시재생사업 성공을 위한 과제

1) 행정의 역할 제고

도시재생특별법의 제정 취지는 '공공의 역할과 지원의 강화'가 핵심이다. 더구나 많은 법규들이 관련되어 있고 다양한 운영 주체와 협력조직이 참여하는 사업이다. 따라서 다양한 주체들로부터 협력적 논의를 이끌어내기 위해서는 행정적 역할이 중요하다. 다양한 분야의 의견 수렴을 위하여 담당 행정부서 간 칸막이를 낮추고, 행정부서 간 협업을 통해 협력적 논의를 수행할 수 있는 기반을 조성할 필요가 있으며, 또한 이를 위한 행정적 컨트롤타워 구축이 필요하다. 도시재생사업의 성공적 추진 및 중간지원조직의 핵심 역할 수행을 위해서는 행정협의체의 역할이 매우 중요하며, 이를 위한 전담부서가 구축되어야 한다.

중간지원조직인 도시재생지원센터는 도시재생사업이 종료될 경우 지속적 지원이 불가능한 형태로 운영되고 있다. 주민협의체 및 도시재생지원센터의 지속적 지원·운영을 위하여 제도적·행정적 개선방안을 모색되어야 할 것이다. 도시재생지원센터의 지속성과 관련하여, 현행 정부 중심의 도시재생 정책 하에서는 센터가 지역의 거점기관으로 자리 잡고 일자리를 확충할 수 있는 기반으로 자리매김하기 위한 고민은 중앙부처(국토교통부)의 적극적인 몫이라 하겠다.

또 다른 하나의 행정적 역할에 대한 제고 방안은 민간참여에 대한 정부의 재정지원이다. 민간 사업주체의 참여 없이 공공 일방에 의해 추진되는 도시재생사업은 결국 공공의 재정을 활용한 단순 일회성 사업에 그치게 될 가능성이 높다. 따라서 도시재생사업의 공공성, 효과성, 그리고 지속가능성을 달성하기 위해서는 민간의 활발한 참여를 유도하기 위한 구체적인 지원책을 규정할 필요가 있다. 이에 일본·영국 등 도시재생을 먼저 시작한 주요 선진국에서도 도시재생사업자에 대한 조세감면을 적극 활용해왔다. 일본의 경우, 도시재생사업자에 대한 외국인 소득세·세입자 법인세·자본이득 배당 과세 등의 조세감면을 시행하여 도시재생사업의 실현성을 제고한 사례는 시사하는 바가 클 것이다(이지현·남진식, 2016).

2) 도시재생사업의 통합관리

현재 중앙정부에서 지원하는 도시재생사업은 개별 부·처의 과·팀 단위에서 독자적으로 관련 법령에 근거하고 있다. 이에 따라 필요한 예산이나 기금을 확보하고 독립적으로 사업계획을 수립하여 개별 지자체의 시행주체를 지원하는 방식으로 추진되고 있다. 국토해양부에서는 「도시및주거환경정비법」, 「도시재정비촉진을위한특별법」, 「도시개발법」, 「역세권개발및이용에관한법률」 등을 운영하고 있으나, 「도시개발법」은 도시재생과, 「도시 및 주거환경정비법」은 주택정비과에서 전담하는 등 구체적인 제도운영은 실·국의 과·팀 단위로 세분되어 있다. 이러한 접근방식은 부처별 상호협력과 통합적 관리를 제약하여 공공투자의 효율성을 저하시키고 있다

도시재생이 경제, 사회, 문화 등 다양한 영역에 걸쳐 있는 것처럼 지자체에서 도시재생에 필요한 재원 역시 다양한 경로를 통해서 조달되고 있다. 행정안전부, 문화체육관광부 등 관련 부서에서 지원하는 다양한 종류의 지원 사업들이 지지체 차원에서 통합 운용될 수 있어야 도시재생의 효과를 극대화할 수 있다. 그러나 각 부처별 지원 사업은 해당 부처의 평가기준에 의해서 평가를 받는다. 도시재생에의 기여도가 평가항목에 들어가야 하는데 그런 항목은 아직 마련되지 않았다. 따라서 장기적으로는 도시재생을 중심으로 각 부처별 지원

금에 대한 통합평가체계가 개발되어야 한다(류중석, 2014).

그러나 도시재생과 관련된 제도는 일반·종합적 계획제도를 유지하되 간편성과 신속성을 위해서는 일본과 같이 특별구역(특구)제도를 운영하는 방법도 생각해 볼 수 있다. 예컨대 현안을 시급히 해결해야 하는 지역의 경우 도시재생긴급정비지역, 도시재생특별지구와 같은 특구제도를 운영하고, 일반화되고 고질적인 도시 내 문제지역의 경우 중심시가지 활성화 제도처럼 종합적이고 장기적인 관점에서 문제를 처리하는 방식을 적용한다. 사업수요가 많고 기반시설이 일정 수준 갖추어진 대도시는 주로 개별 사업에 대한 규제완화를 통해 신속한 개발을 유도하는 방식을 적용하며, 수요가 정체되고 기반시설이 노후화된 지방도시는 주로 선택과 집중을 통한 통합계획을 추구하면서 재정지원을 강화하는 방식으로 진행되고 있다(이왕건·박소영, 2016).

법제도적으로는 다음과 같은 내용에 대한 개정작업이 제기되고 있다(이왕건 외, 2015).

① 계획제도의 통합: 단기적으로는 활성화지역 내 관련 법·제도의 적용을 인정하면서 사업별로 집중지원하거나 사전 협의조정을 통해 정합성을 확보, 장기적으로는 관련 법률과 기본계획의 통합, 특례제도의 적극적 도입과 운용이 가능하도록 개정

② 행정제도의 통합: 단기적으로는 명목상의 도시재생기획단을 실제 설치·운영하여 상시 업무조정기능을 수행, 장기적으로는 국무총리 소속인 도시재생특별위원회를 지역발전위원회처럼 대통령 소속으로 격상하고 심의위원회 역할에서 행정위원회로 격상하여 집행기능을 강화

③ 재정의 통합: 단기적으로는 국토교통부 내 도시재생 관련 예산을 통합적으로 운영하고, 장기적으로는 국토교통부 내 관련 예산을 통합하여 포괄보조금으로 유연하게 운영할 수 있도록 개정하고 지역발전특별회계 내의 도시재생 관련예산을 쇠퇴지역에 집중할 수 있도록 지원체계를 강화하는 방법을 모색할 필요가 있다.

3) 고유자원 및 지역특성 활용의 극대화

도시재생은 글자 그대로 도시의 과거와 현재의 흔적을 중심으로 새로운 미래를 창조해 가는 사업이다. 따라서 외부자원을 동원하는 것은 도시재생 본질에도 맞지 않으며 의존적으로 퇴색하여 정체성과 지역성을 잃게 된다. 오늘날 역사문화자원들은 도시 정체성의 확립에 영향을 미치며, 그 시대의 사회적 모습을 반영하고 있어 역사를 느끼는 체험의 장으로 활용되고 있다. 수원시 행궁동 생태거리 조성과 같이 이제는 도심지의 좁은 옛길을 확장하거나 폐쇄하기보다는 자동차 없는 사람만의 공간으로 활용할 수 있다는 발상의 전환이 필요하다는 점이다. 이러한 차원에서 일본의 도시재생 전문가인 아오키 히토시(최민경 역, 2007: 163)는 다음과 같이 언급한다.

> 도로에 의존하고 자동차에 의한 손님 끌기를 기대하여 도시개발을 실행하는 방식은 교외 지역의 로드 사이드 숍(road side shop)을 포함하여 한계에 이르기 시작하고.... 사람들이 안전하고 즐겁게 걸어 다닐 수 있는 '사람이 주인공이 될 수 있는 도시공간'을 원하고 있다.

•수원의 역사 1번지인 행궁동 화성 주위 생태교통 도시재생 현장. 골목길과 옛길 정비, 전선의 지중화로 생태거리 확보

•행정관청의 주도가 아니라 젊은이들이 스스로 이름을 붙이고 홍보하는 현상이 벌어지면서 이곳으로 젊은이들이 몰려오고 있다(경기신문, 2018. 6.19).

역사문화자원은 지역의 역사 속에서 잉태되어 온 전설, 관습, 유적, 문화예술, 주거지구성, 산업구조, 문화적 전통 등 지역의 삶 속에서 문화적 맥락을 짚어내고, 그 길을 열어주고 가치를 부여하는 것으로서 오랜 세월동안 숙성되고 발효되어 있는 주민들의 일상 그 자체이다. 특히, 도시는 각각 다양한 이미지를 가지고 있는데, 특정 장소의 이미지는 문화의 다양한 자원과 요소들이 일상의 공간으로 배열되고 구성되는 것을 통해 장소적 정체성을 만들어내고, 이것이 장소마케팅의 효과를 통해 상품으로 바뀐다. 이러한 도시의 이미지와 다양성을 가장 잘 드러나게 해주는 도구이자 사회적 산물 중 하나가 지역문화생태계를 구성하고 있는 역사문화자원이다. 따라서 역사문화자원을 이용한 도시마케팅은 도시의 비전, 기본방향, 기본목표의 설정과 이에 대한 전략 및 구체적인 수단을 강구하는 하나의 전략적인 계획과정이다.

역사문화자원을 이용한 도시재생 방안에는 역사문화자원을 활용한 도심 문화공간 확충, 구도심부 신규 문화기능의 적극적 도입, 역사 문화적 상점가 유지 및 보수, 보행자 중심의 도심부 문화여가시설의 네트워크화, 신구 문화예술 융복합적 조화를 통한 문화시설 조성, 민관합동형 지역밀착형 마을만들기 사업, 역사적 자원의 보존 및 활용, 주민참여형 민관 거버넌스 조직 등 다양한 지역의 역사문화자원과 연계방안을 제시하고 있다.

비틀즈의 고향인 리버풀의 재생이 괄목할 만한 성공을 이끈 배경이자 핵심요소가 된 것은 바로 오랜 세월을 통해 축적되어 온 도시의 역사 문화적 환경이었다. 유네스코가 인정한 리버풀의 역사적 건축물과 경관이 최근 새로운 랜드마크와 상징적 건축물을 세우려는 민간 주도의 사업으로 인해 훼손될 수 있다는 우려와 비판이 일고 있다. 이러한 사례는 리버풀 워터스(Liverpool Waters) 사업에서도 볼 수 있는데 유네스코로부터 리버풀의 역사문화 환경을 훼손할 수 있는 위험한 계획이라는 지적을 받았다. 즉, 미래도시를 향한 큰 도전에 나선 리버풀 시당국은 민간자본을 통해 이 사업을 적극적으로 추진하려 하였으나, 기존 역사문화 유산의 보존 및 가치에 부정적인 영향을 줄 수 있다는 문제점이 지적되었다. 따라서 역사문화 자산을 통해 도시재생 사업이 성공한 만큼 도시의 지속가능한 성장을 위해서는 리버풀만의 독특한 역사문화와 도시정체성을 유지 및 강화시킬 수 있도록 신규 재생사업을 계획적으로 관리할 필요가 있었던 것이다. 왜냐하면 지금까지 리버풀의 도시재생은 '역사문화 유산 주도의 재생에 대한 모범적인 사례지역'이라 할 수 있어, 지역성 및 정체성과 배치되는 과도한 재생방식은 역사문화도시라는 이미지에 부정적인 영향을 미치고 지속가능한 발전을 어렵게 만들 수 있기 때문이다(이학래 외, 2016).

이러한 역사문화 자원의 활용 극대화는 그 지역의 특성을 살리면서 지역성(localism)을 확보해 가는 길이기도 하다. 지역특성을 제대로 이해하지 못하는 사업은 지역주민들로부터 외면 받을 것이고 궁극적으로는 지역성을 훼손시켜 외부 사람들로부터도 환영받지 못하는 결과를 초래할 것이다. 창원 마산 도심재생사업 일환으로 시작한 '청춘바보몰 먹거리 타운'이 그러한 경우에 해당된다.

마산의 전통 재래시장인 부림시장에 30년간 방치된 노후 점포를 활용하여 시장 활성화와 청년창업지원을 목적으로 먹거리타운 '청춘바보몰'을 조성하였다.[6] 그러나 개점 1년 만에 대부분 점포가 폐업하고 있다. 청년들에 창업공간으로 제공한다는 취지는 좋았으나 먹거리타운이 활성화되기에는 입지 문제가 있었고, 특히 먹거리타운 이 외에 젊은 층을 유입시킬 만한 요인이 없었다.

인쇄공장을 개조한 성수동 카페거리의 원년 멤버 (김수현: player0806@hotmail.com)

점심시간 텅빈 창원시 마산부림시장 청춘바보몰 먹거리 타운

6 청춘바보몰은 창원시 도시재생사업의 일환으로 국비 2억 6,200만 원, 시비 3,000만 원을 들인 청년창업지원사업으로서 2016년 4월 15일 12개 점포로 문을 열었다.

청춘바보몰 주변의 한 상인은 "여기는 구조가 복잡해 마산에 사는 사람들도 찾기가 힘든 곳이다"며 "이곳 상인들도 청년들이 잘 됐으면 하는 마음에 애정을 많이 가졌다. 하지만 아무래도 시장을 찾는 사람들은 노·장년층이 많고, 그들의 입맛에 맞는 건 많이 팔지 않아 힘들지 않나 싶다"고 말했다(경남신문, 2017.4.16.).

이에 반해 성수동 카페거리 재생사업은 지역특성과 환경을 잘 이용한 성공적인 사례로서 대조를 이루고 있다. 화학냄새 진동하던 공장지대에서 향기 가득한 카페거리로 탈바꿈한 서울시 성동구 성수동 도시재생사업 사례이다. 1960년대 이후 금속, 봉제, 금속 IT, 수제화 산업 중심지였던 이 지역에 도시재생사업이 시작되면서 활기를 되찾고 있다. 버려졌던 옛 공장과 창고가 새로운 문화 공간과 카페로 단장을 하면서 사람들이 모이고 향기를 나누는 문화예술이 흐르는 공간으로 거듭나고 있다.[7]

5) 민관협력과 주민참여 및 책임성 확립

기존의 도시재개발 방식에서는 도시기반시설을 시행자인 민간부분의 몫으로 하였으나, 도시재생 특별법에서는 광역개발방식을 통해 공공부문이 주도하도록 의무화하고 있다. 이를 위해서는 도시재생지역 주민과 민간투자가 그리고 공공부문의 협력적 네트워크 구축이 전제되어야 한다. 공공 기반시설과 기초생활 및 경관개선 등의 주민 숙원 사업의 연계문제 그리고 사업집행과 사업 완료 이후 관리주체의 문제 등을 해결할 수 있는 후속적인 조치가 따라야 할 것이다.

따라서 도시재생사업이 정부 중심의 정책이라 할지라도 지역주민을 위한 도시재생의 특성에 비추어 주민조직화 등 지역사회 네트워크 구축이 선행되어야 한다. 도시재생사업의 지속성 확보를 위해서는 운영 주체의 주민조직화가

---

7 성수동 카페거리가 활성화되면서 임대료가 20% 이상 인상되었다. 150만 원 선이었던 임대료가 190만 원에서 최고 270만 원까지 상승하였다. 평당 2,500만 원에 거래됐던 주택가격도 3,500만 원에서 5,000만 원까지 올랐다(건설경제, 2017.7.18). 임대료 상승폭이 지나치게 가파르다보니 상권을 일군 기존 상인들이 다른 곳으로 내몰리는 '젠트리피케이션' 부정적 효과가 표면화되고 있다.

필수적이다. 주민들에게 지속적으로 자문을 구하고 해당 지역의 분야별 전문가 및 관련 시민단체와 긴밀히 협력하는 등(Power and Houghton, 2007), 이들을 도시재생을 위한 인적 자원으로 활용할 수 있는 방안을 모색해야 한다. 따라서 주민참여는 지역사회 기반의 재생에 있어서 본질적인 문제에 대한 만병통치약으로 고려될 지도 모른다.

도시재생사업은 지역주민의 이해관계에 중대한 영향을 미치기 때문에 '도시재생특별법'이 자세한 규정을 두고 있는 것은 타당하다. 그러나 동법 제15조의 규정에서 나타나고 있듯이, 공청회 또는 지방의회에서 제시된 의견이 타당하다고 인정하면 의견을 반영하여야 한다고 하였지만, 과연 타당성의 인정여부에 대한 판단기준과 판단주체 등이 쉽게 정리될 수 있을지 의문이다. 공청회가 형식적이고 통과의례로 진행되는 경우 주민참여를 전제로 하는 도시재생사업은 물거품이 될 것이기 때문이다. 즉 도시재생사업의 경우 무엇보다도 지역주민의 지지가 중요한 것이기 때문에 타당성의 인정여부를 결정할 수 있는 판단기준과 판단주체에 대한 문제가 보완되어야 한다. 예컨대 지역주민을 상대로 여론조사 또는 주민투표를 통하여 확인하는 방법이 강구되어야 한다. 따라서 도시재생사업은 주민이나 지방의회의 의견이 반영되는 기준을 올바로 마련하였을 때 그 의미가 클 것이다(이승우, 2013).

현행의 도시재생사업 재원은 대부분 중앙정부와 지방자치단체 예산, 즉 공적자금으로 충당함으로써 높은 공공재원 의존도의 문제가 제기되고 있다. 그 결과 주민들의 참여를 유도하였지만 형식적 참여에 불과했으며 사업 집행 이후 관리 소홀과 책임 회피 등으로 소기의 성과를 거두지 못하고 있다. 이러한 문제 해결을 위해 사업지역 주민들의 자발적 참여와 일정부분 주민들의 재정부담을 의무화하는 제도적 장치를 지방자치단체 자율로 제정할 수 있도록 권한을 부여한다.

따라서 구 도시의 활성화와 도심지 재생사업이 주민 주도에 의해 성공리에 이루어지려면 해당 지역을 특별지역으로서의 특례를 인정해 주는 제도적 장치가 필요하다. 재생사업 지역에 대해 조세감면의 수준을 넘어 조세 제정권과 같은 재정 자율권을 부여하는 것이다. 예컨대, 구 도심지 상권 활성화를 위해 지역주민과 상인들의 재정적 책임과 민간 투자를 제고시키는 측면에서 새로운 재원조성 체계를 구축할 수 있도록 하는 BID(business improvement district)제도를 도입할 필요가 있다.

BID 방식은 쇠퇴하는 상업지역을 '활성화 특별지구'로 지정하여 지구 내 자산소유자들을 대상으로 각 종 개발을 위한 과세 명목으로 일정 부담금을 징수하는 제도이다. 사업시행 후 경제활성화, 임대료 상승, 자산가치의 상승 등을 통해 이익을 환원시켜 주는 일종의 지역경제 활성화를 위한 개발부담금이라 할 수 있다. BID 지역의 선정과 지역개발 활동을 주도하고 있는 지역주민의 자발적 참여로 이루어지는 제도적 규칙으로서 '주민의, 주민에 의한 주민을 위한 장치'이다. 1990년대 말 현재까지 미국의 도시르네상스를 열게 한 대표적인 민관 파트너십 도시재생 접근방법이다. 「The New York Times」는 BID를 뉴욕 르네상스의 엔진으로 극찬하였고, 이 외에도 필라델피아 중심상가지역, 클리블랜드의 Playhouse Square, 샌디에고의 Little Italy, 워싱톤 D.C.의 중심상가지역 등 전국 주요도시 중심지역 재생을 성공적으로 주도해왔다(Mitchell, 2001).

우리의 도시재생사업 수행과정에서 민간주도의 거버넌스를 강화시킴으로써 도시재생 특별법에서 간과하고 있는 로컬거버넌스 구축 방법의 문제를 보완할 수 있다. 따라서 도시재생사업은 주민이 주도함으로써 성공할 수 있다는 교훈을 대변해 주고 있는 제도이다.

6) 종합타운 개발과 젠트리피케이션 역기능의 극복

도시재생의 범위를 역사문화거리, 자연환경 이용 및 주거지 개선 등 협의의 마을만들기를 넘어 IT센터, 쇼핑몰, 컨베이션 센터 등 지역경제의 부활과 발전에 초점을 둔 종합타운 개발로 확대할 필요가 있다.

대표적인 사례로서 일본 오사카 일대의 주요 랜드마크 건축물들 상당수가 도시재생정책의 일환으로 건립되었다. 오사카의 도시인구 유출을 멈추고 도시에 새로운 역동성을 가져오게 한 것이 도시재생 사업이었다. 2000년에 제정된 오사카시의 도시재생법은 도심지 재생을 넘어 종전 시가지를 중심으로 도시의 매력과 경쟁력 향상을 목표로 하고 있다. 오사카역 일대 난바지구는 이러한 정책목표 하에 이루어낸 가장 모범적인 도시재생 성공 사례이다. 오사카구장을 허물고 2003년 1단계와 2007년 2단계 준공을 한 난바파크스는 면적 3만 7179㎡ 용적률 928%의 쇼핑, 오락, 휴식이 가능한 입체고밀 종합타운이다. '녹색과 공존'을 테마로 미국의 랜드스케이프 전문 건축가 존 저드가 미국의 그랜드캐니언을 연상시켜 거대한 협곡 형태로 건물을 디자인했다. 쇼핑단지 상층부는 1만1,500㎡의 하늘정원으로 꾸며져 있고 전체 7만 그루 가까운 나무와 화초로 가득한 도심의 숲속 공원이라고 불러도 손색이 없다. '랜드스케이프 어바니즘(landscape urbanism)'[8]의 새로운 도시계획 기법에 따라 자연과 조화되는 건축 디자인을 연출하였는데, 난바파크스는 오사카의 명물이자 구도심 재생의 기폭제가 되었다. 주변 지역과의 균형감을 철저하게 계산하여 난바지구 내 전통시장의 느낌을 주는 도톤보리와 난바파크스를 기능적인 면에서 상호보완적으로 구축하였다. 그 외에도 관광명소가 된 쇼핑몰 헵나비오와 헵파이브, 그리고 한큐백화점, 다이마루백화점, 한신백화점 등 대형 유통시설이 빼곡히 밀집해 '없는 게 없는' 우메다 쇼핑거리를 만들고 있다(서울경제, 2018.7.2).

사실 일본을 대표하는 쇼핑타운의 상당수가 도시재생에 의해 탄생했다. 도시재생이 성공하기 위해서는 사람을 끌어들이는 쇼핑몰이 핵심이다. 일본 정부와 지방자치단체는 이에 따라 도시재생을 목적으로 한 유통시설에 대해서는 용적률 상향 등 각종 혜택을 아끼지 않는다. 우리의 경우 중앙정부와 지자체들이 도시재생에 적극 나서고 있지만 골목상권을 의식해 도시재생 프로젝트에 쇼핑몰 등 유통시설을 넣지 않고 있는 것과는 대조를 이룬다. 난바파크스몰을 운영하는 난카이전철 도시재생부서 모리카와 야스히로 주임은 "다양한 이벤트를 진행하며 주변 상권과 유기적이 관계를 맺고 있다"며 "대형 쇼핑몰이 골목상권 활성화에도 큰 도움을 주고 있다"고 언급한다(서울경제, 2018.7.2).

---

8 랜드스케이프 어바니즘은 도시를 건축 중심으로만 접근하기보다는 경관을 중심으로 도시의 전체 공간 시스템과 흐름의 관점에서 접근하는 새로운 도시계획의 패러다임이다(Waldheim, 2016).

협곡형상의 난바파크스 쇼핑몰

옥상의 하늘공원

도시재생 과정에서 발생하는 젠트리피케이션 역기능의 문제는 일본의 도시재생 규모의 경제효과 사례에서 시사하는 바가 크다. 규모의 경제에 밀려 영세상인 및 임차인들은 비자발적 이주(displacement)를 강요당하고 있는 것도 사실이다. 도시재생 활성화지역 지정이나 사전계획 수립단계에서부터 2~3년 내 50% 이상 임대료가 상승한 지역을 흔히 찾아볼 수 있다. 높은 임대료를 지불할 수 있는 업종이 제한적이기 때문에 세탁소, 식료품, 철물점 등 근린생활편의시설이 내몰림 당하거나 공실률이 증가하는 현상도 다반사이다. 예컨대 서울 서촌은 최근10여 년간(2006~2014년) 식료품점, 미용실, 세탁소 등 근린생활편의시설 58개 업소, 대구 대봉동은 21개 업소가 감소하였다(송지은, 이용우 2016). 일부 지자체에서는 '상생협약'을 통해 임차인과 영세상인 보호에 노력하고 있다. 하지만 법적 강제조치가 없는 상황에서는 현장 작동성에 한계가 있다는 지적이 많다. 따라서 상생협약 위반에 대한 지원금 상환 의무화 사항을 우선 보완하고, 「상가임대차보호법」 등 영세상인 보호 유관 법령에 임대료 인상 제한, 계약갱신기간 연장, 양도소득세율 강화 등의 조치를 시급히 법제화할 필요가 있다. 추가적으로 임차상인 또는 공기업에게 해당지역 내 부동산 매물의 선매권을 부여하고 금융·세제를 지원 내지 저렴하게 재임대하거나, 또는 사업지역 내 용도전환을 일정부분 제한하는 방안 등이 있을 수 있다(서민호, 2017).

7) 주민인식 전환 및 지역공동체 구축

끝으로 무엇보다 중요한 것은 도시재생사업 참여 주민들의 인식 전환이다. 도시재생사업이 성공하기 위해서는 해당 주민은 단순히 수혜자라는 의존적 사고에서 벗어나 사업을 주도해 가는 생산 및 공급자라는 주체의식을 가져야 한다. 그동안의 관주도적인 개발방식에 익숙해 온 주민들에게 주민주도하에 주민책임과 부담이라는 방식이 성공하기 위해서는 상응하는 교육이 지속적으로 행해져야 할 것이다. 이와 더불어 도시재생사업은 주민중심의 지역공동체 구축에 집중될 수 있어야 한다. 이 사업의 목적이 현대적 생활감각에 맞는 도시주민의 생활공간 개선에 있다 하더라도 궁극적으로 주민의 공동체 의식을 유지하고 활성화시키는 방향으로 나아가야 할 것이다. 과거의 재개발·재건축 사례에서 볼 수 있듯이 해당 지역주민의 정착율이 낮을 경우, 그 사업은 과연 누구를 위한 것이었는가의 문제에 봉착한다. 따라서 도시재생사업은 토지 지주들을 위한 사업이 아니라 지역주민을 위한 사업이 되어야 한다. 또한 도시재생사업이 지역주민을 위한 사업이 되기 위해서는 토지 소유주들은 물론이고 세입자와 영세지주들의 정착 비율을 높여 공동체를 유지하고 활성화시키는 방향으로 추진되어야 한다. 「도시재생특별법」 제2조 1항에는 도시재생사업을 "주민 제안에 따라 해당 지역의 물리적·사회적·인적 자원을 활용함으로써 공동체를 활성화하는 사업"으로 규정하여 이러한 목적과 취지를 잘 반영하고 있다.

제8장

주민자치와 지역사회개발의 만남

1. 왜 주민자치인가?
2. 필요성과 중요성
3. 주민자치와 지역사회개발의 관계
4. 주민자치와 커뮤니티기반 지역발전의 비전

제 8 장 주민자치와 지역사회개발의 만남

1. 왜 주민자치인가?

지방자치는 크게 주민자치와 단체자치로 나누어진다. 이론적으로 주민자치는 단체자치[1]와는 자치의 방법과 권한 그리고 실제에 있어서 많은 대조를 이룬다. 주민자치는 지방행정의 결정이나 감독 그리고 지역문제 해결 등이 직접 또는 간접으로 주민의사에 따라 이루어지는 것을 의미한다. 주민의사는 공공문제에 주민이 직·간접의 참여에 의해 표출·반영되는데, 중요한 것은 행정과정과 정책과정에 어떻게 참여하는가이다. 참여의 방법에는 주민투표, 주민발의, 주민소환, 주민감사와 같은 직접적 참여·선거, 위원회의 자문, 공론조사와 같은 간접적 참여가 있다. 참여 없는 주민자치는 있을 수 없으며 주민자치 없는 지방자치 역시 형식에 불과하며, 그 결과 지방자치의 본질은 왜곡될 것이고 실질적이고 진정한 자치 가치를 창출하기 어렵다. [그림 8-1]과 같이 주민의사 없이 정부의사만 주민에게 일방적으로 하달되는 구조에서는 대의민주주의가 제대로 작동될 수 없으며, 뿐만 아니라 현재 우리나라와 같이 지방자치단체 중심의 반쪽짜리 자치만이 지속될 것이다.

---

1 주민자치는 일정한 지역을 기초로 하는 독립된 단체(공공단체)가 국가로부터 독립한 인격체로 자기의 목적과 사무와 기능을 가지고 가능한 한 자주적 경비, 국가의 감독을 최대한 배제하고 그 지역의 행정을 담당하는 것을 말한다. 단체자치는 지방자치의 관념이 국가권력의 범위 내에서 존재하는 독일의 공법사상에서 비롯된 것으로서, 국가와 지방정부 간에 사무 및 재원 배분 문제와 국가의 감독과 통제를 어느 정도로 할 것인가 하는 문제가 논쟁의 대상이 되고 있다.

그림 8-1 주민의사와 정부의사 간 관계

현재 우리나라의 주민참여 활동은 기대에 못 미치고 있다. 그동안 주민참여를 활성화하기 위해 조례제정개폐청구권, 주민감사청구권, 주민투표, 주민소환 및 소송, 참여예산제 등 다양한 제도들이 도입되었지만, 실질적인 주민생활 중심적인 참여는 부족하다. 근본적인 이유는 제도적 문제도 있지만 주민의 자발적 참여와 조직화를 통한 지역공동체의 역량 문제도 한 몫을 하고 있다. 지역공동체 역량은 지역문제 해결 과정에 있어서 주민이 주도적인 역할을 할 수 있는 기반이기 때문이다.

주민자치는 장기적으로 지역의 공동체의식(sense of community), 고유한 장소성(sense of place)과 지역 정체성(community identity)을 형성하는데 기여할 수 있다. 특히 '지역'의 문제해결 혹은 의제형성에 있어서 '주민'의 의미와 역할을 강조함으로써 지방정부는 '통치조직'라기보다는 '통치과정' 또는 '통치방식'의 중요성으로 그 의미가 확대되는 것이며, 이는 지방정부와 지역주민을 포함한 다양한 이해관계자들이 참여하여 공통의 문제를 해결하는 과정을 강조하는 '거버넌스'의 개념과 직결된다(곽현근, 2015).

지방자치에 있어서 주민의 지위는 지방행정과 정치 의사결정과정에서 가장 중요하고 직접적인 '이해당사자'(stakeholder)이다. 강자와 약자 모두의 이익이 반영되는 것이 '지방민주주의'(local democracy)이며, 풀뿌리 민주주의는 적극적인 주민참여를 통해서만이 실현되는 것이다. 이러한 의미에서 토크빌과 밀 같은 학사는 민주주의 기본원리로서 주민침여를 강조하였고, 주민중심의 민주주의 실험과 훈련을 통해 국가민주주의를 강화시킬 수 있다고 하였다.

2. 필요성과 중요성

주민자치가 필요한 가장 단순한 이유는 주민은 헌법이 보장하고 있는 국민주권주의에 근거하여 주권의 정당성을 갖고 있기 때문이다. 주민의 지위가 헌법에 구체적으로 명시되어 있는 규정은 없지만 헌법 118조에 의하여 법률에 위임된 권한을 부여 받아 지역공동체사무를 자기결정으로 행할 수 있다. 따라서 국민주권주의에 따라 그 정당성을 지방자치영역에서도 확인될 수 있는 것이다. 이러한 관점에서 주민자치의 필요성과 중요성을 다음의 몇 가지로 요약해 본다.

첫째, 단체자치의 약점과 한계를 보완해 준다. 단체자치는 국가단위의 대의정치·관료주의가 지방으로 축소 이식된 것에 불과하며 지방정부는 중앙정부의 통제 하에 위임 받은 권한을 행사하는 하급행정기관으로서의 기능한다.

이러한 체제 하에서 지역주민은 단순히 지배의 객체로 전락하고 지방정부는 '주민 위에 군림하는 작은 정부'로서 주민과는 수직적 상하관계에 있다. 따라서 주민자치를 보장해 줌으로써 직접적 주민참여 기회를 확대하고 지역의 정치·행정에 대한 민주적 정당성을 확보하여 민주주의의 양적·질적인 확대를 가져올 수 있다.

둘째, 주민중심의 생활자치를 구현한다. 이를 위해서는 주민참여가 순기능적으로 발휘되어야 하는 데, 동네포럼, 동네의회, 주민참여예산제 등과 같은 제도를 활성화시켜 지역사회 구성원들에게 지방행정과 정치과정 참정권 및 의사결정권한을 부여하는 것이 필요하다. 주민자치를 통한 주민참여의 활성화는 지방분권을 촉진시키는 활력제로서 지방분권이 지방자치의 필요조건이라면, 주민참여는 충분조건이다.

셋째, 주민자치는 공공적인 의사결정에 대한 민주적 정당성을 확보해 준다.

단체장의 주민 직접선거만으로는 지방자치의 민주적 정당성 확보는 부족하다. 형식적인 민주적 정당성에서 실질적인 민주적 정당성을 가지도록 하는데 주민자치는 필수적이다. 지방자치라는 민주주의의 씨앗은 뿌려졌건만 아직 그

뿌리를 내리지 못하고 있다. 뿌리를 내리기 위해서는 지방분권이 전제되어야 하고 그 위에 주민자치가 정착되어야 한다. 주민자치는 지방자치의 실질화 측면에서 정부에 대한 주민의 관계가 어떻게 설정되어야 하는지 그 문제의식을 분명하게 해준다.

3. 주민자치와 지역사회개발의 관계

주민자치와 지역사회개발은 각각 독립적인 영역이라기보다는 상호보완적이며 호혜적 관계에서 작동되며, 여기에 주민참여를 매개로 하여 양자는 시너지 효과를 더욱 극대화시킬 수 있다. [그림 8-2]와 같이 주민자치는 자기통치의 일환으로 공동문제를 참여기구와 제도를 통해 함께 처리하는 것을 의미하고 지역사회개발은 주민을 중심으로 자족적인 지역개발을 추구한다. 여기에 주민의 직접참여와 협동적 활동을 통해 의사결정을 하고 자율적 계획을 추진함으로써 높은 수준의 자족성(self-sufficiency)과 자립성(self-reliance)을 가진 지역공동체 구축이 가능해 진다.

지역공동체는 동네자치(neighborhood autonomy)의 근간으로서 지역사회개발(마을만들기, 도시재생)의 원동력인 지역과 주민역량을 강화시킬 수 있는 터전이다. '시민중심주의'(civic principle)에 기반을 둔 마을과 동네단위의 시민참여 접근 용이성을 가정할 때 동네역량 강화의 제도적 방안으로서 주민상담, 포럼, 동네서비스의

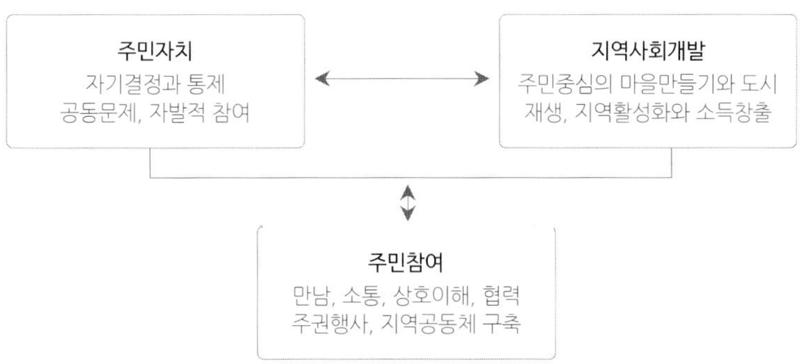

그림 8-2 주민자치와 지역사회개발의 관계

공동생산, 마을만들기 활성화 등이 포함된다. 여기서 마을역량(community capacity)은 협력의 반복적인 과정으로 만들어지는 결과물로서, 이는 공동체의식, 마을주민의 헌신적 참여, 문제해결 능력, 그리고 자원 접근성 등의 핵심적 특성을 포함한다(Chaskin, 2001).

미국의 경우 주민중심의 공공서비스 제공과 지역사회발전에 기여하고 있는 특구제도는 좋은 실례가 될 것이다. 예컨대 공원특별구, 도시계획구, 하수종말처리구, 위생구, 학교구 제도 등은 생활 및 주민맞춤형 동네정부 자치행정의 대표적인 사례이다.[2,3] 이는 동네정부가 갖고 있는 본질적 역량(inherent capacities)을 활용한 제도로서, 테일러(Taylor, 2007)는 이러한 역량을 통해 ①사회적 자본과 그 응집력을 만들어 내고, ②공공서비스 계획과 모니터링에 있어 주민의 영향력 있는 발언을 통해 서비스 전달체계를 향상시킬 수 있을 뿐 만 아니라, ③지역에 필요한 서비스 전달에 있어 지역의 요구를 더 잘 반영할 수 있고, ④지역주민의 참여를 통해 민주주의 결핍 문제를 극복 할 수 있다고 주장한다.

따라서 지역사회개발의 성공 요건이라 할 수 있는 주민중심의 편익, 주민참여, 리더십(지역공동체 및 자원동원 네트워크 구축 역량) 그리고 거버넌스 구축 등은 주민자치를 배제하고는 실효성을 거두기 어렵다. 우리의 경우 농림축산식품부의 농촌마을만들기사업이나 국토교통부의 도시재생사업들이 지역에 따라 성공적으로 수행되고 있는 것은 동네자치의 가능성을 보여 주는 좋은 사례이다. 특히 주민자치가 발전된 미국의 경우 지역사회조직(community organizations)을 기반으로 하는 지역발전정책을 선호하는 이유는 안정적이고 지속적이면서 동시에 경제적 이익도 창출할 수 있다는 매력이 있기 때문이다(Imbroscio, 1997: 98~100).

---

2 이러한 동네자치를 제도적으로 보장하고 있는 장치가 홈룰(Home Rule) 제도이다. 미국은 1만 8천여 개의 지방정부에 대해 독특한 지역전통과 문화에 따른 내정자치권(Home Rule)을 확보하여 지역실정에 맞는 자치제를 운영하고 있다.

3 우리의 현행 특구제도, 예컨대 농산어촌 특산물 생산 또는 역사문화 보존 위한 특구(강릉문화올림픽특구, 함안수박특구, 지역특화발전특구 등)의 경우 주민자치권의 부재로 인해 형식적이며 마케팅 효과 정도에 불과해 그 실효성 문제가 제기되고 있다.

4. 주민자치와 커뮤니티기반 지역발전의 비전

우리나라에 주민자치가 제대로 운영되고 확립되기 위해서는 사회적 자본이 녹아있는 지역공동체가 활성화되는 것이 우선이며, 이를 위해서는 마을만들기와 도시재생 등의 지역사회개발 사업들이 확산되고 촉진되어야 한다. 이러한 측면에서 주민자치는 커뮤니티기반 지역사회발전의 비전이요 핵심 가치인 것이다.

우리나라의 경우 "수도권 종속적 의존도 심화→지방낙후→지역산업 침체→지역공동화→독자적인 발전방향 상실→국가경쟁력 위기→지역자립 동력상실"과 같은 악순환이 오랫동안 지속되어 왔다. 그 문제의 고리를 끊을 수 있는 정책적 수단이 지역의 특수성을 담보하는 지방분권이며 그 종착지는 주민자치 현장이다. 국가운영체계가 중앙정부에서 지방정부로 그리고 동네정부로 분권화되어 중앙과 지방정부 간 수평적 파트너십 체계로 바뀌는 것이다. 그 토양이 되는 것이 커뮤니티기반의 좋고 훌륭한 거버넌스(good and great governance)의 구축이다. 주민자치와 지역사회개발의 만남은 거기에서 이루어질 것이고, 또한 실천의 현장으로서 자립적 지역사회발전을 담보해 줄 것이다.

자립형 지역발전체계는 '주민주도-정부후원' 형태가 바람직하며, 여기에 정부주도가 아닌 지역중심의 민-관 협력형의 모습이 나타나야 할 것이다. 하지만 단순히 민과 관이 함께 하는 협치 만으로는 부족하다. 기득권을 가진 지역의 토호나 엘리트만 참가하는 권위주의적 협치는 그 자체가 비민주적일 뿐 아니라 지역혁신을 저해할 수 있기 때문이다. 성공의 관건은 모든 주민의 민주적 참여를 통해 지역자원의 성장 동력을 어떻게 집결시킬 것인지에 달려 있다. 성공한 지역에서 농촌과 도시재생의 동력은 지방정부, 지역기업, 지역대학 그리고 지역사회단체를 포함한 협력적 네트워크 구축이었고 그 핵심에는 주민이 주체로써 역할 해 왔다는 점을 깊이 인식해야 한다. 자립지역발전은 지역사회에 잠재해 있는 지혜와 지식의 결집이요 학습과정으로서 이를 누가 나서서 어떻게 엮어나갈 것인지가 가장 중요하다. 기득권 계층은 감독이나 코치직 욕심만을 갖고 있을 뿐, 그 역할은 운동장에서 혼신의 힘을 기울이는 주민 선수들이 할 것이고 그들의 결집체인 지역공동체가 굳건한 기반이 되어 줄 것이다. 이러한 지역공동체는 마을단위의 결사체라는 점에서 숙의민주주의가 가장 잘 작동될 수 있는 곳이다. 주민 개인의 자유와 권리가 존중되며 모든 참여자들 간 상호 대등한 관계 속에서 마을에 관한 일을 주민 주도적으로 결정하고 추진하는 주민자치적 공동체를 말한다.

일반적으로 개발정책은 그 대상과 장소에 따라 희비가 엇갈리는 입지적 상품(locational goods)으로서 모두를 만족시키지는 못한다. 모자라는 것에 대한 불만과 갈등 해소는 정부의 몫으로만 돌릴 일이 아니라 해당 주민들과 공유해서 함께 풀어야 할 문제이다. 그러나 공공문제에 대한 이해당사자 간 흥정이 그리 간단치만은 않다. 공론의 장에서 지속적으로 수많은 토론을 거치면서 참여자들 간 합의를 끌어내는 이른바 숙의민주주의(deliberate democracy)가 절대 필요하다. 앞에서 언급한 바와 같이 주민자치와 지역사회개발의 만남을 통해 상호 실효성을 거두기 위해서는 숙의민주주의가 보장된 주민참여가 이루어져야 한다.

주민주도의 마을만들기 과정에서 각 종의 마을총회가 이루어지는 것은 숙의민주주의를 실천할 수 있는 좋은 기회이다, 숙고민주주의를 통한 합리적 판단은 어렵겠지만 숙의를 통해 합리적 판단을 내리도록 노력하는 것은 다양한 사고의 틀과 회의방식을 통해 가능하다. 숙의민주주의를 통한 의사결정 과정의 제도화는 국가차원보다 읍면동의 마을총회에서 더 용이할 수 있다. 그 결과는 마을 전체의 행복으로 나타날 것이고 이는 주민 개개인의 행복을 단순 합한 것이 아니라 지역공동체적 공유이익이나 공유자원에 대한 합의 형성의 결과이다.[4] 이러한 측면서 존 캐스틸(John Castil)과 레빈(P. Levine)은 숙의민주주의를 공동체적 행동을 중시하고 시민책임성을 강조하는 강한 민주주의라고 주장한다.[5]

---

4 숙의민주주의 권위자인 존 캐스틸(John Castil)과 레빈(P. Levine)은 숙의민주주의는 개인의 행복을 단순 합계할 수 없으며, 다수결의 원리가 아닌 모든 정보가 제공된 가운데 참여자 전체가 마음을 열고 이야기할 수 있는 토론의 장을 제안하고 있다(장용창·허광진 역, 2018).

5 반면에 대의민주주의제도는 이익경쟁과 개인적 권리만을 추구하는 약한 민주주의라고 지적한다(장용창·허광진 역, 2018: 19).

지역공동체를 기반으로 사회자본이 축적된 사회야말로 '수준 높은 지역민주주의(high-quality local democracy)'를 기대할 수 있을 것이다. 사회자본은 사회구성원들로 하여금 공동체 문제에 관심을 갖고 이의 해결을 위해 적극적으로 참여하도록 만들며, 상대방을 존중하고 타인을 배려하는 마음을 조장하며 사회적 갈등을 평화롭고 건설적으로 해결하는 능력을 배양해 주기 때문이다(양덕순·강영순, 2015).

우리 스스로의 노력과 힘으로 행하여 이루어 졌을 때 정말로 내 것이 되고 가치가 있는 것이다. 내 것이 되면 더욱 소중하게 여길 것이고 유지·관리도 잘 해 나갈 것이다. 지역사회개발은 소수의 경제엘리트에 지배되는 시장경제구조와 중앙정부의 의존에서 벗어나 지역공동체를 기반으로 한 근린자치정부, 지역기업 및 시민사회조직의 공동노력에 의해 이룩해 나가는 것이다. 이 과정에서 값진 것이 사회자본이고, 대표적인 것이 신뢰이다. 왜냐하면, 그동안 이루었던 혁신과 창조의 가장 확실한 기반이 바로 신뢰였고, 그것은 많은 경험적 사례에서 입증되었기 때문이다. 신뢰형성은 그 사회 시스템의 핵심 부품이자 발전의 원동력이다.

주민자치의 기반 위에 지역사회개발이 함께 어우러질 때 신뢰형성은 더욱 굳건해 질 것이다. 주민자치의 비전은 주민중심의 지역사회개발의 완성이며 지역사회개발의 비전 역시 주민자치를 확립하고 완성하는 데 있다. 양자는 미래 각 자의 비전을 구축해 나가는 데 필요한 핵심적인 독립변수로서 상생의 시너지 효과를 창출하게 될 것이다. 미래의 우리 마을은 어떤 모습일지 주민 모두가 숙의 토론에 참가하여 무엇을 해야 하는지를 함께 찾아보는 것이다. 21세기 주민총회가 지역사회개발을 통해 우리 동네에서 실현될 때 건강하고 강한 민주주의가 뿌리를 내려 지역과 주민의 삶의 질은 더 한층 높아질 것이다. 지역사회개발은 정부행정이나 전문가의 계획을 주민이 논의·검토하는 것이 아니라 그들의 지원과 협력으로 주민 스스로 사업계획을 작성하고 실현해 가는 주민자치형 사업임을 인식할 필요가 있다.

끝으로 주민자치와 지역사회개발의 합리적이면서 생산적 만남을 위해서는 무엇보다도 높은 주민참여 의식이 필요하며 이에 대한 교육이 절실하다. 정부는 물론 지역사회를 중심으로 참여문화를 형성할 수 있는 다양한 교육 프로그램을 개발하고 제공해야 한다. 주민참여 의식의 문제는 교육의 문제이다. 학교교육과 사회교육을 통해 시민의식과 주민참여의 방식을 체득한 교양시민(cultured citizen)의 배출이 없이 주민참여의 활성화를 기대하기는 어려울 것이다. 플라톤의 주장처럼 시민교육은 국가의 중요한 역할 중의 하나이다.[6] 시민교육은 과거 권위주의 시대에 체제수호를 위한 일방적 이데올로기 교육에서 벗어나 주민자치와 지역사회개발을 주도할 수 있는 교양시민을 육성하는 것이다. 자질과 태도교육에서부터 시민운동의 관리자와 지도자 양성이라는 전문적 교육에 이르기까지 다양하고 계획적인 교육이 요구된다.[7] 예컨대, 시민들의 관심과 여건에 따라 지역살리기캠페인, 환경생태보존시민연대, 반부패국민감시운동참여, 공정선거참여운동 등에 자발적으로 참여할 수 있도록 유도할 수 있는 것이다. 신드맨(Sinderman, 1981)이 언급한 것처럼 시민교육을 통해 정부권위에 순응하고 수동적으로 복종하는 기속적 시민(committed citizen)이 아니라 정부권위를 공유하면서 지지와 비판 및 저항의식을 가진 협력적 시민(supportive)을 양성하는 데 주력해야 할 것이다.

6 정부차원에서 시민교육 또는 정치교육을 강화해 온 대표적 국가로는 독일을 들 수 있다.

7 NGO들이 '마음을 비우고' 공익을 추구한다고 해도 전문지식이 결여되었다면 판단에 있어 오류를 범할 가능성이 높다. 공익을 추구한다고 해서 플라톤의 통찰대로 '철인성(哲人性)'을 자동적으로 겸비하고 있는 것이 아니라면, 관련분야에 대한 지식과 경험을 쌓기 위해 겸허하고 부단한 노력을 할 필요가 있다.

참고문헌

KBS. 2011. 백년의 기업: 오와리야의 소바. http://www.kbs.co.kr/1tv/sisa/100year/view/vod/1935360_57326.html.

강신겸·최승담. 2002. 관광지 지역주민의 지역사회 애착도 측정척도 개발. 「관광학연구」 26(1): 103~117.

강인호·김선명·이계만·이도석. 2014. 지역 역사문화 및 생태자원의 개발 진단 및 활용 방안. 「한국지방자치학회보」26(1): 75-96.

고용노동부. 2008. 「사회적기업육성기본계획」.

공병호 역. 2000. 「80/20 법칙: 현명한 사람은 적게 일하고 많이 거둔다」.원제: *The 80/20 Principle: The Secret to Success by Achieving More With Less*, Richard Koch.

곽현근. 2008. 지역사회 사회자본에 미치는 동네효과에 관한 연구. 「지방정부연구」 11(4): 59~86.

구자인 외. 2011. 「마을만들기 진안군 10년의 경험과 시스템」. 국토연구원.

권지성. 2015. 마을기업 운영경험에 관한 질적 연구: 대전광역시 마을기업을 중심으로. 한국사회복지실천연구학회. 「미래사회복지연구」6(2): 89~129.

권효림. 2015. 결사체주의 관점에서 본 '마을공동체 만들기'의 민주주의적 의의: 마포파티(Mapo Party) 사례를 중심으로. 「한국사회학」49(5): 151~180.

김상민. 2016. 주민자치와 협력적 마을만들기: 협력적 마을 거버넌스의 관점에서. 「한국지방자치학회보」 28(1): 181~209.

김순은. 2014. 사회적 자본의 관점에서 본 주민자치 시범실시 사례 분석: 역촌동을 중심으로. 「지방행정연구」 28(3): 3~34.

김용근·윤영유·박새봄. 2008. 농촌휴양마을 조성과 마을의 합리적 발전방안 모색. 「농어촌관광연구」 15(2): 65~91.

김용철·정원식 외. 2006. 「지방정부와 혁신정책」. 대영문화사.

김종덕. 2009. 「먹을거리 위기와 로컬푸드」. 서울:이후.

김종민·지경배·이영길. 2012. 마을기업의 진화. 강원발전연구원. 「정책메모」156: 1~11.

김진욱 옮김. 2014.「제3의 물결」. 범우사.

김창규. 2010.「지역사회를 비즈니스하다」. 강원: 아르케.

김태선. 2017.「지원조직 연구-도시재생지원센터를 중심으로」. 주택산업연구원 연구보고서.

김해란. 2010. 정책도구의 전략적 선택과 조합: 사회적 기업육성정책을 중심으로.「사회적기업 연구」 3(1): 131~152.

김현호·한표환·김흥래. 2004.「지역발전을 위한 향토자원의 개발 및 활용방안」. 한국지방행정연구원 연구보고서.

김혜천. 2003. 도심공동화 문제의 이해와 도심재생의 접근방법.「도시행정학보」16(2): 79~99.

김홍기 역. 1995. 존 나이스비트 외.「메가트렌드 2000」. 한국경제신문사.

노춘희·김일태.「도시학개론」. 형설출판사.

농림축산식품부. 2017.「2019년도 일반농산어촌개발추진 계획(안)」.

농촌진흥청. 2013.「커뮤니티 비즈니스 활성화 전략 연구」. 농촌진흥청.

류중석. 2014. 도시재생 이대로는 안 된다. 세계도시정보 포털사이트. https://ubin.krihs.re.kr/ubin/ green/ urban-renewal.

문병기. 2003. 로컬 거버넌스 관련 제 이론적 접근. 이은구 외.「로컬 거버넌스」. 서울: 박영사.

박성복 외. 2000.「정책학강의」. 대영문화사.

박인권. 2012. 지역재생을 위한 지역공동체 주도 지역발전전략의 규범적 모형.「한국지역개발학회지」 24(4): 1~25.

박현채 역. 1984.「권력의 해부」. John Kenneth Galbraith 원저. 서울: 한벗.

박혜연·이상현 역. 2007. 호소우치 노부타카 저「지역사회를 건강하게 만드는 커뮤니티 비즈니스」. 아루케.

반기민·우장명. 2012. 충북지역 마을기업 현황과 발전 방안.「지역정책연구」23(1): 19~36.

방한영. 2005. 농촌마을 활성화 정책의 발전방향 모색. 대한건축학회,「건축」 49(6): 33~37.

새성북신문. 2016. 9. 11일자.

서민호. 2017. 포용성장 실현을 위한 도시재생 추진 전략.「국토」 433호.

서진완·임진혁. 2011. 정보화마을사업의 의미와 재평가: 지역정보네트워크사업과 비교적 관점에서.「한국지역정보화학회지」 14(4): 91~110.

송지은·이용우. 2016.「도심의 상업적 젠트리피케이션 대응 방안 연구: 도시계획적 수단을 중심으로」. 국토연구원.

신현준·김지윤. 2015. 서울의 젠트리피케이션과 도시 재생 혹은 개발주의 이후 도시공간의 모순과 경합, 「사이」19: 221~246.

안상유. 2013. 농촌지역 마을만들기의 주민만족도 영향요인에 관한 연구. 경남대학교 박사학위 논문.

안성호. 2000. 「한국지방자치론」. 서울: 대영문화사.

안청시 외. 2000. 「사회적 자본과 민주주의」. 박영사.

양덕순·강영순, 2015. 지역공동체의식이 주민참여에 미치는 영향 분석. 「한국지방자치학회보」. 20(1): 54~76.

양세훈. 2012. 「마을기업과 사회적기업의 거버넌스」. 경기: 이담북스.

이승우. 2013. 도시재생사업의 본질과 재산권보장의 관계: 도시재생 활성화 및 지원에 관한 특별법의 내용을 중심으로. 「공법연구」 42(1). 241~269. 한국공법학회.

이승환. 2016. 6차산업 활성화를 위한 지역 브랜드 이미지 연구: 영주시를 중심으로. 「디지털디자인학연구」 16(3): 107~114.

이안범 옮김. 1985. 「소련의 권력과 부패」. 서울: 일념.

이왕건·김태영·안종천. 2017. 리버풀의 도시재생 성공방정식.「국토」 423: 68~74.

이왕건·박소영. 2016. 도시재생사업에서 계획수립 및 절차의 통합적 운영방안. 「국토」 559: 1~8.

이운용·김민경·이정형. 2008. 미국의 도시재생 수법으로서의 BIDs에 관한 연구. 「한국도시설계학회지」 9권2호 41~56.

이재열. 2016. 지역사회 공동체와 사회적 자본. 한국사회학회 심포지움 논문집. 23~49.

이종수. 2010. 공동체주의의 이론적 전개와 자유주의와의 논쟁 고찰: 자치공동체의 이론적 토대 확장을 위한 재해석. 「지방정부연구」 14(3): 522.

이지현·남진식. 2016. 「도시재생특별법」과 도시재생 관련법의 정합성 분석 연구. 「한국도시행정학보」29(1): 35~61

이학래·구명수·배진성. 2016. 문화전략을 통한 도시재생 활성화 방안에 관한 연구. 「예술인문사회융합멀티미디어논문지」 6(7): 419~426. 인문사회과학기술융합학회.

이현주. 2015. 마을기업 활성화 방안에 관한 연구. 충북대학교 사회과학연구소 「사회적기업과 정책연구」 4(2).

임경수·하태영. 2014. 마을기업의 조직성과와 지속가능성 향상을 위한 요인분석: 부산지역 마을기업을 중심으로. 「경영과 정보연구」33(2): 241~261.

임효동·박지동 역. 2002. Tocqueville, Alexis. *Democracy in America*. 「미국의 민주주의」. 한길사.

장수찬 역. 2015. 폴 매티시 저.「마을만들기를 위해 알아야 할 28가지」. 그물코.

장용창·허광진 역. 2018.「시민의 이야기에 답이 있다」. 시그니처.

장원봉. 2015. 지역재생을 위한 사회적 경제의 의미와 역할.「국토」11: 5~11. 국토연구원.

장후은·이종호. 2015. 산학협력에 기초한 지역재생에 있어서 지역대학의 역할: 일본 사례를 중심으로. 한국지역지리학회 학술대회발표집, 2015. 8, 106~111. 한국지역지리학회.

정관영. 2013.「이제는 사회적경제다」. 서울: 공동체.

정오락·이재희·안정근. 2015. 6차산업화를 활용한 지방 중소도시 활성화 방안 연구 경상남도를 대상으로. 한국주거환경학회.「주거환경」13(4): 255~266.

정원식 외, 2012.「지방정책론」. 서울: 대영문화사.

정원식. 1998. 경제의 구조개편과 도시발전정책의 정치경제학: 창원、마산의 도시경제발전을 중심으로.「지방정부연구」3(1): 209~226.

정원식. 2006.「공공행정과 정치」. 서울: 형설출판사.

정원식. 2007. 미국, 영국, 일본의 도시거버넌스 비교연구.「지방정부연구」11(2).

정원식. 2009. 도시성장관리 정책의 정부간관계, 플로리다의 사례연구: 친성장과 반성장의 정부역할 담론.「지방정부연구」12(4): 279~301.

정원식. 2017. 농촌마을만들기 사업의 평가와 발전방안: 함안군 농산어촌개발사업 주민인식도를 중심으로.「경남지역연구」20: 103~124.

정원식·김석호. 2017.「함안군 마을만들기 지속발전체계 구축」. 함안군.

정재욱. 2013.「한국지방자치의 이해」. 서울: 피엔씨미디어.

정정길 외. 2016.「정책학원론」. 대명출판사.

최민경 옮김. 2007.「일본형 매혹도시를 만들다」. 아오키 히토시 지음. 아르게.

최상호. 2004.「지역사회개발론」. 박영사.

최현선·이현주·이은지. 2012. 커뮤니티 개발에 기반한 도시재생정책: 미국, 영국, 일본의 사례를 중심으로.「현대사회와 행정」22(3): 255~275.

충남발전연구원 역, 2006.「도시와 농촌이 공생하는 마을만들기」. 야마모토 마사유키 저. 한울아카데미.

행정자치부(현 행정안전부). 2015.「2015 마을기업 육성사업 시행지침」.

호소우치 노부타카 저. 박혜연·이상현 역. 2007.「지역사회를 건강하게 만드는 커뮤니티 비즈니스」. 아루케.

Adelman, C. 1993. Kurt Lewin and the origins of action research. *Educational Action Research* 1(1): 7~24.

Altman, I. 1992. *Place Attachment: A Conceptual Inquiry*. NY: Planum Press.

American Economic Development Council. 1984. Economic Development Today: A report to the profession. Schiller Park, IL: Author.

Arnstein. Sherry R. 1969. A Ladder of citizen participation. *Journal of the American Institute of Planners* 35(July): 217.

Asheim, B. & Coenen, L. 2005. Knowledge bases and regional innovation systems: Comparing Nordic clusters. *Research Policy* 34: 1173~1190.

Atkinson, R., 2000. Measuring gentrification and displacement in Greater London. *Urban Studies* 37(1): 149~165.

Bates, T. 1997. Financing small business creation: the case of chinese and korean immigrant entrepreneur. *Journal of Business Venturing* 12(2): 109~124.

Beaver, W., & Cohen, E. 2004. Power in a rural county. *Sociological Spectrum, 24(6):* 629~650.

Bellah, R. N. Madsen, R., Sullivan, W., Swidler, A, Tipton, S. M. 1985. *Habits of the Heart; Individualism and Commitment in American Life*. Berkely: University of California Press.

Ben-Zadok, E. 2005. Consistency, concurrency, and compact development: Three faces of growth management implementation in Florida. *Urban Studies* 42(12): *2167~90.*

Bhattacharyya, J. 2004. Theorizing community development. *Journal of the Community Development Society* 34(2): 5~35.

Boesten, J., Mdee, A., & Cleaver, F. 2011. Service delivery on the cheap? Community-based workers in development interventions. *Development in Practice* 2(1): 41~58.

Bose, Sayoni. 2015. Universities and the redevelopment politics of the neoliberal city. *Urban Studies* 52(14): 2616~2632.

Boulding, Kenneth E. Boulding, Kenneth. 1989. *Three Faces of Power*. Newbury Park, California: Sage Publications.

Bourdieu, P. 1986. The Forms of Capital. J. C. Richardson (ed.), *Handbook of Theory and Research for the Sociology of Education* 241~258. New York: Greenwood Press.

Bourne, L. 1993. The Demise of gentrification? A commentary and prospective View. *Urban Geography* 14(1): 95~107.

Bradshaw. Ted K. 2008. The Post-Place community: contributions to the debate about the definition of community. *Journal of the Community Development Society* 39(I): 6~16.

Bridger, J. C., & Luloff, A. E. 1999. Toward an interactional approach to sustainable community development. *Journal of Rural Studies*.

Brophy, P and A. Shabecoff. 2001. *A Guide to Careers in Community Development*. Washington, DC.: Island Press.

Buttel, Fredrick H. & Oscar B. Martinson, & E. A. Wilkening. 1979. Size and place of community attachment. *Social Indicators Research* 6: 474~85.

Charles Waldheim. 2016. *Landscape as Urbanism: A General Theory*. New York: Princeton University Press.

Chaskin, R.J. 2001. Community capacity: A Definitional Framework and Implications from a Comprehensive community initiative. *Urban Affairs Review*, 36(3): 292~323.

Cheers, B., & Luloff, A. E. 2001. Rural Community Development. In S. Lockie & L. Bourke (Eds.), *Rurality Bites*. Australia: Pluto Press.

Cole, G. 1960. Democracy face to face with hugeness. In *Essays in Social Theory*. New York: The Macmillan.

Conyers, D. 1984. Decentralization and Development: A Review of the Literature. *Public Administration and Development* 4(2): 431~455.

Cook, James R and Maury Nation. 2016. Community Engagement: Universities' roles in building Communities and Strengthening Democracy. *Community Development* 47(5): 718~731.

Cote, S and Healy, T. 2001. *The Well Being of Nations. The Role of Human and Social Capital*. Organization for economic Cooperation and Development, Paris.

Dahl, Robert A, Charles E. Lindblom. 1953. *Politics, Economics and Welfare*. New York: Harper and Brother.

Dahl, Robert A. 1961. *Who Governs? Democracy and Power in an American City*. New Haven: Yale University Press.

Dargan, Lorna. 2007. Conceptualizing regeneration in the New Deal for communities.

Planning Theory & Practice 8(3): 345~362.

Davis, K. 1976. *World Urbanization*, 1950~70. Berkely: Institute of International Studies, Univ of California.

Domhoff, G. William. 1986. The Growth Machine and the Power Elite. pp.53~75 in Waste (ed.). *Community Power: Directions for Future Research*. Beverly Hills. CA: Sage Publications.

Domhoff, G. William. 2017. *Studying the Power Elite: Fifty Years of Who Rules America?* New York: Routledge.

Domhoff, W. 1986. The Growth Machine and the Power Elite. In Waste(ed.), *Community Power: Directions for Future Research*. Beverly Hills, CA: Sage Publications.

Domhoff, William D. (1967). *Who Rules America?* Englewood Cliffs, N.J.: Prentice Hall.

Eisenschitz, A. 2010. Neo-liberalism and the future of place marketing. *Place Branding and Public Diplomacy* 6: 79~86.

Ellis, Cliff. 2002. The new urbanism: Critiques and rebuttals. *Journal*

Etzioni, Amitai. 1991. *A Responsive Community: Collected Essays on Guiding Deliberate Social Change*. New York: Jossey-Base.

Etzkowitz, H. & Ranga, M. 2010. A triple Helix system for knowledge-based regional development: From "spheres" to "spaces", in: The Ⅷ Triple Helix International Conference, October 20~22, Madrid.

Fernández-Esquinas, Manuel & Hugo Pinto. 2014. The role of universities in urban regeneration: Reframing the analytical approach. *European*

Flora, C., & Flora, J. (2008). Rural Communities: Legacy and Change (3rd ed.). Boulder, CO: Westview Press.

Freeman, L. C. 1968. *Patterns of Local Community Leadership*. New York: Bobbs-Merrill Company.

Friedrich, Carl. 1963. *Man and Government*. New York: McGraw-Hill.

Gaventa, J. 1980. *Power andpowerlessness: Quiescence and rebellion in an Appalachian Valley*. Urbana, IL: University of Illinois Press.

Gould, R. V. 1989. Power and social structure in community elites. *Social Forces* 68(2): 531~552.

Gramsci A. 1971. *Selections from the prison notebooks*. Hoare Q and Smith G ed and trans International, New York.

Hackworth J. 2007. *The Neoliberal City: Governance, Ideology, and Development in American Urbanism*. Ithaca: Cornell University Press.

Hamnett, C. 1991. The blind men and the elephant: the explanation of gentrification. *Transactions of the Institute of British Geographer* 16: 173~189.

Hampton, W. 1987. *Local Government and Urban Politics*. London: Longman.

Hart, Angie & D. Wolff. 2006. Developing local communities of practice through local community. *Planning Studies* 22(7): 1462~1483

Hayton, K. 1984. Community business: a new role for the planner. *Journal of Environmental Planning and Management* 27(2): 79~84.

Healey, P. 2006. *Collaborative Planning: Shaping Places in Fragmented Societies*(2nd ed.). Basingstoke, Hampshire and New York: Palgrave Macmillan.

Henderson, Elizabeth and Robyn Van En. 2007. *Sharing the Harvest: A Citizen's Guide to Community Supported Agriculture*. New York: Chelsea Green Publishing.

Hillary, G. 1955. Definitions of community: Areas of agreement. *Rural Sociology* 20: 799~791.

Hirst, P. 1994. *Associative Democracy*. London: Policy Press.

Hunter, Floyd. 1963. *Community Power Structure*, Garden City, N.Y.: Anchor Books.

Imbroscio, David. L. 1997. *Reconstructing City Politics: Economic Development and Urban Regime*. London: SAGE.

Israel B, Schultz A. J, Parker E. A, Becker A. B. 1998. Review of community based research: Assessing partnership approaches to improve public health. *Annu Rev Public Health* 19: 173~202.

Jakimow, Tanya. 2018. Negotiating impossibilities in community-driven development in Indonesia. *Journal of Developing Societies* 34(1): 35~55.

Jessop, B. 2000. Governance failure. In Stocker G(ed). *The New Politics of Brtish Local Governance*. New York: MaCmillan.

Johnston, E., Hu, Q., & Auer, J. C. 2011. Lost in translation: Overcoming barriers to integrating evidence with practice. *International Journal of Critical Infrastructures* 7: 317~334.

Kapucu, Naim. 2014. Community-based research in generating usable knowledge for public policy and administration. *Administration & Society* 48(6) 683~710.

Keating, M. 1993. The politics of economic development. *Urban Affairs Quarterly* 28(3):

373~396.

Kelbaugh, Douglas. 2002. *Repairing the American Metropolis: Common Place Revisited*. Seattle: University of Washington Press.

Kempers, M. 2001. *Community Matters: An Exploration of Theory and Practice*. Chicago: Burnham Inc.

Kirk A. Foster1, Richard J. Smith2, Bethany A. 2017. Testing the importance of geographic distance for social capital resources. *Urban Affairs Review* 53(5): 1~26.

Kooiman, J and Van Vliet, M. 1993. Governance and public management. In K. A. Eliassen and J. Kooiman(eds). *Managing Public Organization*. London: Sage Publisher.

Langrod, G. 1953. Local government and democracy. *Public Administration* 2(3): 54~70.

Lasswell, H. D. 1948. *Power and Personality*. New York: W.W. Norton.

Lasswell, H., & D. Lerner. 1952. *The Comparative Study of Elites*. Stanford, CA: Stanford University Press.

Logan, John, and Harvey Molotch. 1987. *Urban Fortunes: The Political Economy of Place*. Berkeley: University of California Press.

Lukes, Steven. 1986. *Power*. New York: NYU Press.

Lynd, Robert S and Helen M. (1929). *Middletown*. New York: Harcourt, Brace.

Lyons, T., & Reimer, B. (2006). A literature review of capacity frameworks: Six features of comparison. Paper presented at the National Rural Research Network Conference, Twillingate, Newfoundland, Canada, 8 June 2006.

March, J., and Olsen, J. 1995. *Democratic Governance*. New York: Free Press.

Matarrita-Cascante, D, A. E. Luloff, Richard S. Krannich & Donald R. Field. 2006. Community Participation in Rapidly Growing Communities in Southern Utah. *Community Development* 37(4): 71~87.

Mattessich, Paul W. 1997. *Community Building: What Makes It Work: A Review of Factors Influencing Successful Community Building*. New York: Wilder Publishing Center.

McCool, Stephen F & Steven R. Martin. 1994. Community attachment and attitudes toward tourism development. *Journal of Travel Research* 32(2): 29~34.

Mill, John Stuart. 1958. *Considerations on Representative Government*. Indinapolis: The Bobbs-Merril Company.

Millard-Ball, A., 2000, Moving beyond the gentrification gaps: social change, tenure change and gap theories in Stockholm. *Urban Studies* 37(9): 1673~1693.

Mills, C, Wright. 1956. *The Power Elite*. New York: Oxford University Press.

Mischen, P. A., & Sinclair, T. A. P. 2007. Making implementation more democratic through action implementation research. *Journal of Public Administration Research and Theory*, *19*, 145~164.

Mitchell, Jerry. 2001. Business improvement districts and the "New" revitalization of downtown. *Economic Development Quarterly* 15(2): 115~123.

Mumford, L. 1966. *The City In History: Its Origins, Its Transformations, and Its Prospects*. New York: Secker & Warburg *of Urban Design* 7(3): 261~91.

Pallagst, K. M. 2007. *Growth Management in the US. Burlington*. VT.: Ashgate Publishing.

Paton R. 2003. *Managing and Measuring Social Enterprises*, London: Sage.

Peter Roberts & Hugh. 2000. *Urban Regeneration*. London: SAGE Publication.

Phillips, R., & Pittman, R. 2009. Introduction to community and economic development. In R. Phillips & R. Pittman (ed.), *Introduction to Community Development*. New York: Routledge.

Pittman, R, Evan Pittman, Rhonda Phillips & Joe Cangelosi. 2009. The community and economic development chain. *Community Development* 40: 80~93, 2009.

Pittman, R. H. 2006. Location: Winning site selection proposals. *Management Quarterly* 47: 2~26.

Polsby, Nelson W. 1980. *Community Power and Political Theory*. 2nd ed. New Haven: Yale University Press.

Power, Anne, John P. Houghton. 2007. *Jigsaw Cities: Big Places, Small Spaces*. London: The Policy Press.

Prentice, Christopher R, Jeffrey L. Brudney. 2018. Are You Being Served? Toward a Typology of Nonprofit Infrastructure Organizations and a Framework for Their Assessment. *Journal of Public and Nonprofit Affairs* 4(1): 41~58.

Putnam Robert D., Leondardi Robert, Nanetti Raffaella. 1993. *Making Democracy Work: Civic Traditions in Modern Italy*. Princeton: Princeton University Press.

Raadschelders, J. C. N. 2011. *Public Administration: The Interdisciplinary Study of Government*. New York, NY: Oxford University Press.

Ripley, Randall B. 1985. *Policy Analysis in Political Science*. New York: Wadsworth Pub Co.

Ritas, C. 2003. *Speaking truth, creating power: A Guide to policy work for community-based participatory research practitioners*. University of Washington. Retrieved from http://depts.washington.edu/.pdf.

Roberts, P & Hugh. 2000. *Urban Regeneration*. London: SAGE Publication, London. Robyn Van Center. Wilson College. https://www. wilson.edu/community supported agriculture.

Rosenau, J. 1992. Governance, order, and change in world politics. In J. Rosenau & E. O. Czempiel(eds). *Governance Without Government*. Cambridge: Cambridge University Press.

Ross et als, 1991. *Urban Politics: Power in Metropolitan America*. Ill. Itasca: F.E. Peacock.

Salamon, S. 2005. From hometown to nontown: Rural community effects of suburbanization. *Rural Sociology* 68(1): 1~24.

Sanders, I. T. 1976. The concept of community cevelopment. In Cary, L. J (ed). *Community Development As a Process*. Columbia: University of Missouri Press.

Sassen, S. 2001. *The Global City: New York, London, Tokyo*. Princeton: Princeton University Press.

Schumaker, P. 1993. Estimating the first and (some of the) third faces of community power. *Urban Affairs Quarterly* 28(3): 441~461.

Shaffer, Ron, Steve Deller, Dave Marcouiller. 2006. Rethinking community economic development. *Economic Development Quarterly* 20(1): 59~74.

Sharpe, L. 1970. Theories and Values of Local Government. *Political Studies* 18(2): 125~150.

Shattschneider, 1960. E. E. *The Semi-Sovereign People*. New York: Holt, Rinchart and Winston.

Sinderman, Paul. M. 1981. *A Question of Loyalty*. Berkeley: University of California Press.

Smith, N. 1996. *The New Urban Frontier: Gentrification and the Revanchist City*. New York, London: Routledge

Smith, N., 1996, *The New Urban Frontier: Gentrification and the Revanchist City*. New York: Routledge.

Sorensen, E and J. Torfing. 2009. Making governance networks: Effective and democratic through metagovernance. *Public Administration* 87(2): 234~258.

Staley, D. J. 2013. Democratizing American higher education: The legacy of the Morrill Land Grant Act. *Origins, 6*(4). Retrieved August 15, 2015, from http://origins.

osu.edu/article/democratizing-americanhigher education.

Stoecker, R. 2009. Are we talking the walk of community-based research? *Action Research* 7: 385~404.

Stoker, G. 1988. *The Politics of Local Government.* London: Macmillan.

Stone, Clarence. 1989. *Regime Politics: Governing Atlanta, 1946~1986.* Lawrence, Kansas: University Press of Kansas.

Strand, K. J., Cutforth, N., Stoecker, R., Marullo, S., & Donohue, P. 2003. *Community-based-research and higher education: Principles and practices*. San Francisco, CA: Jossey-Bass.

Susman, G. I., & Evered, R. D. 1978. An Assessment of the scientific merits of action research. *Administrative Science Quarterly* 23.: 582~603.

Talen, Emily. 2000. New urbanism and culture of criticism. *Urban Geography* 21(4): 318~41.

Tawney, R. H. 2016. *The Acquisitive Society.* CreateSpace Independent Publishing Platform.

Taylor, M. 2007. Community participation in the real world: opportunities and pitfalls in new governance spaces. *Urban Studies* 44(2): 297~317.

The World Bank. 2016. Community driven development: Overview. http://www.worldbank.org/en/topic/ communitydrivendevelopment/overview#2.

Theodori, G. 2000. Levels of Analysis and Conceptual Clarification in Community Attachment and Satisfaction Research: Connections to Community Development. *Journal of the Community Development Society,* 31(1): 35~58.

Weber, Max. 1978. *Economy and Society*. Berkeley: University of California Press.

Wilkinson, K. P. 1991. *The Community in Rural America.* Middletown, WI: Social Ecology Press.

Wodicka, R., Swartz, N., & Peaslee, L. 2012. Taking the classroom to town hall: Advancing public affairs education through university-municipal collaborations. *Journal of Public Affairs Education* 18: 271~294.

Wonsik, Jeong. 1995. The role of the state in urban development policy in Seoul. *Ph.D. Dissertation*. City University of New York.

Wrong, Dennis. H. 1979. *Power: Its Forms, Bases and Uses*. Oxford: Basil Blackwell.

Yates, Douglas, 1977. *The Ungovernable City*, Cambridge: The MIT Press.

Zekeri, A. 2000. Is the city really a growth machine? pp.147~155 in P. Schaeffer & S.

Loveridge (eds.). *Small Town and Rural Economic Development*. London: Praeger.
鈴木直也, 2006. コミュニティビジネスの起業プロセス, 国民生活金融公庫総合研究所 調査季報. BDI 정책포커스 제105호, 부산발전연구원. 2011.6, 1~12